U0512057

张少春 ———— 著

FLOATING ———— IN TEMASEK

Mobility and Status of a Skilled Migrant Group

漂在淡马锡

一个技术移民群体的
流动与身份

社会科学文献出版社

SOCIAL SCIENCES ACADEMIC PRESS (CHINA)

"新华侨"的"漂"与社会再构

麻国庆

中央民族大学民族学与社会学学院教授

2004 年我从北京大学调去中山大学人类学系，张少春等学生是我在中山大学授课的第一届本科生。2009 年少春同学开始跟随我在人类学系攻读硕士学位，2011 年转为我的博士研究生，2014 年完成了博士论文《飘在新加坡：一个技术移民群体的自由与限制》。这本书就是在他博士论文的基础上修改完善的成果。毕业后少春同学进入中国社会科学院民族学与人类学研究所从事民族理论研究工作，他关于新加坡技术移民的研究告一段落。其间我多次督促他修改出版，现在终于要同读者见面了。这里我愿意借此机会，谈谈我对于"跨界的人类学"和"流动的人类学"等问题的一些看法。

少春同学在中山大学攻读研究生期间，正是我推动成立中山大学环南中国海研究院的阶段。该研究院也是国内较早设立的南海区域研究机构。当时这个研究院的设置就是以问题为导向的，超越了各自学科领域，来自民族学、历史学、人类学、经济学、哲学、法学的学者，共同在这个研究院框架下讨论一个共同区域所面临的问题。凌纯声先生很早提出环南中国海就相当于欧洲地中海的概念，内部各个国家和地区的联系性共同推动了这个区域的历史进程，塑造了跨区域的社会体系。那段时间环南中国海研究花费了我大量精力，主持了国家社科基金重点项目"东南亚华人跨国流动与海上丝绸之路的文化交流研究"、教育部人文社会科学重点研究基地中山大学历史人类学研究中心重大研究项目"南中国海族群互动与南岭民族走廊"等课题。

当时的思考集中体现在《文化、族群与社会：环南中国海区域研究发凡》一文中。在该文中，我曾提出错综复杂的族群交流和贸易往来使得环南中国海区域内部各地区之间的联系十分紧密，形成了多种网络关系，在此基础上生发出整体性与多样性相结合的文化特性。这个区域化的交往体系裹挟了不同的国家和地区、多样的族群文化和各种阶层，背后是人、物、组织的复杂交织。因此，环南中国海的区域研究，应该是一个抽取和剥离各种文化和社会网络的过程。从人出发的区域问题类型化研究是此区域研究开展的基本落脚点。

当时我注意到，环南中国海区域研究领域存在着理论架构薄弱，综合研究水平欠缺，个案和实证研究不足的问题。很多研究主要基于二手材料做历史或概述性分析，缺乏综合性整体研究和实证研究。因此我强调以田野调查为根本的人类学研究,坚持深入实地收集第一手资料,主张进入当地居民的日常生活中去,把区域的整体性与多样性特点整合起来。这就要求研究者明晰跨区域社会体系的内涵与研究路径,探讨区域社会体系的历史过程与网络结构,以及网络空间里各族群活动的结构性特征。

基于这样的判断,我所指导的部分硕士和博士研究生分别在中国海南、广东、云南以及新加坡、马来西亚、印度尼西亚、泰国、老挝、越南等环南中国海区域内的国家和地区开展调研,以侨乡、渔民、少数民族、海外华人、物的生产与流动等为研究对象,从人类学、民族学学科出发,讨论了移民社会的故乡与他乡、亲属与社会关系、生计方式与社会网络、社会组织、宗教信仰和身份认同与建构等议题。本书正是这一系列研究工作的成果之一。

在作为跨区域社会体系的环南中国海地区,在该区域的各种网络、各种"环"当中,人无疑具有最重要的意义。跨区域社会体系构建的本质是人的流动。作为地区交往的实践主体,人的流动与迁徙必然带来文化与网络在空间上的扩散以及区域间的联系与互动。历史上,华南地区广府人、潮汕人、客家人与福建人向港澳和东南亚流动,华侨涉足"海上丝绸之路"沿线的各个国家,至今与祖籍地保持着密切的经济联系和文化连接。借着华侨的往来流动,一个具有巨大张力的网络被构架出来,诸如广东、福建、海南等民间信仰的传播、粤剧的海外演出与传播,以丝绸、瓷器、香料、橡胶为代表的商品双向流动等均是框架内的重要内容。

2023 年 1 月 14 日，全日本华侨华人中国和平统一促进会邀请我在线上做了第八期学识讲座，题为《东南亚华人跨国流动与环南海区域的文化交流》。我指出，环南中国海区域内历史上错综复杂的族群交往和贸易往来形成了区域内多种网络关系。自现代生产体系在此区域快速扩展以来，这种网络和流动的关系又进一步加深，并日益复杂化。全球化时代华人的贸易往来与文化交流等跨国实践以及由此衍生出的网络关系，塑造了该群体的流动机制和交往规范，借此可以从社区到国家再到区域性的多层空间中重新认识环南海区域陆海之间的文化交流与族群互动。

在评议环节，全日本华侨华人中国和平统一促进会顾问、原中国驻日本大使馆参赞、现中国史学会常务副会长吕小庆先生认为我的演讲在三个方面对于外交等实务工作有意义，分别是民族国家和文化、和而不同、超越的概念。他认为今后中华民族的伟大复兴应该是文化的复兴，文化是重点。该会名誉会长凌星光教授给我提出了两个问题，一是中华民族的伟大复兴提高了华侨华人的地位，华侨华人为此感到高兴；但在日本中华民族的伟大复兴往往是跟"中国威胁论"连起来。中华民族的伟大复兴和人类命运共同体的理念，在理论上怎么样整合？二是我们常讲华侨华人把中国的情况介绍给日本朋友，也要把日本朋友对中国的一些看法和意见反馈给祖国。华侨华人如何发挥桥梁作用？我当时针对两个问题分别进行了回答，第一，人类命运共同体和中华民族的伟大复兴是一个连在一起的背景。中国式现代化展现了人类文明新形态，需从全人类的文明体制出发来考虑，为世界提供了新发展范式，也具有全球意义。第二，在这几年国际形势的变化中，应建立一种互相理解的机制。"文明互鉴"以及费孝通先生的"美美与共""和而不同"都是国际关系中很重要的理念。世界各国华侨华人是传播中国文化的重要纽带，对于架构中国和世界之间桥梁越来越重要。这种面对面交流的民间外交是很重要的。其实，我们不管是对传统的"老华侨"还是像少春博士研究的"新华侨"，都是架构中国和世界之间桥梁的重要研究领域。

改革开放以来的几十年里，大量中国新移民移居海外，其数量估计达千万之多。这一过程与全球化进程的深入，华人资本、技术与劳动力在全球范围加速流动关联在一起。地区劳动力流动的速度、性质和方向变化反映了地区发展的不平衡状况，同样也反映了地区劳动力市场的相互依赖和地区化的现状。这种相互依赖得益于资本流动、贸易、企业的全球化运作孕育出的经济一体化，也受到这一区域民族和历史渊源的深刻影响。原本由国家和民族所设定或隐喻的各种有形的和无形的、社会的和文化的"界"，不断被越来越频繁的人员、物资和信息流通所"跨越"。

当今的时代，人口、商品和信息的洪流相互交织，带来了边界的模糊化、重置和并存。由此，跨界成为基本社会事实。"跨界"这一概念，要比"跨国""跨体系""跨境""跨社区"等具体性的概念更具有理论意义。"跨界"本身不是否认边界，而是试图重新认识"边界"。"界"代表的并不是一条明晰的界限或障碍，而是一种接触、互动、交流、碰撞乃至融合的状态或场域。其中，人口跨国流动影响最甚。人口的跨界流动，必然伴随着文化的流动，也意味着社会与文化所赋予的重重界限被打破。我一直以为，不管是着眼于国内的流动还是跨国的流动，一个全新的领域——"跨界的人类学"将成为人类学学术的重要方向。中国人类学与世界的重要对接点之一，可能就在于"跨界"的人类学研究。

本书研究了在新加坡半导体企业工作的中国工程师这一特殊人群。2012 年 10 月开始，少春同学借助国家留学基金委的资助，赴新加坡国立大学社会学系接受联合培养，同时开展田野调查。他的研究发现，这些中国工程师在跨国就业过程中面临一系列的自由与限制。这种两个劳动力市场的衔接地带所表现出来的双重性，背后是各类主体如何参与到持续的划界活动中，进而再造出变化的结构性。本书提出"结构性自由"的概念，以讨论全球人口流动中引人瞩目的技术移民现象。通过对流动、身份、工作、生活、家庭等领域的讨论，本书揭示了这个群体跨国生活中的"结构性自由"具有两个层次。首先，它是政治、社会与文化多重话语所构成的多面体。政治身份、市场准入、文化认同和族群政治等因素共同构成了"自由工人"与"非自由劳动力"之间的边界。其次，边界是由政府、社会、企业与个人参与其中的互动结果。各方在这个过程中不断地协商界限，移民通过种种策略来争取从"不自由"外籍劳工到"自由"劳动力的跨越。作为一个衔接的中间地带，他们的工作和生活构成一个特殊的世界。

在"跨界"问题之外，本书另一个有意思的地方在于"流动"本身。中山大学所在的广东，既是传统意义上的侨乡，有遍布全世界的华人华侨网络；又是中国作为世界工厂的重要基地，拥有许多全球化的经济和社会活动；还是国内农民工和大学毕业生重要的迁移目的地，为他们提供了各式各样的就业机会；而且因为广交会等活动，吸引了大批来自非洲的商业移民。这些流动现象反映了全球体系在中国如何表述的问题，因而广州就具有了成为世界人类学重要实验室的可能性。从广州回头看国内，市场经济的扩张带来大规模的人口流动，使得传统上封闭的少数民族地区、农村社会都进入了全球化的种种浪潮之中。而且人口流动必然伴随着文化的流动，新的文化元素也会改变社区原有的文化权力和社会认同模式，从而对现行的治理体系和民族认同产生重要的影响。

"流动"构成全球化的基本特征之一，也是现代社会的重要社会形式。改革开放以来，我国社会最主要的特征就是工业化和城市化的迅速发展，这带来大范围的人口流动，进而导致社会结合方式的松动以及传统文化的快速变迁。这样的流动，不仅仅是人口流动，而是一种将生态、心态都搅动起来的复杂的流动现象。流动已经成为中国当前的主要社会特征。在这一趋势的作用下，人们被从传统的社会结合方式中释放出来，而传统的文化作为一种惯性仍然影响着当前的社会生活，但却面临着巨大的变迁压力。在这一背景下，不同的群体在交往过程中不断形塑新的结合纽带，这些尝试同文化传统的适应和不适应之间，导致了当前的各种社会问题。仅就人口流动而言，"流动"不是从一点到另一点的过程，而是一种场域、一种社会形态和一组衔接关系。"流动"也不是从一个社会进入另外一个，而是在两者之间形成复杂的边界地带、完成划界活动。

少春同学在本书中将人的跨国"流动"定义为劳动力的"再商品化"过程。"结构性自由"这一概念的意义，就在于揭示了流动人口生活在两个劳动力市场的衔接地带所表现出来的双重性。利用这一概念，或许有助于更深入地理解流动劳动力在就业和生活中的自由与限制，揭示各类主体如何参与到持续的划界活动中，帮助我们认识流动中的人群、社会与文化。

流动人口不仅存在于跨国的条件下，还包括一国之内的城乡人口流动、民族人口流动。其中从事专门经济活动的流动人口或许也可用"结构性自由"的视角来理解。比如沙县小吃遍布全国各地，带动大量的当地农民进入广州这样的大城市。他们相较其他地区的农民是幸运的，可以轻松地进入并适应城市生活。但是提供这种优势的机制反过来也会限制他们真正改变生活方式的机会。更为明显的例子还有青海隆化的少数民族流动人口，他们把拉面生意做到了全国，但是自己仍面临融入当地社会的困难。目前的流动人口研究各自分裂，分别被贴上了少数民族流动人口研究、移民研究、农民工研究等标签。因而所产生的成果往往过于强调研究对象的特殊性，而忽略了流动本身就具有独特魅力。迁移与定居，即社会的"流态"与"稳态"，是人类社会的根本问题。

中国人类学进入海外研究，这是与中国的崛起和经济发展紧密相连的。在文化田野中，我们可以看到的"跨界"实在太多。越来越多深入流动现象背后的跨界活动，讨论人、群体、族群的流动与结构的研究，对于我们理解中国自身、认识世界均具有意义。

人类学的看家本领——田野调查与民族志，是研究跨界与流动的基础。我们的田野是文化的田野，它既不是沉浸于过去的历史回顾，也不是走马观花的社会观察，而是"希望的田野"，是对于现实世界和社会的人文关怀，也是对于全球美好社会的追求。在此我想以费孝通先生对于美好社会、美好世界的思考作为结语。费先生认为，他所吁求的"美好社会"是人类社会的共相，是社会中人与人相处的规范，是主观意识和客观律令的内外统一。因此，文化自觉是对自身之美和他者之美的双重自觉，目标是创建一个和而不同的全球社会。"和而不同"是人类共同生存的基本条件，也是实现"天下大同"的途径。这就要从"各美其美"上升到"美人之美"，实现"美美与共"，这样的社会才是"天下大同"的美好世界。而类似于少春博士的研究，也是我们认识全球社会的社会构成的重要研究领域，给我们提供了非常有价值的研究个案。

目　录

第一章　导论

全球化与劳动力流动

在当代世界，最为人们熟悉的可能就是"全球化"这一概念，各种资本、商品、信息和人口的洪流组成波涛汹涌的全球化浪潮。人类学界为了研究全球化浪潮下人口、商品、资本的流动，提出了流动的人类学（anthropology of flows）。[①] 阿帕杜莱更是以"全球洪流"（global flows）来提炼纷繁复杂的全球化研究命题。[②] 流动是全球化的主要特征之一，大量的文献讨论了资本、商品、人口与观念的流动如何穿越国家的疆界。

对流动现象的研究，不能仅仅如其表面所反映出来的那样将其作为一种活动，而是要通过不同社会中各种组织结构之间的连接机制，即生产方式的衔接（articulation of

---

① Stuart Alexander Rockefeller, "Flow", *Current Anthropology*, 52 (2011): 557 – 578.

② Arjun Appadurai, "Disjuncture and Difference in the Global Cultural Economy", *Theory Culture Society* 7 (1990): 295.

modes of production）来讨论。这一概念是马克思用来解释原始积累的一个重要概念，他所讨论的衔接存在于两方面：一是西欧进入资本主义的社会转型；二是资本主义国家与殖民地的联系。① 阿尔都塞等将"衔接"发展为一种连接关系，即反映不同社会关系的生产方式之间的连接。这些衔接在一起的成分达成某种机制，使各方的交流得以形成；但它们仍保有自身的基本特征，不会因此形成统一体。在连接结构之内，各种社会关系并不是对等的，占据经济、政治或文化支配地位的一方有着更大的能量，主导着连接关系的发展，推动了各种资源的流动。②

以最为常见的商品流动来说，人类学的政治经济学派最为擅长的就是以商品的生产和流通来展开世界体系内部的不平等关系，考察资本主义生产方式如何控制和利用其他生产方式。比如早期英国商人在北美和加勒比地区所获得的烟草、糖、棉花就是由大量没有人身自由的非洲奴隶生产的。其他商品如皮毛，则是由殖民地边缘的土著生产出来的，通过与代理人的不平等贸易关系而同殖民地体系联系起来。③ 经典的研究，如西敏司聚焦于工业化早期的英格兰以及加勒比殖民地的甘蔗种植园，揭示了糖作为不

① Thomas C. Patterson, *Karl Marx*, *Anthropologist*, Oxford：Bloomsbury Academic, 2009, pp. 128 – 138.

② 路易·阿尔都塞、艾蒂安·巴里巴尔：《读资本论》，李其庆、冯文光译，中央编译局出版社，2001，第211页。

③ Thomas C. Patterson, *Karl Marx*, *Anthropologist*, Oxford：Berg Publishers, 2009, pp. 129 – 130.

同社会体系的纽带作用。[1] 曾经影响世界的重要商品，像
可可、棉花、橡胶、石油，以及后来的服装，甚至蘑菇都
有研究者进行流动史的研究。政治经济学的研究将重点放
在资本主义生产方式所裹挟的资本、商品、技术、组织如
何扩张到非资本主义生产方式的地区，也就是经由商品的
流动如何形成一个世界体系。

因而可以说，所谓全球化就是一个在全球范围内实行
市场化的政治过程。[2] 按照波兰尼的说法，现代世界就是
由西欧社会发展出来的资本主义市场经济脱嵌之后，借由
政治、军事和文化的力量，再嵌入其他社会的产物。[3] 从
这个意义上来看，全球化的研究本质上就是讨论其他类型
的社会活动如何整合进入市场经济体系以及由此而来的
后果。

如果说殖民主义时代的世界体系以商品的流动为标
志，那么大量的人口流动就是当今世界的时代特征。根据
国际移民组织的统计，2020 年有近 2.81 亿人居住在出生
国以外的国家，而 1970 年仅有约 8400 万人。其中，2019

---

[1] Sidney Mintz, *Sweetness and Power*: *The Place of Sugar in Modern History*, Harmondsworth：Penguin, 1985.

[2] Don Kalb, "Time and Contention in 'The Great Globalization Debate'", in Don Kalb, Wil Pansters and Hans Siebert (eds), *Globalization and Development*: *Themes and Concepts in Current Research*, Dordrecht：Kluwer Academic Publishers, 2004.

[3] 卡尔·波兰尼：《大转型——我们时代的政治与经济起源》，冯钢、刘阳译，浙江人民出版社，2007。

年全世界约有 1.69 亿移民劳工，占当年 2.72 亿国际移民
的 62%。[1] 有学者提出，资本主义体系自 16 世纪以来发生
了三次国际劳动分工。第一次是通过奴隶制度等强制性的
劳动制度，将边缘地带的人口转变为矿工和农民，服务于
中心地带的农业、矿业等生产活动。第二次是在 19 世纪至
20 世纪上半叶，帝国主义将中心地带的工业与边缘地带的
农业连接在一起，在工业品与原材料的大规模流动中转移
了边缘地带劳动者生产的剩余价值。第三次资本的扩张跨
越了传统的边界，生产活动转移到了边缘地带某些特定的
地区，工业资本的转移推动了劳动过程的重置。[2] 在国际
劳动分工的第三阶段，新国际劳动分工（new international
division of labour）理论认为，20 世纪 50 年代世界范围内
的民族独立运动打破了传统的全球分工模式。殖民地不再
像传统政治经济学派所描述的那样，仅仅作为西方资本主
义的商品市场和原材料来源地。但这一潮流同时带来了另
一个后果，那就是殖民地原来的社会纽带与经济结构被大
规模的社会改造运动所打破，大量劳动力被释放出来。与
此同时，全球化生产的扩张使得大量非技术、低技术的工
业部门从西方工业国家转移到原来的边缘地带。这两种趋
势相结合，使得劳动重置成为可能，产生了引人瞩目的劳

---

[1]　M. McAuliffe, and A. Triandafyllidou eds., 世界移民报告 2022, International Organization for Migration (IOM), Geneva, 2021, pp. 25, 38。

[2]　J. Walton ed., *Capital and Labour in the Urbanized World*, London: Sage Publications, 1985, pp. 3 – 14.

动力流动现象。①

　　但大规模劳动力流动并不是在 20 世纪中后期才出现的，只是在这一时期其范围和深度更引人瞩目。历史上欧洲人大规模前往北美和澳大利亚，非洲人口作为奴隶被运往美洲，以及华人大量迁移到东南亚和美洲，这些都是与航海时代和新世界开发联系在一起的。就华人移民而言，虽然历史更久远，而且背景更复杂，但是华人劳工的迁移一直是华人移民史中的重要线索。

　　王赓武将 1800 年以来的中国移民分为四种形态，分别是华商形态、华工形态、华侨形态和华裔形态。② 华商指的是商人、矿主、贸易者，他们自己到外国，或者派遣其伙伴、代理人、亲属到国外的港口、矿山和贸易中心开展商业活动，依托此类商业活动，建立起新的商业、贸易甚至社会网络，带动更多的人口迁移。华工早期多是农民、无地劳动者和城市贫民，为了寻找就业机会而依赖固定的经济活动进行迁移。华侨则更多从政治和情感角度出发，主要特点是意识形态方面接受中国为母国，暂时居住在国外，成为中国政府管理海外移民的主要政策对象。所谓华裔，是指具有中国人血统的外国人，他们大部分出生在海外，已经取得所在地的公民身份，与暂时居住在国外的华

---

① F. Frobel, J. Heinrichs, and O. Kreye, *The New International Division of Labour*, Cambridge: Cambridge University Press, 1980.

② 王赓武:《中国移民形态的若干历史分析》，载《王赓武自选集》，上海教育出版社，2002，第 188—205 页。

侨区分开来。可见华人劳工的迁移是华人移民历史上一种特殊的类型。下文就简单梳理一下东南亚地区此类移民在不同历史时期的特点。

早期的华工主要依靠华商在区域内建立起来的贸易和生产网络。华商主导的移民活动是早期华人国际移民的主要模式。当华商从贸易为主的商业转向在当地从事农业、矿业和其他生产活动时，大量故土的乡民被带动，流动到东南亚。他们主要集中在糖、胡椒、橡胶等产品的种植领域，以及金矿、锡矿的开采行业。这些产品由华商主导的企业开发，经由华工和当地土著的双手生产出来，最终供应给中国和有限的国际市场。[①] 在这个时期，华商与华工之间存在紧密的联系。一是他们在故乡建立的地缘和血缘纽带，使他们即使在海外也能保持故乡那样的社会关系，部分恢复家乡式的生活方式。二是他们在当地的生产活动中建立起分工依赖，华工依靠华商获得就业机会，而华商靠这些同乡人维持经营。[②] 受制于华商事业的限制，华人劳工也出现了职业专门化的特点。他们从家乡带来的技能和习俗、移居地社会已有的职业分布、先行者已经建立的

---

① Edgar Wickberg, "Localism and the Organization of Overseas Chinese Migration in the Nineteenth Century", in Gary G. Hamilton (eds), *Cosmopolitan Capitalists: Hong Kong and the Chinese Diaspora at the End of the 20th Century*, Seattle: University of Washington Press, 1999, pp. 35 - 55.

② G. W. Wang, *China and the Chinese Overseas*, Singapore: Times Academic Press, 1991.

就业优势、特殊的招募机制共同塑造了华工的就业活动。[①]
这种专门化不仅发生在华人与当地土著之间，也存在于华
人社会内部不同的方言群体之间。

　　当殖民体系在东南亚确立之后，欧洲人主导了殖民地
的种植园和矿山等主要的经济事业。为了满足生产的需
要，殖民者开始从中国和周边引入大量的合同劳工，他们
被称为"苦力"或"猪仔"。殖民政府或企业并不会直接
出面，往往是通过当地华人社会的会党组织，从广东、福
建等地骗募故乡的青年劳动力。[②] 经济主导权的转移，使
得早期大量雇用华工的部分华商转变为殖民地政府及其经
济组织的代理人，他们借用传统的劳动力迁移机制，在招
募华人契约劳工的活动中发挥了重要作用。[③] 殖民政府通
过地缘和社会网络控制这些华人劳工的人身自由，利用他
们为西方的殖民经济体系服务，最终形成了由殖民地政
府、华商和华工三方构成的劳工迁移机制。只不过处于被
动地位的华工，其遭遇更加悲惨。

　　殖民时期的华工移民与前殖民时期有许多相似的地
方。首先都以地区、方言团体为基础；其次主要的目的地
都是东南亚地区；最后移出的同时伴随大量的移民回流，

---

① Philip A. Kuhn, *Chinese Among Others*: *Emigration in Modern Times*, Lan-ham: Rowman & Littlefield Publishers, 2008, pp. 46 – 51.
② 彭家礼：《十九世纪七十年代后中国劳力资源外流和"猪仔"贩卖的高潮》，《中国经济史研究》1987 年第 4 期；王琳乾、吴坤祥：《早期华侨与契约华工（卖猪仔）资料》，潮汕历史文化研究中心，2002。
③ 庄国土：《华侨华人与中国的关系》，广东高等教育出版社，2001。

形成了循环移民的格局。但两个时期的劳动力流动也有明显的时代差异。第一，他们大多不再受雇于华商，而是为西方殖民主义者做"苦力"，主流的形式是契约劳工或合同工。第二，殖民时期的华工大多是成批地出国，以满足殖民地对劳动力的大量需求，这也是华工招募组织化的结果。他们不再是零散地搭乘华商的贸易船只，而是被有组织、有计划地从故乡送到指定的港口，再通过专门的船只被运到海外。第三，殖民地的发展布局使得华工的分布有明显的地域性，某些地区因为种植园或矿业的发展，对劳动力的需求远大于其他地区。比如，菲律宾、东印度和马来半岛吸收了东南亚 95% 的华工。① 第四，劳工输出的方式也有不同。前殖民时期华工主要依靠由华商建立、以宗族和同乡为基础的社会网络，而殖民时期主要通过预付费用和劳务合同等形式的市场机制，其中华商只是招募劳工的中介。第五，即使当地已经存在华人社区，许多人仍然被迫生活在种植园或集中的工棚，不仅与当地社会，也与华人社区隔离开来。②

　　二战之后，亚洲地区的经济格局再次发生了巨变，殖民主义的退场与区域内国家和地区的次第兴起重新塑造了劳动力流动的面貌。20 世纪 60 年代之后，日本率先实现

---

① 朱国宏：《中国的海外移民——一项国际迁移的历史研究》，复旦大学出版社，1994。
② 周敏：《华人国际移民的历史回顾和社会学分析》，《华人研究国际学报》2009 年第 1 期，第 51—72 页。

了经济腾飞，开始陆续将一些劳动力密集产业转移到亚洲其他国家或地区。随后兴起的"亚洲四小龙"，以及后来的中国和东盟国家一度被纳入以日本为首的"雁行模式"。[①] 在这个过程中次第发生的制造业转移与区域分工的发展，使得地区内劳动力市场之间的联系日益紧密，带动劳工移民的流动进入新的局面。有媒体曾就百年间华人移民的转变进行过专题讨论，其标题《从"卖猪仔"到"白骨精"》颇为精准地展现了劳工移民群体的变迁。[②]

改革开放以来的出国人员被称为中国"新移民"，据估计在 2008 年就已经达到 800 万人以上。[③] 所谓"新移民"，主要包括四种类型：一是求学之后定居的留学生群体；二是连锁移民，借助已在海外的亲属网络迁移的群体；三是各种行业的专业群体，利用专业技能或职业经验获得移民资格；四是非法移民，此类人群没有合法签证或签证过期之后非法居留。[④]

因为中国经济的发展以及世界各国移民门槛的日益提

---

① 小岛清：《雁行型经济发展论》，东京：文真堂，2003；车维汉：《雁行形态理论研究评述》，《世界经济与政治论坛》2004 年第 3 期；李岩：《重评东亚奇迹与雁行模式》，《当代亚太》1998 年第 2 期。

② 彭玉磊：《从"卖猪仔"到"白骨精"》，《广州日报》2013 年 11 月 4 日，http://gzdaily.dayoo.com/html/2013-11/04/content_2441225.htm#。

③ 王望波、庄国土编著《2009 年海外华侨华人概述》，世界知识出版社，2011；庄国土、张晶盈：《中国新移民的类型和分布》，《社会科学》2012 年第 12 期。

④ Liu Hong, "Explaining the Dynamics of Chinese Migration since 1980: A Historical and Demographical Perspective", *Journal of Oriental Studies* (Hong Kong University and Stanford University), Vol. 39, No. 1 (2005): 92-110.

高，中国新移民群体与传统的华人移民表现出显著的差异。① 从整个华人社会的角度而言，中国大陆是华人"新移民"的主要来源地，除此之外还有中国香港、台湾以及华人社会内部的"再移民"，这一称谓本身反映了他们与已经定居当地的海外华人之间的分界线。"新移民"的目的地主要是北美洲、大洋洲和欧洲，而 19 世纪末到 20 世纪上半期这些国家对于华人恰恰是最排斥的，当时的移居地主要是欧洲国家在东南亚的殖民地。② 现实的转变也使得新移民研究开始跳出华人华侨研究的传统范式，关注人才流动③、商品贸易④、跨境劳务⑤等具体的人口流动现象。

　　纷繁复杂的新移民潮流，可以根据他们在跨国流动过程中的迁移自由与限制分为三类。一是占有经济资本的移民，他们既有跨国流动的自由，在移入地也容易取得较高的社会地位。有研究专门讨论了华人富豪的移民行为，这

---

① 宋全成：《欧洲的中国新移民：规模及特征的社会学分析》，《山东大学学报》（哲学社会科学版）2011 年第 2 期。

② 王赓武：《华人新移民：何以新？为何新？》，刘宏、黄坚立主编《海外华人研究的大视野与新方向：王赓武教授论文选》，新泽西：八方文化企业公司，2002，第 325—341 页。

③ 刘宏：《当代华人新移民的跨国实践与人才环流——英国与新加坡的比较研究》，《中山大学学报》（社会科学版）2009 年第 6 期；Xiang Biao, "A Ritual Economy of 'Talent': China and Overseas Chinese Professionals", *Journal of Ethnic and Migration Studies* 37（2011）：821–838.

④ 陈肖英：《民族聚集区经济与跨国移民社会适应的差异性——南非的中国新移民研究》，《开放时代》2011 年第 5 期。

⑤ 李明欢：《从跨境劳务中介看地方治理的多元博弈》，《开放时代》2011 年第 5 期。

个群体展现出弹性的实践策略。[1] 二是底层的非法移民或低技术劳工，这些移民往往是直接移植入海外严格划定和控制的岗位、工作场所和生活空间，处于相对较低的社会经济地位。[2] 他们不仅流动性受到限制，且享受的权利也很有限。三是处于中间阶层的移民，他们在流动自由与社会权利两方面都处于一种中间状态。因为拥有一定的社会和文化资本，所以这个群体的移民在移入地和母国两个社会体系之间往往展开选择性的适应。[3] 所以，中层移民的生活可以被视为一种自由与限制、体面与难堪之间挣扎冲撞的过程。这些中层移民主要有两种形式，一种是教育移民，另一种是技术移民。

技术移民是中产阶级、专业人员最常采用的移民方式。这个群体的外流曾经成为一个重要的社会问题，引发了媒体广泛的关注。[4] 技术移民自身的阶级资源满足了跨国公司的生产需求，使得他们与底层的移民相比，更容易

[1] Aihwa Ong, *Flexible Citizenship: The Cultural Logics of Transnationality*, Durham, NC: Duke University Press, 1999; David Ley, *Millionaire Migrants: Trans-Pacific Life Lines*, Malden, MA: Wiley-Blackwell, 2010.

[2] 项飚、吕云芳：《劳工移植：东亚的跨国劳动力流动和"点对点"式的全球化》，《开放时代》2011 年第 5 期。

[3] D. S. Raj, *Where Are You From?: Middle-Class Migrants in the Modern World*, Berkeley: University California Press, 2003.

[4] 相关媒体报道如任蕙兰《技术移民：让中国人互相"火并"》，《新民周刊》2013 年第 39 期，http://www.xinminweekly.com.cn/News/Content/2860；王辉耀：《中国正经历第三次移民潮》，FT 中文网，2013 年 1 月 9 日，http://www.ftchinese.com/story/001048374；左茂红：《中国更多专业人员到海外寻求更好的生活》，香港《南华早报》2013 年 2 月 14 日。

跨越民族国家的界限并参与全球化的劳动力市场。[1] 但与占有经济资本的上层移民不同，他们迁移的自由受制于自身的阶级地位和跨国公司全球化生产布局。

世界体系中的人口流动从本质上而言，是不同类型生产关系、不同地区生产体制下的劳动力整合进入世界劳动力市场的过程。华人劳动力流动的性质、方向和速度变化反映了国家间发展的不平衡状况，也反映了国际劳动力市场的相互依赖和体系化的历史。布洛维认为在波兰尼关于资本主义历史的研究中，提出"商品化"构成了我们今天所处世界的关键体验，并认为"第三次"市场化浪潮的核心之一就是劳动力的商品化。[2] 在纷繁复杂的跨国人口流动现象中，劳动力流动的本质正是劳动者在不同劳动力市场上的"商品化"，其中技术移民跨国"商品化"的特点更为明显。

劳动力商品化的类型学

全球化与移民研究中强调的关键词，如流动（flow）、流动性（mobility）、迁移（movement），本身只是描述了

---

[1] R. Alarcón, "Skilled Immigrants and Cerebreros: Foreign-born Engineers and Scientists in the High-technology Industry of Silicon Valley", in N. Foner, R. Rumbaut and S. Gold (eds), *Immigration and Immigration Research for a New Century*, New York: Russell Sage Foundation, 2002, pp. 301 – 321.

[2] 迈克尔·布洛维：《从波兰尼到盲目乐观：全球劳工研究中的虚假乐观主义》，《开放时代》2011 年第 10 期。

人口流动的现象或特点。流动或者流动性的本质是什么？就数量而言，绝大多数人口流动背后的本质是劳动力的流动，即劳动者从世界体系下的一个劳动力市场进入另一个劳动力市场。在这个意义上，移民在多大程度上能够实现流动，发挥他们的能动性，展开适应与调适的实践，还是要回到他们作为劳动者这一本质的政治经济属性上去理解。同样的，技术移民作为劳动者在跨国流动过程中的流动性和能动性，也需要回归到他们作为劳动者所身处的劳动力市场变化过程中去理解。因此，移民流动的自由本质上是就业的自由，其背后是移民对自身劳动力商品化的掌控，也就是马克思所说的出售自身劳动力的"自由"。

对于劳动者，马克思将其分为"自由工人"（free worker/wage labour）和"非自由劳动力"（unfree labour）。前者是指那些由"无产阶级化"所导致的自由到只能出卖劳动的工人。后者是指仆役、奴隶、种植园劳工、移民劳工等不能"自由"出卖劳动的劳动者。马克思将劳动力（或劳动能力）定义为"一个人的身体即活的人体中存在的，每当他生产某种使用价值时就运用的体力和智力的总和"。① 这种能力在商品化过程中是由劳动者自己出售，还是由劳动者的所有者出售，是资本主义早期区分劳动者的重要标准。换句话说，劳动者能否自主掌握自身劳动力商品化的过程是关键所在。

---

① 《马克思恩格斯全集》第 44 卷，人民出版社，2001，第 195 页。

　　马克思在分析英格兰工业革命历史时，提出了"自由工人"与"非自由劳动力"的概念。这一区分的基础是，马克思认为资本主义生产关系中"劳动力是一种商品，是由其所有者即雇佣工人出卖给资本的一种商品"。① 但是在人类历史中，劳动力并不天然就是商品。"奴隶就不是把他自己的劳动力出卖给奴隶主……奴隶连同自己的劳动力一次而永远地卖给奴隶的所有者了……奴隶本身是商品，但劳动力却不是他的商品。"② 只有在资本主义社会，劳动转变为雇佣劳动，劳动力才成为一种商品。马克思引用埃德蒙兹的论述，"自由工人通常可以自由地更换自己的主人，这种自由把奴隶和自由工人区别开来……工人的地位高于奴隶的地位，因为工人认为自己是自由的"。③

　　恩格斯同样对两种类型进行了区分。"工人在法律上和事实上都是有产阶级即资产阶级的奴隶"，"这种奴隶制和旧式的公开的奴隶制之间的全部差别仅仅在于现代的工人似乎是自由的，因为他不是一次就永远卖掉，而是一部分一部分地按日、按星期、按年卖掉的，因为不是一个主人把他卖给另一个主人，而是他自己不得不这样出卖自己，因为他不是某一个人的奴隶，而是整个有产阶级的奴隶"。④

---

① 《马克思恩格斯选集》第 1 卷，人民出版社，1995，第 335 页。
② 《马克思恩格斯选集》第 1 卷，人民出版社，1995，第 336 页。
③ 《马克思恩格斯全集》第 37 卷，人民出版社，2019，第 293 页。
④ 《马克思恩格斯全集》第 2 卷，人民出版社，1957，第 363、364 页。

回顾资本主义的早期发展史，马克思指出，"要使货币占有者在市场上找到作为商品的劳动力"，必须具备的一项条件是，"劳动力只有而且只是因为被它自己的占有者即有劳动力的人当作商品出售或出卖，才能作为商品出现在市场上。劳动力占有者要把劳动力当作商品出卖，他就必须能够支配它，从而必须是自己的劳动能力、自己人身的自由所有者。劳动力占有者和货币占有者在市场上相遇，彼此作为身份平等的商品占有者发生关系，所不同的只是一个是买者，一个是卖者，因此双方是在法律上平等的人。这种关系要保持下去，劳动力所有者就必须始终把劳动力只出卖一定时间，因为他要是把劳动力一下子全部卖光，他就出卖了自己，就从自由人转化为奴隶，从商品占有者转化为商品。他作为人，必须总是把自己的劳动力当作自己的财产，从而当作自己的商品。而要做到这一点，他必须始终让买者只是在一定期限内暂时支配他的劳动力，消费他的劳动力，就是说，他在让渡自己的劳动力时不放弃自己对它的所有权"。①

英国历史上的"圈地运动"就为工业发展准备了大量流动的"自由"劳动者。当时将社会中的"农夫""自由化"以推动其流动起来的主要有两套动员系统。一种是全日制，在城镇作坊中用新的劳动秩序来规范家庭劳力或雇工，生产商人们订购的货物；另一种是半日制，商人将原

---

① 《马克思恩格斯全集》第44卷，人民出版社，2001，第195—196页。

料分配给工人，让他们在自己的住处进行加工。"自由"劳动是当时众多劳动体制中的一种，其他为英国人所熟悉的劳役拘禁、流民强制雇用、济贫院强制劳动、学徒劳动等奴役形式未能被资本家所广泛采纳，是因为这些强制劳动的体制具有很大的不灵活性，也必须承担过多的政治和社会负担。这里的"自由"，首先表现为工人个体选择资本家以从事工资劳动的自由。但这种个体的"自由"必须以另外一种社会的"自由"为前提，即个体必须从人身依附的传统社会关系中释放出来。在个体享受到"自由"便利的同时，资本家也可以根据市场变化、经济周期来灵活地组织生产，而不必承担其他社会或政治后果。①

这时候，劳动成为"自由劳动"，从事劳动的"自由工人"是"自由人"，能够把自己的劳动力当作自己的商品来支配。"货币占有者要把货币转化为资本，就必须在市场上找到自由的劳动者。这里所说的自由，是从二方面来看的：一方面，劳动者是自由人，能够把自己的劳动力当做自己的商品来任意支配，另一方面，他没有别的商品可以出卖，可以说自由得一无所有，完全失去了实现自己的劳动力所必需的东西。"② 马克思在这里提出了一个重要命题，即"自由工人"的"双重自由"。"自由工人"的自由，一方面表现为他们"丧失一切财务和任何客观的物

① 埃里克·沃尔夫：《欧洲与没有历史的人民》，赵丙祥、刘传珠、杨玉静译，上海人民出版社，2006，第317、346—347页。
② 《马克思恩格斯全集》第43卷，人民出版社，2016，第168页。

质存在形式而自由了，自由得一无所有"；另一方面表现为他们"摆脱旧的保护关系或农奴依附关系以及徭役关系而自由了"，"唯一的活路，或是出卖自己的劳动能力，或是行乞、流浪和抢劫。他们最初力图走后一条路，但是被绞架、耻辱柱和鞭子从这一条路上赶到通往劳动力市场的狭路上去"。① 在劳动力市场上，"自由工人"的"自由"集中体现在支配作为商品的自身劳动力的自由。马克思在论述劳动力买卖的纯粹条件时指出，"劳动力的买和卖是在流通领域或商品交换领域的界限以内进行的，这个领域确实是天赋人权的真正伊甸园。那里占统治地位的只是自由、平等、所有权和边沁。自由！因为商品例如劳动力的买者和卖者，只取决于自己的自由意志。他们是作为自由的、在法律上平等的人缔结契约的。契约是他们的意志借以得到共同的法律表现的最后结果"。②

马克思虽然没有对非自由劳动力做出明确的定义，但是在论述中不断将农奴、奴隶和自由工人做比较，为我们理解"非自由劳动力"举出了例证。马克思在《政治经济学批判》中指出："奴隶和奴隶主之间的关系的连续性，是通过直接强制来保持奴隶的一种关系。相反，自由工人必须自己保持自己的关系，因为他作为工人而存在，取决于他不断重复地把自身的劳动能力出卖给资本家。""资本

---

① 《马克思恩格斯全集》第 30 卷，人民出版社，1995，第 502 页。
② 《马克思恩格斯全集》第 44 卷，人民出版社，2001，第 204 页。

家和工人之间的——买和卖的——货币关系掩盖着无酬劳动，而在奴隶劳动的情况下，奴隶属于其主人所有的那种所有权关系掩盖着为自己的劳动。"[1] "自由工人"和奴隶的根本差异就在于对于自身劳动能力的所有权，"自由工人"是自身劳动力商品的主人，而奴隶商品的所有权在奴隶主手里。"奴隶市场本身是靠战争、海上掠夺等等才不断得到劳动力这一商品的，而这种掠夺又不是以流通过程作为中介，而是要通过直接的肉体强制，对他人的劳动力实行实物占有。"[2] 所有权差异决定了两类劳动者从事生产的驱动力不同，"奴隶只有在外界威胁的驱使下才劳动，而不是为了自身生存而劳动，这种生存并不属于他，然而生存是有保障的；相反，自由工人倒是受自身需要的驱使而劳动"。[3] 而且所有权差异还导致了两者的补充形式不同。"奴隶主买一个劳动者就像买一匹马一样。他失去奴隶，就是失去一笔资本，必须再花一笔钱到奴隶市场上去买，才能得到弥补。"但对于工人，即使"过度劳动使伦敦的面包工人不断丧生，可是伦敦的劳动市场总是挤满来自德国和其他地方的人，等着去面包房送死"。[4] 奴隶作为"非自由劳动力"是因为他们自身就是商品，劳动能力是他们的使用价值，并不存在出售劳动力的商品化过程。

---

①　《马克思恩格斯全集》第 37 卷，人民出版社，2019，第 289 页。
②　《马克思恩格斯全集》第 45 卷，人民出版社，2003，第 538 页。
③　《马克思恩格斯全集》第 38 卷，人民出版社，2019，第 116 页。
④　《马克思恩格斯全集》第 44 卷，人民出版社，2001，第 307—308 页。

　　在奴隶这种典型的"非自由劳动力"之外，还存在儿童、妇女等部分出售自身劳动能力的情况。儿童和妇女进入工厂是资本对补充劳动的占有形式。"就机器使肌肉力成为多余的东西来说，机器成了一种使用没有肌肉力或身体发育不成熟而四肢比较灵活的工人的手段。因此，资本主义使用机器的第一个口号是妇女劳动和儿童劳动！""从前工人出卖他作为形式上自由的人所拥有的自身的劳动力。现在他出卖妻子儿女。他成了奴隶贩卖者。对儿童劳动的需求，在形式上也往往同美国报纸广告上常见的对黑奴的需求相似。"① 儿童劳动受到父母的控制，是由父母出售给资本家的。比如，"因为工厂法规定童工必须实行两班制，一班劳动 6 小时，另一班劳动 4 小时，或者每班只劳动 5 小时。但是父母们不愿比以前出卖全日工更便宜地出卖半日工。因此半日工就被机器所代替"。② 在另外一种情况下，儿童劳动力作为商品是由济贫院等组织掌握的。19 世纪 60 年代英国贫民习艺所的穷孩子和孤儿被送进工厂做工，并成为一种固定的制度，"工厂主根据这个'制度'同济贫院当局订立了有一定期限的契约。工厂主供给这些儿童衣食住，还给一点补贴"，他们则需要进入工厂劳动。③ 在这两种现象中，儿童甚至连卖身的形式都不具备，遑论形式上的"自由"。

---

① 《马克思恩格斯全集》第 44 卷，人民出版社，2001，第 453、455、456 页。
② 《马克思恩格斯全集》第 44 卷，人民出版社，2001，第 452 页。
③ 《马克思恩格斯全集》第 44 卷，人民出版社，2001，第 309、310 页。

借助这些论述，不难看出马克思实际上对资本主义时代的劳动者进行了类型划分。这个划分主要着眼于劳动者能否掌握自身劳动力的商品化过程。在纯粹市场条件下，如果劳动者能够自主出售自身的劳动力，那这个劳动者就是"自由工人"；如果劳动者出售自身劳动力的行为受到其他制度性因素的制约，那他就是"非自由劳动力"。前者可以持续地决定自身劳动力的商品化，后者部分或完全失去了对自身劳动力商品化/再商品化的控制。"自由工人"被认为是资本主义发展的产物，这样的劳动者是廉价的，可以源源不断地供应，并通过技能积累可以推动生产力水平的发展。而"非自由劳动力"被认为是昂贵的，无法保证供应，并不适应生产力水平的发展。在早期理论家的论述中，资本主义发展就是"自由工人"形成和扩大的过程，"非自由劳动力"将为"自由工人"所取代。

这种类型划分也出现在其他思想家的论述中。韦伯在分析近代资本主义时，亦指出其先决条件之一是"自由劳动力之存在"。"他们不但在法律上可以自由地——而且在经济上亦须被迫——在市场上不受限制地出卖自己的劳动力。缺少此种出卖自己劳力的无产群众（一个被迫出卖劳力以维生的阶级），而只有不自由的劳动者，则与资本主义的本质相矛盾，其发展亦不可能。合理的资本主义计算，只有在自由劳动的基础上，才有可能。换言之，则须有形式上自由，而实际上则是为饥寒所迫不得不出卖劳力的工人存在，生产成本才有可能事先确定。"① 在这段论述中，韦伯也是将"自由劳动力"同"不自由的劳动者"并举。他定义"自由劳动力"的核心是"在市场上不受限制地出卖自己的劳动力"，也就是具有出卖自己劳动力的"自由"。但这种市场上的自由是"形式上"的，实际上他们是"一个被迫出卖劳力以维生的阶级"。韦伯放弃了区分两者的政治性，转而强调了形式理性在实践中的价值。他将"自由的劳动力"定义为"依据形式上双方自愿的合同的劳动"，即不存在任何形式的占有;② 而"不自由的劳动者"是把劳动力的使用让给劳动者的所有人占有，奴隶制和农奴制是代表。③ 签订合同转让劳动力的使用使得劳动者保有"自由"，而不经过这一程序则被占有即是不自由的。他还进一步将"自由的劳动力"转化为"间接强制"，而"不自由的劳动者"受到的是"直接强制"。"由于采用以解雇和失业为威胁的工资制度而发展出来的间接性的劳动强制;比起直接强制来，间接强制被认为更能有效获取高品质的劳动力，同时又能自从属者那儿榨取劳动，从而避免投资于奴隶劳动所带来的重大风险。"④

不管是马克思的商品化还是韦伯的形式理性，"自由

---

① 马克斯·韦伯:《经济与历史：支配的类型》，康乐等译，广西师范大学出版社，2010，第151页。

② 马克斯·韦伯:《经济与社会》上卷，商务印书馆，1997，第149页。

③ 马克斯·韦伯:《经济与社会》上卷，商务印书馆，1997，第147页。

④ 马克斯·韦伯:《法律社会学：非正当性的支配》，康乐、简惠美译，广西师范大学出版社，2010，第80页。

工人"与"非自由劳动力"的差别存在于劳动者是否能够自主出售自己的劳动。如果在这个过程中，个体的自主性受到制度性限制，那就可以说他是不自由的。所谓"非自由"是指通过政治、经济、社会、文化等手段限制了劳动者将自己劳动力商品化的程度，也就是不能充分参与到劳动力市场当中。

　　虽然"自由工人"相较于美洲的奴隶和欧洲其他形式的雇佣工人是"自由""进步"的，但也不能忽视他们的自由仅存在于纯粹市场条件下，是形式上的。马克思在分析时即已指出他们被迫的面向。在经济层面，劳动者同生产资料的分离决定了他们只有出卖自己的劳动力这一条出路，也就是可以选择资本家，但没有不选择资本家的权力。资本"不断迫使工人为了生活而出卖自己的劳动力……过程本身必定把工人不断地当作自己劳动力的卖者投回商品市场……工人在把自己出卖给资本家以前就已经属于资本了。工人在经济上的隶属地位，是通过他的卖身行为的周期更新、雇主的更换和劳动的市场价格的变动来实现的，同时又被这些事实所掩盖"。① 在政治上，劳动者出售自身劳动力的"自由"也受到统治阶级所设计的制度和法律的限制。"在沿用一定常规的范围内，可以让劳动者认为自己是生产上的自由缔约人，认为自己与老板的合同是依照双方的协约签订的。但是，只要他们一越出这个范围，那就要公开强迫他们在议会

---

① 《马克思恩格斯全集》第 44 卷，人民出版社，2001，第 666 页。

这个统治阶级对付人民的常设联合委员会所规定的条件下劳动。"① 在论及正常工作日的历史变化时，马克思使用了"'自由'劳动者"，这里的引号鲜明地表达了他对于自由工人之"自由"的判断。"'自由'劳动者由于资本主义生产方式的发展，才自愿地，也就是说，才在社会的逼迫下，按照自己的日常生活资料的价格出卖自己一生的全部能动时间，出卖自己的劳动能力本身。"② 类似的，恩格斯也明确指出工人的自主是一种错觉。资产阶级"甚至使他们产生一种错觉，似乎他们是按照自己的意志行动的，似乎他们是作为一个自主的人自由地、不受任何强制地和资产阶级签订合同的。好一个自由！无产者除了接受资产阶级向他们提出的条件或者饿死、冻死、赤身露体地到森林中的野兽那里去找一个藏身之所，就再没有任何选择的余地了"。③

自由工人作为劳动者个体具有出售自身劳动力给这个资本家或另一个资本家的自由，这是个体的"自由"。但是他们没有不出售自身劳动力的自由，劳动过程从属于资本，这是阶级的"非自由"。在不平等的所有制结构下去讨论劳动者出售自身劳动力的自由，也就是"资本主义下的自由劳动"（free labour under capitalism）④，本身就是自

① 《马克思恩格斯全集》第 12 卷，人民出版社，1998，第 256 页。

② 《马克思恩格斯全集》第 43 卷，人民出版社，2016，第 278 页。

③ 《马克思恩格斯全集》第 2 卷，人民出版社，1957，第 360 页。

④ J. Mohan Rao, "Unfree Labour under Capitalism: A Contradiction in (Useful) Terms", *Agrarian South*: *Journal of Political Economy* 3 (2014): 151 – 178.

相矛盾的。资本控制了生产资料、生产过程和市场，无产者作为一个阶级没有自由可言，劳动力市场上的自由仅是形式上的。在这个意义上，每个劳动者都是非自由的。劳动者出售自身劳动力的过程，以及这个过程中劳动者同雇主的议价行为，必然受到一定社会条件和历史条件的制约。这些社会的和历史的条件，其中最为基础的就是资本主义生产方式主导的政治经济结构。资本主义生产方式取得主导地位之后，各个时期、各个地区都有独特的"自由"与"非自由"之分。本质上是在劳动力商品化进程中，资本与劳动者对于劳动力商品控制权的争夺。所以劳动者仅有的，控制自身商品化的自由必然是结构性的，受制于一时代一地区的政治经济结构。

韦伯站在支配类型的角度指出，所谓自由劳动力的"自由"只是形式上的。"办公室或工厂的事务员、工程师与劳工，其所服从的纪律在本质上与政府官员或军队的纪律已无甚差异，尽管此一纪律乃是经过劳动力市场上形式上'平等'的双方，以'自愿'接受雇主所提出之条件、通过签订契约的方式而出现的。"[①] "劳动者可以任意和任何企业缔结任何内容的劳动契约，此种形式的权利对寻找劳动机会者而言，实际上并不表示他在决定劳动条件上具有最起码的自由，也不保证他能对此发挥什么影响力。"

①　马克斯·韦伯：《支配社会学》，康乐、简惠美译，广西师范大学出版社，2010，第5页。

这种形式上"自由"（韦伯称之为契约自由）的权利只会导致市场上的"有力者"占据支配地位。企业者"可以依照自己的判断来决定劳动条件，然后听任劳动寻求者接受或拒绝，并且，当他所提供的劳动对寻求者而言比平常更具经济上的紧迫性，他就更能强要他们接受"。这种"自由"的结果就是，"公开机会让人得以在善于运用市场上所拥有的财货而无碍于法律的限制下，利用这些资源成为取得对他人权势的手段"。[①]

按照涂尔干对于社会分工的论述，分工导致社会中各群体具有了差异化的功能，因而结成了有机的社会关系，相互之间难以分割。劳动者出售自身劳动力的过程，或者说劳动者与雇主达成契约的行为自然也脱离不了这个社会条件的制约。涂尔干针对斯宾塞所做的"社会就是个人交换劳动产品的中介机构，没有任何社会行为去参与和规定那些交换活动"这一判断提出质疑，他认为"在每一种利益和谐的背后，都隐藏着潜在的冲突，或者是拖延下来的冲突"，"凡是契约存在的地方，都必须服从一种支配力量，这种力量只属于社会，绝不属于个人：它越来越变得强大而又繁杂"。对于契约行为的社会限制中，除了构成"契约关系的真实基础"和"根本形式"的契约法，"在法律设立的有组织的确定的压力以外，还存在着一种产生

---

① 马克斯·韦伯：《法律社会学：非正当性的支配》，康乐、简惠美译，广西师范大学出版社，2010，第140、141页。

于道德的压力"，"尽管道德所规定的义务要比法律所规定的义务分散得多，但它总还是具有一种社会作用的"。这里"社会的作用不仅在于这些契约表面上的执行，还在于确定这些契约得以实行的条件"。① 这其中，涂尔干特别重视社会道德的规范作用。

韦伯和涂尔干虽同马克思立场不同、观点有异，但他们研究资本主义发家史均已注意到形式自由或者说能动性的局限。这个时代中劳动者出售自身劳动力的行为受到资本、工具理性牢笼、社会道德的限制。所以说，"自由工人"的"自由"自其诞生就是理想条件下的，一旦回到历史的和社会的现实环境中，就不存在劳动者自主掌握自身劳动力商品化的自由。资本并不是直接控制劳动者，而是通过劳动关系、劳动制度、法律政策、社会规范来间接地控制劳动者。任何社会和文化中劳动者的自由边界均是由社会的结构性关系所编织出来的。制作边界的结构性关系，可能是阶级（马克思），也可能是权力（韦伯），还可能是社会道德（涂尔干）。也就是说，自由劳动者受到资本所主宰的一整套生产关系和社会关系的束缚。

在这两种类型中，"非自由劳动力"对于移民劳动力研究可能更具有理论意义。即使认为劳动力的买者和卖者"只取决于自己的自由意志。他们是作为自由的、在法律上平

---

① 涂尔干：《社会分工论》，渠东译，生活·读书·新知三联书店，2000，第 162、169、172、173 页。

等的人缔结契约的"，马克思在这段论述最后，也提出这不过是"简单流通领域或商品交换领域"或者说纯粹条件下的情况，在现实中劳动力占有者"战战兢兢，畏缩不前，像在市场上出卖了自己的皮一样，只有一个前途——让人家来鞣"。① 与此类似，针对斯宾塞所论"契约的目的在于为工人所付出的劳动提供等价补偿"，涂尔干提出，"如果我们说契约完全有能力保证提供这种等价物，这简直是不可思议的事情"，旗帜鲜明地表明了他对于劳动者"自由"的看法。对于劳动者可能采取个体或集体行动来争取"自由"的说法，他补充道，"即使对那些已经获得活动自由的人们来说，也不能即刻享用这些自由，这类变革必须要经历一个漫长的时期才能最终实现。其间，有许多不公平的契约，严格来说是非社会的契约，都在社会协作的过程中得到了执行"。②

马克思指出，工人在无产阶级化之后一无所有，只有决定将自己的劳动出售给这个资本家或者那个资本家的自由，没有不出卖劳动的自由。从这个意义上来说，"非自由劳动力"就是连选择资本家的自由都是受到限制的。这种限制不仅来自劳动力市场中的制度机制，还涉及所处社会内部的政治、文化、族群等非制度性因素。因此，相对于纯粹或者理想条件下的"自由工人"，不具

---

①　《马克思恩格斯全集》第 44 卷，人民出版社，2001，第 204、205 页。
②　涂尔干：《社会分工论》，渠东译，生活·读书·新知三联书店，2000，第 174 页。

备形式自由的"非自由劳动力"对于理解移民劳动者更为重要。

非自由生产关系的形成有两个阶段。一是资本主义形成期，资本改造传统社会，也就是劳动力商品化之初。二是资本主义成熟期，阶级斗争改造了生产关系，围绕合约控制劳动力的商品化和再商品化。虽然在前资本主义时代，也存在非自由劳动，并且更为残酷更为直接。但是劳动力还没有商品化，没有成为劳动者出售而由资本家购买的商品，也不存在劳动力市场。因此，前资本主义生产关系中的非自由劳动与资本主义生产关系下的非自由劳动是截然不同的。资本主义形成期的"非自由劳动力"以奴隶、农奴为典型。这些劳动者往往受到身体控制，也就是所谓的"皮鞭和脚镣"（whips-and-chains）的限制，而且没有工资收入。在马克思、韦伯，以及更早亚当·斯密、约翰·穆勒的论述中，这样的劳动力不仅不利于资本的原始积累，还无法持续供应、无法适应机器生产、效率低、成本高、阻碍市场扩张，因而与资本主义无法兼容，必然为自由劳动所替代。这种情况在奴隶制等人身控制的条件下确实如此，但当资本控制劳动者的形式由人身控制转向政治、经济和文化控制，不再受到生物的、时代的限制，非自由劳动力就可以源源不断且廉价地再生产出来。

"非自由劳动力"的存在，虽然表面上与马克思关于资本主义生产方式的判断相矛盾，却是一种"反常的必然"（anomalous necessity）。① 而且这种劳动形式也并不只是资本主义早期阶段的遗迹，"非自由劳动力"不仅能与现代资本主义（"fully - functioning" capitalism）相兼容，而且是21世纪劳动体制在某些条件下比较偏好的形式。② 布拉斯（Tom Brass）认为非自由劳动并非只出现在资本主义时代的早期，或者资本主义的原始积累阶段，他不认为随着资本主义转型的完成，"非自由劳动力"将会为"自由工人"所取代。继承了马克思的观点，他认为一个劳动者自由与否，核心在于能否自由地出售自身的劳动力，是否获得工资、工作期限、工作身份等是其自由与否的外在表现。他较马克思向前迈进了一步，指出非自由劳动与资本主义发展相伴随，成为重组劳动过程、压低劳工成本的工具。

已有研究从现象出发，指出非自由劳动力不仅存在于早期种植园等资本主义农业生产中，也存在于当代工业生产领域。布拉斯列举了工业与城市环境中的"非自由劳动力"：印度和拉丁美洲的债务奴役工人，美国的苦工、血汗工厂工人和罪犯劳工，加拿大离岸项目中使用的拉丁美洲移民，南非工矿企业和美国南方州的合同移民劳工，英

---

① Robert Miles, *Capitalism and Unfree Labour: Anomaly or Necessity?* London: Tavistock Publications, 1989, pp. 196 - 222.

② Tom Brass & M. van der Linden eds. , *Free and Unfree Llabour: The Debate Continues*, Bern: Peter Lang, 1997; Tom Brass, "Capitalist Unfree Labour: A Contradiction?" *Critical Sociology* 35 (2009): 743 - 765.

国农业综合企业中复兴的工长制工人，西非非自由的种植园工人，巴基斯坦砖窑中的非自由工人，等等。① 扩展来看，东亚地区在制造业发展过程中所实现的就业制度转型，其历史后果就是广泛存在的非典型就业/非正式雇用现象。如日本的季节工、派遣工、研修生，韩国的派遣工、临时工，中国的农民工、劳务派遣工、临时工，这些特殊就业或间接就业人员在劳动权利、社会保障、教育培训、职业发展等方面均受到不同程度的限制，也可以从"非自由劳动力"的角度来理解。

历史发展已经证明，非自由劳动不仅没有伴随着资本主义经济发展而消失，反而以新的更隐蔽的形式不断地在世界各地重现。在去技术化（deskilling）的趋势下，高度自动化和科技化设备与机器的使用，让雇主可以用非自由劳动力来代替技术工人，以控制工人阶级的成长。在劳动政体方面，资本主义社会重新引入了非自由的生产关系。② 非自由劳动力可能直接人身依附于农场主、资本家，也可能通过债务、法权、合同依附于固定的中介或资本家，还可能通过政策、法律、文化、组织依附于一定的行业。从直接的人身依附到间接的经济依附，再到宏观的无形的政治、社会和文化依附，形式和程度虽有不同，但是其出售

---

① Tom Brass, "Capitalist Unfree Labour: A Contradiction?" *Critical Sociology* 35 (2009): 743 - 765.

② Tom Brass, *Labour Regime Change in the Twenty-First Century: Unfreedom, Capitalism and Primitive Accumulation*, Leiden: Brill, 2011, p. 28.

自身劳动力的"自由"都是受限制的，因而都是"非自由"的。历史地看，从资本主义早期的学徒制，到奴隶制，再到当代的劳务、技术等各种移民，正是这种"非自由"逐渐由直接转向间接，由身体转向社会，由有形转向无形的过程。

当代的"非自由劳动力"同早期的奴隶有着明显不同。当代劳动者的不自由不是永久的，而是短时期的；其限制不在于进入生产关系，而在于无法脱离；不同于奴隶，他们能够得到工资报酬。[1] 狭义的非自由劳动体制包括：监狱劳动、包身工制、血汗工厂、实物工资制、分包制，以及童工、女工、非法移民工人所处的劳动体制。在这些具体的工作制度背后，非自由劳动者往往受到更宏观社会层面的制约，也就是广义层面的非自由劳动体制：政治层面，工人的劳动受到移民、就业等方面政策和法律的约束，去工人阶级化也会导致工人自由的丧失；经济层面，债务、中介会限制工人的选择；社会层面，种族歧视、派遣工制、移民劳动会造成劳动力市场的分割，将有些工人局限在特殊的部门；文化层面，分工观念、道德、国族认同、科技迷思往往将有些工人塑造为落后和低技能，从而限制了他们的行动。"非自由劳动力"的行动、工资和议价能力均受到不同形式关系（债务、合约、政

---

[1] N. Phillips, "Unfree Labour and Adverse Incorporation in Global Production Networks: Comparative Perspectives on Brazil and India", *Working Paper* No. 176, Chronic Poverty Research Centre, 2011, p. 11.

策、法律）的制约。资本引入并使用非自由劳动关系的目的在于希望控制、规训劳动者，并限制他们的议价能力。

历史发展到当代，"自由工人"缔结劳动合约的形式自由受到政治、经济、文化等宏观结构的制约，"非自由劳动力"在受到非外部限制的同时，具有了形式上的某些自由。"自由工人"在早期所谓出售自身劳动力的自由也不过是形式上的，发展到今天，形式自由表面上扩大了，比如劳动者可以选择灵活的工作时间和地点，享有了更好的工作条件。但是资本控制的发展已经深入社会的各个角落，所谓"自由工人"所受的限制虽然日趋隐蔽，但更为细致。而"非自由劳动力"已经摆脱了马克思在做类型划分时依据的人身限制，逐步具有了"自由工人"的某些特征，比如劳动契约、工资，他们所受到的制约更多来自无形的政治、经济、社会和文化领域。在这个意义上，不能再继续把"自由工人"与"非自由劳动力"视为边界清晰的对立类型。

"结构性自由" 之可能

历史发展到当代，"自由工人"和"非自由劳动力"外在表现上的差异日趋模糊，就两者关系而言也不能做简单的区分。上文将两种类型做了分别说明，但不能将马克思所提出的概念作为僵化的、固定的区分范式，特别是不能将当代世界的劳动关系简化为边界分明的"自由工人"

或"非自由劳动力"两种类型，也不能把两者对立起来，对于资本而言，两者从事生产的结果是相同的。马克思曾明确指出，同殖民地的黑奴相比，欧洲"这里的自由工人就是奴隶，他们之所以存在，只是为了给资本家、土地所有者和他们的仆人生产'纯产品'"。①

在经济上，两者联系于世界体系中的劳动分工。资本主义的扩张是从非雇佣劳动向雇佣劳动转化的过程，也就是劳动力的商品化过程。世界范围内"自由工人"替代（还包括衔接）"非自由劳动力"的过程大致有两种途径，一是"无产阶级化"，也就是从早期工业革命时代的英格兰到现在新兴工业化国家不断在发生的现象，指的是劳动者失去对生产资料的控制，为了生存而不得不向资本家出卖劳动力的过程。二是"世界体系"化，也就是中心地带的资本主义生产活动逐步将边缘地带的社会和人口纳入资本主义生产的世界体系，包括世界范围内自由劳动对于非自由劳动的替代，以及世界分工体系中自由劳动与非自由劳动的衔接。自由劳动力与非自由劳动力不是完全对立或替代的，两者也可能共存于同一个生产过程中。如17世纪的墨西哥矿井上，那些与家乡和西班牙主人失去联系的印第安人、作为自由人的非洲人组成了矿区依靠工资过活的自由劳动力大军，同时还存在规模庞大的奴隶，最初是印第安奴隶，后来则是非洲奴隶。在生产过程中，矿主负责

① 《马克思恩格斯全集》第33卷，人民出版社，2004，第282页。

提供工具和炸药，自由人负责采掘矿石，而用汞从矿石中提取白银的工作则由奴隶完成。这一自由人与奴隶合作的劳工制度，一直持续到 18 世纪末。[①] 按照世界体系研究的观点，这两种劳动者因为资本主义的生产活动和市场活动联系在一起。中心地区商品主要由"自由的"工资劳动者生产；而在边缘地带，商品则主要由这种或那种强制劳动者生产。[②] 资本主义在世界范围内的发展史，就是不断制造"自由工人"的制度，同时也是一个不断寻找甚至制造低成本"非自由劳动力"的过程，两者共同构成了资本主义生产的劳动力队伍。

这是因为资本主义发展本身不仅是一种生产方式的扩张，还有资本主义生产方式对附属生产方式的控制。所以在"工厂"之外一定要维持一个"非工厂"生产方式，就是在"自由劳动"之外一定有"非自由劳动"。就像早期的英国工厂依靠美洲种植园的奴隶；世界工厂一定要有中国的"农民工"；硅谷科技企业则离不开召之即来挥之即去的外国工程师。他们参与劳动力市场的能力都在某种程度上受到限制。这些受到限制的群体最初来自国家内部的边缘地带，但在所谓民主化之后，更多地出自该社会之外的其他国家。有学者在研究过西欧的情况之后，指出资本

---

① 埃里克·沃尔夫：《欧洲与没有历史的人民》，赵丙祥、刘传珠、杨玉静译，上海人民出版社，2006，第 163 页。
② 埃里克·沃尔夫：《欧洲与没有历史的人民》，赵丙祥、刘传珠、杨玉静译，上海人民出版社，2006，第 31 页。

主义中心地带的"非自由劳动力"的一种重要形式就是移民劳工。[①] 在美国和德国这样的社会,"非自由劳动力"与"自由工人"的区分在某些情境中被转换为"非自由移民"(unfree migrants)与"本地工人"(local workers)的关系。[②]

最典型的从"非自由工人"向"自由工人"的转化往往发生在一定的政治和文化边界之内,也就是有一个相对封闭的劳动力市场,工人在这个市场内部可以相对自由地出售自己的劳动力。但是在这些边界两边,也就是不同的劳动力市场之间,一个市场的自由劳动者要想进入另一个市场,他必然会被界定为"不合格"的劳动力,因而只能有限地参与到新的市场活动中。日益密切的经济联系,便捷的交通条件和廉价的信息成本,这些全球化的特征大大压缩了时间和空间。不同劳动力市场之间的边界不再是有形的地理限制,而更多地表现为人为的政治身份、市场准入、教育(技术)认证或族群政治。正是由于这些边界的作用,许多跨越边界的劳动者注定是"不自由的",典型的如非法移民、底层劳工。

在政治上,两者的转化是资本破坏工人阶级联合的手段。有学者指出,相较于制造无产阶级,资本主义可能更善于借助对"自由"的约束机制来阻止无产者的产生。

---

① Robert Miles, *Capitalism and Unfree Labour: Anomaly or Necessity?* London: Tavistock Publications, 1989, pp. 143 – 167.

② Tom Brass, *Labour Regime Change in the Twenty-First Century: Unfreedom, Capitalism, and Primitive Accumulation*, Leiden, Boston: Brill, 2011, pp. 167 – 198.

"在许多例子中，资本主义更致力于防止无产者的产生，而不是创造后者。换句话说，通过使用强迫劳动，鼓动人心的是使用非自由作为一种机制来防止无产者的产生，而非无产者的形成本身。"[①] 在"非自由劳动力"向"自由工人"转变的历史过程中，存在沃勒斯坦所谓的"半无产阶级化"（semi-proletarianization）现象。资本"更愿意其雇佣工人处于半无产化的家庭中，而不是处于无产阶级化的家庭中"。身处这样家庭中的工人，因为还不是完全"自由得一无所有"，更能忍受低于生存和再生产最低成本之下的工资。[②] 即使成功地成为工人，他们还必须担心另外一种推动他们向下沉沦的进程，即"去无产阶级化"。伴随地区开发或产业发展的兴衰，又或者随着产业升级，原来的工人失去就业机会后，就可能不得不从事其他非正式的工作。同样的，原来的农民可能转变为农民工，经过长期的经验积累或工作训练，还可能成为产业工人。

跨国公司利用非自由劳动重组劳动过程的现象表现在两个方面：一是不断引入受到政治、法律、社会、文化身份限制的移民劳动者，从事那些不受欢迎的行业和工作，并刺激本国的劳动力市场；二是将部分生产活动迁移到劳动的政治、法律、经济标准更低的地区，利用当地劳动者

---

① Tom Brass, "Introduction: Free and Unfree Labour: The Debate Continues", in Tom Brass and Marcel van der Linden (eds.), *Free and Unfree Labour: The Debate Continues*, Bern: Peter Land Academic Publishers, 1997, p. 36.

② Immanuel Wallerstein, *Historical Capitalism*, London: Verso. 1983, p. 37.

对于"自由"的低标准要求，压缩本国劳动高标准"自由"的成本。如果纳入阶级斗争来看这两者之间的关系，非自由生产关系使得工人在劳动力重组过程中可以被取代，或者向非自由劳动力转变，资本借此以削减劳动力支出来实现利润最大化。去无产阶级化或引入移民劳工导致的非自由状况让资本可以削弱劳动者队伍，打乱工人的阶级意识和凝聚力。特别是在经济危机时期，资本会通过两种方式重组劳动力队伍，即引入外部的非自由劳动力代替自由工人，或逼迫自由工人转化为非自由劳动力。① 正是因为这种转化之可能和日益频繁，两者之间的差异成为资本控制劳动者的工具。以"自由"之幻象给予非自由劳动者动力，又或者以"非自由"之恐怖给自由工人以威胁。这样，劳动者队伍的认同和联合就被打破了。特别是非自由劳动体制还可能同国籍、种族、民族、性别等制造"他者"的社会机制联系在一起，使得全世界工人阶级联合起来，甚至一国之内的工人阶级联合起来都更加困难。

在劳动条件上，两者均遭受到资本或明或暗的剥削。今日的劳动体制已经很难简单地做出"自由"与"非自由"的区分。有学者提出当代的世界劳动分工应该视为一个"自由工人"与"非自由劳动力"的连续体。其一端是"体面工作"（decent work），剥削是在较为隐蔽的条件下

① Tom Brass, *Labour Regime Change in the Twenty-First Century: Unfreedom, Capitalism and Primitive Accumulation*, Leiden: Brill, 2011, pp. 69, 71.

发生的；另一端是劳动条件恶劣的"肮脏、危险、有辱人格的工作"（dirty, dangerous and degrading work），也就是所谓"3D"工作，劳动者在严重剥削甚至虐待的安排下工作。① 又或者实际的劳动关系处于温和到严酷之间，一端是体面的工作条件，一端是完全不自由的关系。② 这类观点中，自由度越高的工人从事越体面的工作，限制越多的劳动者则从事那些劳动条件恶劣的工作，当今的劳动者都处于这样的光谱之中。但需要注意的是，"自由工人"不能直接等于高级工作、体面工作，"非自由劳动力"也不能简单同肮脏工作、低贱工作建立对应关系。

两种类型的差异和联系不仅是劳动条件、劳动福利的问题，还有劳动者内部的分层。这种连续体不是一个水平的光谱，而是内部有等级差异的阶梯。底层是那些完全不自由、不自主，甚至无法控制其人身自由的劳动者，顶层是那些打工皇帝、工人贵族。劳动力市场分割理论提出，发达国家形成了一种双重劳动力市场，上层是体面、舒适、高收益的工作，往往由本国人占据；下层是本地劳动力不愿进入的收入低、不体面且辛苦的工作部门，主要由外国移民填补。③

---

① S. Barrientos, U. Kothari & N. Phillips, "Dynamics of Unfree Labour in the Contemporary Global Economy", *The Journal of Development Studies*, 49 (2013): 1037.

② I. Guérin, "Bonded Labour, Agrarian Changes and Capitalism: Emerging Patterns in South India", *Journal of Agrarian Change* 13 (2013): 413–415, 418.

③ Michael J. Piore, *Birds of Passage: Migrant Labor and Industrial Societies*, Cambridge: Cambridge University Press, 1979.

劳动力市场的分割除了阶层化之外，还存在于特殊的经济领域，也就是特殊行业的专业劳动力市场。移民在移入地的某个行业形成稳定的经济活动之后，往往利用族群纽带发展出一定的竞争优势，推动早期的移民获得更多的社会资本，进而又吸引母国更大规模新的廉价劳动力以维持竞争力。①

如上文的讨论，"自由工人"与"非自由劳动力"之间的外在差异明显模糊，两者的转化日益频繁。这一分类在当代，其价值已经不在于劳动者的类型划分，更重要的意义是其作为分析概念所揭示的结构性限制与形式自由的关系。所以相较于作为独立的、对应的劳动者类型，更应该将两者视为紧密联系且双向反复的连续体之两端，重视他们之间的联系性，以及这种联系和转化所勾连出来的解释空间。

从这个意义上来说，并不存在完全的"自由工人"或者"非自由劳动力"，所有劳动者都处于这两者之间。更多的可能性是存在于一种自由与非自由之间，或者此时自由彼时不自由，或者在此地自由在另外一个地区不自由。马克思提出这一对区分的意义，不仅在于贡献了两种类型，更重要的是一种分析视角。所有劳动者的劳动过程中都同时包含结构性制约和形式自由这两种关系。他们的

① Alejandro Portes and Robert L. Bach, *Latin Journey: Cuban and Mexican Immigrants in the United States*, Berkeley: University of California Press, 1985.

"不自由"是结构性限制的结果，同样他们的"自由"也是由这种结构所塑造出来的。

移民是"非自由劳动力"的重要来源。马克思指出，追逐就业机会的大规模移民是工业资本主义兴起的产物。大量的人口从殖民地、农村来到中心地带的城市或工业区。他注意到移民在工作中所面临的问题，比如英国工厂中爱尔兰工人的工资往往要比他们的英格兰同事低；爱尔兰移民在美国从事一些卑贱的低技术工作，处于社会结构的最底层，并且每天都必须面对可能发生的种族歧视和暴力。[①] 同样，早期华人"苦力"也是"非自由劳动力"的典型。他们劳动力的商品化受到流出地的亲缘和地缘关系、债务和劳动契约等经济关系、秘密会社的组织关系三方面的制约。这些社会关系影响了"苦力"招募、流动、工作的全过程，既是他们劳动力商品化的推动力，也是他们出售劳动力的支配力。资本在边缘地带寻找廉价劳动力来完成某些生产程序，这个过程中移民扮演了重要的角色。比如，农民从边缘地区的边缘地带迁移到当地的资本主义工厂之中，边缘地区的劳动力（大多是经过所在地资本主义生产训练的再次移民）移动到中心地带，参与到中心地带的生产活动中。

外国劳工的引进是因为一个国家内部某个行业出现了

---

① Thomas C. Patterson, *Karl Marx, Anthropologist*, Oxford: Berg Publishers, 2009, p. 134.

劳动力短缺，或者劳动成本上升，因而移民可以视为劳动力商品的流通。对于跨越了文化边界——存在道德体系差异，同时跨越了国家边界——存在生活水平差异的跨国劳动者，"必要生活资料的平均范围"是有差异的，这构成跨国劳动者流动的经济基础。不同时期不同国家的"必要生活资料的平均范围"有升有降，这构成跨国劳动者流动的历史基础。[①] 如果提高工资从国内其他经济部门吸引劳动力，则会降低整体的资本积累过程。而且因为选举政治、福利主义等原因，发达国家很难用政治手段去降低本国内部某一行业的收入水平，或者压制某一族群的就业地位。因而从外部招纳更便宜的移民就是最佳的方案。比如，美国需要利用移民来解决本国数理、工程人才的短缺，但如果真的短缺，为什么十几年工资水平没有明显上涨？[②] 因为外国劳工的成本更低，而且他们不仅没有争取权利的政治身份，也缺少必要的社会资本。移民劳工系统可以使得劳动力维持和再生产的成本降至最低，是降低生产成本，同时增加原始积累的有效工具。[③]

全球化制造出一种高度不确定性，但民族国家需要的

---

① 《马克思恩格斯全集》第 44 卷，人民出版社，2001，第 199 页。

② Hal Salzman, Daniel Kuehn, and B. Lindsay Lowell, "Guestworkers in the High-skill U. S. Labor Market: An Analysis of Supply, Employment, and Wage trends", Economic Policy Institute Report, April 24, 2013, http://www.epi.org/publication/bp359-guestworkers-high-skill-labor-market-analysis/.

③ Claude Meillassoux, *Maidens, Meal, and Money: Capitalism and the Domestic Community*, Cambridge: Cambridge University Press, 1981, pp. 110 – 126.

不仅是流动性本身，还有流动性所带来的管理空间。非自由劳动体制的一个重要特征是可管理性（governability），因为其"自由"是受控制的，由此产生了廉价、方便、易管理等所谓"优势"。移民接收国通过定义"自由"与"非自由"，利用身份制度制造社会阶梯，将人们在爬梯阶段所生产的价值进行转移。劳动者的抚育、教育甚至社会保障都在母国，但是其创造价值却是在工作地。在工作几年之后，或者不再被需要之后，就不得不回到母国。在离开或获得公民身份之前的时间内，他们所创造的价值被以税收、消费等形式吸纳，却没有相应的福利权利。通过赋予移民不完整的成员身份，接收地社会可以将之持续定义为"不合格"的劳动力。这些移民劳动者无法充分参与到当地的劳动力市场当中，正是典型的"非自由的劳动力"。即使在获得受认可的公民身份之后，移民劳工仍然必须面对经济、社会和文化等方面的制约，被限制在一定的阶层或行业之内。

理解今日的移民劳动者，就需要一个既能揭示结构性限制，又能顾及形式自由的概念。对于资本而言，经典的"自由工人"意味着来去自由，可以在需要时大量雇用，也可以在不需要时随时抛弃。而"非自由劳动力"，典型的例子如奴隶，既无法在需要时大量增加，在经济危机时期却不能彻底摆脱，还需要承担其再生产的成本。今日"结构性自由"的移民兼具两者的"优势"，可以大量雇用并接受严苛的生产和再生产条件；在不需要的时候，又可以直接裁减，无须承担非生产过程中的再生产成本。重要的不是谁"自由"和哪个群体"不自由"，而是在不同情境中区分"自由"与"非自由"的标准何在，如何发生作用，劳动者如何反应。同时需要注意，这种关系并不是唯一的，而是许多关系和标准同时作用。这些关系和标准共同构成一整套机制，在其作用下，任何劳动者都处于"结构性自由"的状态之下。"结构性自由"也是"结构性不自由"下的自由，或者说，是"阶级不自由"这一结构地位下的个体自由，是阶级限制下的个体能动性实践。

这样的概念对于研究技术移民尤为重要。一方面，民族国家的刚性边界使他们较一国劳动力市场之内的劳动者面对更为明显的身份限制。另一方面，作为技术工人他们又具有较低技术劳动者更广泛的形式自由。对他们而言，"结构性自由"就是跨越国界的就业市场所赋予的结构性限制下，个体通过自身行动和实践争取形式自由过程中所展现出来的能动性。

同那种将非自由劳动同资本主义早期发展或原始积累联系在一起的观点相联系，当代非自由劳动研究主要关注边缘地带的特殊行业或者核心地带的"3D"行业。本书希望以作为现代高科技产业代表的半导体工厂中的田野资料，来说明即使在所谓高科技行业的生产过程中，非自由的劳动同样存在。相较于那些掌握社会资本较少，或者明显受到法律和制度限制的群体，一国之内的高技术劳动力或国际高技术移民往往被认为是"自由"的。技术移民自身的社会资本满足了跨国公司的生产需求，加之其在各国移民政策中的位置，使得他们与底层移民相比，跨越民族国家的界限并参与全球化的劳动力市场相对"自由"。① 他们受到世界各国政府和企业的欢迎，可以较为自由地在国家间流动，拥有和雇主谈判的较大权力，对劳动时间有较高的把握，等等。

但是已有研究注意到，中国高技术移民在美国劳动力市场中身处诸多结构性限制之中。这些结构性限制源于美国劳动力市场中雇佣关系灵活性的全面增加，表现为美国移民政策和美国劳动力市场结构的变化。而这些人群的移民身份让他们陷于依附性困境，导致中国高技术移民在劳动力市场中面临与美国本地劳动力完全不同的机会结构。事实上，正是美国的移民制度为该国信息通信技术产业高度灵活的劳动力市场提供着源源不断的技术移民后备军。②

所谓"自由"的假象背后，技术移民的"自由"如何在政治经济学的意义上理解？他们的"自由"又产生了什么样的社会影响？这些半导体工程师日常实践的核心逻辑正是追寻"结构性自由"，从进入细分劳动力市场后借助结构性来实现跨国就业的自由，到在这样的劳动体制下争

---

① R. Alarcón, "Skilled Immigrants and Cerebreros: Foreign-born Engineers and Scientists in the High-technology Industry of Silicon Valley", in N. Foner, R. Rumbaut and S. Gold (eds), *Immigration and Immigration Research for a New Century*, New York: Russell Sage Foundation, 2000, pp. 301 – 321.

② 张洪：《灵活雇佣与学术资本主义——在美中国高技术移民的依附性困境研究》，《社会学研究》2019 年第 6 期。

取更大的议价自主性，部分则利用限制他们自由的渠道回流到就业身份限制更少的流出地。相应的，移民研究中关注的"流动性"（mobility）就可以理解为结构性的"流动性"，流动"自由"的本质是劳动的"自由"，即跨国劳动力市场衔接结构下移民售卖自身劳动的"自由"。

作为劳动者研究的经典范式之一，恩格斯在《英国工人阶级状况》中强调了阶级结构的问题。恩格斯首先梳理了英国无产阶级产生的历史，指出无产阶级与资产阶级不可调和的对立是理解英国工人阶级状况的根本。新生的工业"把居民间的一切差别化为工人和资本家之间的对立"，"只要这个社会秩序存在一天，工人阶级就一天不能避开它"。在阶级结构之下，劳动者是被驱动、被塑造的对象。恩格斯调查了工厂工人、矿业工人、农业工人等多个劳动部门中的无产阶级，并研究了其中特殊的群体如爱尔兰移民的状况。该书详细考察了英国工人的生活条件，介绍了阶级矛盾下"社会给工人什么样的住宅、什么样的衣服和食物作为他们工作的报酬，社会让那些对它的生存最有贡献的人如何生活下去"，以及"生活在这种条件下的工人本身变成了什么样子，这是些什么样的人，他们在体格方面、智力方面和道德方面的面貌是怎样的"。[1] 英国工人在这样的阶级状况下，工人运动和工业发展之间步调一致，是工人对资产阶级

---

[1] 《马克思恩格斯全集》第 2 卷，人民出版社，1957，第 296、306、379、415 页。

的反抗，也是工人对不平等社会关系的反抗。

在另一种取向下，汤普森则在《英国工人阶级的形成》中强调了工人阶级的能动性。汤普森在前言中即明确提出："我强调阶级是一种历史现象，而不把它看成一种'结构'，更不是一个'范畴'，我把它看成是在人与人的相互关系中确实发生（而且可以证明已经发生）的某种东西。"针对"把工人群众看成是自由放任政策的被动的牺牲品"，以及"把工人看成劳动力，看成移民，看成一系列统计数字的原始资料"这两种观点，汤普森明确指出"它们很容易忽视工人群众的主观能动性，忽视他们在创造历史的过程中自觉作出的贡献"。① 他详细地介绍了当时的工人群体如何经历和体验资本主义带来的政治和社会变迁，最终借助英国的政治文化和他们自身的经验塑造了一个具有阶级觉悟的工人阶级。

将以上两种取向联系起来看，恩格斯在研究英国工人阶级状况中使用了阶级分析的方法，强调英国工人的状况是阶级斗争这一结构性的历史产物。汤普森则从工人阶级的形成出发，讨论了工人如何感受和应对他们所经历的阶级关系结构，强调了工人在社会结构和历史环境的限制中开展理性的行动，发挥他们的能动性。这两本关于劳动者的经典研究，一个从结构性出发，一个从主体性出发。

---

① E. P. 汤普森：《英国工人阶级的形成》（上），钱乘旦等译，译林出版社，2001，前言第1、4、5页。

同样是对于爱尔兰移民，恩格斯把他们独特的性格和习惯看成英国工人采取政治行动的催化剂。恩格斯在描述了他们的生活习惯和共同性格后，将之归因为英国的社会条件。"因为穷人到底也应当有一点享受，而其余的一切享受社会又不容许他有，所以他就只好到小酒店里面去……既然社会使他陷入几乎不可避免地要成为一个酒徒的那种境地，既然社会丝毫不关心他，注定他要变得粗野"。① 而汤普森将之作为反抗英国法律、宗教和礼仪的工具。他指出工人的主观能动性体现为几种特殊的行为方式，比如"偷窃不得人心的雇主或农场主的东西或拒绝支付房租，这种行动不仅得到同胞的认可，而且得到集体力量的支持"；"他们坚持一个与英国工匠不同的价值体系，而且在冲击英国人的礼仪方面，人们觉得他们常常自得其乐，旁若无人"；"对英国的济贫法，他们采取高高兴兴的态度去沾光。他们使过时的定居法对他们有利，用教区的费用在全国四处周游"。② 恩格斯对于结构性的要求和汤普森对于能动性的强调如何平衡，这是后来许多研究都在追寻和探索的问题，或者说也是一种老生常谈。

本书试图在"结构性自由"这一概念下，将结构性制约和形式自由的发挥连接在一起，将移民的流动性问题转化为他们劳动力商品化的"结构性自由"问题。从技术移

---

① 《马克思恩格斯全集》第 2 卷，人民出版社，1957，第 377 页。
② E. P. 汤普森：《英国工人阶级的形成》（上），钱乘旦等译，译林出版社，2001，第 511、512、513 页。

民作为劳动者的根本身份出发，围绕就业自由去理解他们的流动自由。结构性的限制不仅是外在的、宏观的，还通过精细的治理技术落到每个个体身上；个体发挥能动性、追寻形式自由的行为也不单是琐碎、凌乱的，借由专业网络还形成了可供参考借鉴的集体性经验。两者的混合体现在半导体工程师在新加坡的日常生活中。根据研究对象的说法，来自中国的工程师在跨国就业过程中，特别是参与新加坡就业市场时面临着一系列的限制。讨论他们的工作与生活，就需要观察他们的"不自由"来自哪些领域，其"自由"受到哪些方面的限制、实现到了怎样的程度，以及个体如何去追寻这样的"自由"。

在"结构性自由"的框架下，国家和个体、控制和反抗、规范和混乱必然并存于这些技术移民的生活世界中，背后是一套由政府、社会、企业与个人参与其中的互动机制。跨国划界的活动是结构性与能动性的集合，两者的互动是本研究理解技术移民跨国就业与生活的重点。

田野与方法

本书研究的起点是我的一位老友——老白，我们住在相邻的村庄，直至大学都有相似的人生经历，后来他大学毕业留在武汉工作。2010 年的某一天，我突然接到老白的电话，说他马上要去新加坡工作了。等他到了新加坡，陆续又接到他的电话，聊到在那边工作与生活的情况。

2007 年他本科毕业后，一直在武汉的一家半导体公司工作。这家企业是早年的明星企业，得到政府、媒体的广泛关注，被认为是中国高科技行业的代表。其创始人原来在中国台湾创办过一家半导体公司，后来被行业龙头收购，于是带领一批员工来大陆创办了这家企业。这是较早一次大规模的台湾地区半导体技术人员流动到大陆。据老白从一位资深工程师那里听到的故事，当时是该企业最好的时候，经常发钱，有时员工收到钱也弄不明白名目，那便是他们记忆中的"黄金时代"。但是因为技术发展一直走不到领先的地位，加之周边国家和地区的积极招募，不断有工程师开始从中国进入东南亚甚至欧洲、美国的同类企业，踏上了他们同行前辈早已在走的跨国流动之路。

随着年龄的增长，老白在武汉日益感受到生活和职业的压力，开始寻求让自己流动起来。当时与他一起入职的员工差不多都离开了，其中就有许多人去了新加坡。在老白们心中，新加坡吸引他们的首先是高收入，汇率转换之后他们的收入可以增加三倍之多，还能学习新的技术、练好英文、体验跨国文化，也可以增加他们未来的就业机会。但更重要的是前辈工程师们已经建立起来的网络所提供的便利，新加坡的企业里有他们的同学、前同事和朋友。这是一个高流动性的行业，很多工程师进入国内的半导体企业三五年之后，便会跳槽去其他企业，不少人会加入跨国流动的行列。这个网络清晰的技术移民群体与企业、中介共同建立起了半导体行业跨越国界的流动图景。

当我关注这个跨国流动的群体时，老白已在新加坡生活了六年。从一开始的单身时光，到后来结交女朋友完婚，我做调查时他已经是一个一岁孩子的父亲。在新加坡的这几年，他走过了成家立业等人生的重要阶段，体验了从异国生活的新鲜喜悦，到申请永久居留的希望与失望，最后则时时回望故土，寻找回国生活工作的机会。他和他的工程师同行，在当地形成了一个跨越国界、经历不同历史时期、度过人生不同阶段的特殊群体。这个群体在新加坡这个为人熟知的"华人社会"，被纳入一系列的"他者化"实践，塑造为政治、经济、社会和文化上的"中国人"。这些实践和话语赋予他们显著的流动性，也造就了他们处处受限的身份。

虽然他们貌似享有其他行业所不具备的跨国流动自由，但深入田野之后，我才认识到他们也深深地为这个便利的渠道所限制。这里的渠道也可以是字面意义上的。行业的组织、网络和关系构筑起了一条运河，让工程师们可以越过两岸的丛林和山岭，迅速地从一个港口到达下一个地点。但是在河上航行，就必须受限于渠道的走向和水流的速度，也只能在有港口的地方靠岸。行业发展的周期与在地的政治、经济周期纠缠在一起，决定了渠道内工程师流动的潮涨潮落。

这种便利背后的限制存在于多个方面。与其他移民一样，这些工程师在政治上被准证制度牢牢地束缚，在新加坡的工作、生活都与移民身份联系在一起。老白和妻子就曾经为了准证大费周折。当时他女朋友（后来的妻子）的准证到期，他们决定先在中国大使馆领结婚证，这样就可以通过老白的就业准证为妻子办理亲属准证。但是出乎意料的是，老白的就业准证在到期更新时被降为工作准证，失去了为配偶办理亲属准证的资格。他们不得不申请延长现有准证一个月，以便尽快找到工作，但也被移民与关卡局拒绝。后来幸运的是，他妻子在准证到期前三天找到了新的工作，由新公司出面申请到了新的工作准证。

此类曲折惊险的故事，只是他们在当地生活中偶尔激荡起的小波澜。多数时候，他们都处于一种据工程师自己认为的"无聊"的状态。每天就是工作、加班、睡觉，周末的时候去牛车水或其他地方吃点家乡的食物，长假的时候才可以离开这个没有什么可玩的"闷"的岛国，回国或去其他国家旅行。这种"无聊"和"闷"的体验，与他们在新加坡的身份有着莫大的关系。社会和文化领域网络、资本、行为和习惯的差异将他们同新加坡其他华人群体分别开来，在这个华人占多数的社会做起了"中国人"。如果说这些方面的限制是无形的，居住格局上则清楚地反映了这种限制的感觉。无论是租住还是购房，他们大多生活在公司周边。如果绘制一幅空间分布图或迁移轨迹图的话，可以看到工程师家庭围绕 fab① 聚居生活的空间特点。

---

① fab 系 fabrication 的缩写，一般作为半导体生产企业的代称，在企业内部又以不同生产线分为不同的 fab。

这种区别不仅在于外部社会，还深深影响了半导体企业
"高科技"的生产过程，无尘室内的分工、调休、加班、
管理都与族群、身份等因素有关。受限制的就业身份让他
们在新加坡社会处于一种特殊的位置，这或许就是"郁
闷"、"无聊"和"闷"的来源。

老白的故事引起我的注意，是因为我自己也有类似的
经历。我在2007年大学毕业后进入某合资汽车公司工作，
该公司的员工分为几种不同的类型。虽然大家都在同一个
企业，甚至同一个办公空间内工作，但是签订劳动合同的
对象分为外资企业中国总部、中资总集团、合资公司、合
资公司劳务公司、合资公司地区中心劳务公司等。不同的
合同类型意味着在企业内部不同的层级，直接与职位、收
入、升迁和福利联系在一起。虽然大家在同一个企业工
作，但是雇主却各有不同。不仅同工不同酬，更重要的是
企业内部的形象、地位与期望也不相同，雇员内部形成了
阶层化的体系。后来，我回到大学校园，再次发现了类似
的现象。当时学校有 A、B 岗之分，A 岗是直接受雇于大
学的事业单位编制员工，B 岗是学校雇用的合同制员工。
此外，还有由不同研究中心和课题组雇用的工作人员，大
家戏称为"C 岗"。这当然不独是该学校的安排，我们经
常会听到类似"有没有编制"的问题。虽然同是在公务或
事业单位工作，同样是聘用制，编制内外还是有很大差别
的。所以我们才经常会在媒体和生活中看到硕士清洁人员
等新闻。放眼全球，在明确的制度因素之外，性别、民

族、文化等非制度性的因素会塑造一个人的就业身份。就业领域的特殊身份又会扩展开来，影响到个体参与社会生活其他领域的身份和地位。特别是在社会身份由社会分工所主导的现代，就业身份可能不单是就业领域的问题，还会塑造出新的社会和文化现象。

老白是几十年来从中国流动到新加坡的半导体行业工程师中的一员。这个行业的特殊性在于，移民是其跨国生产中最为重要的资源之一。美国半导体产业协会（Semiconductor Industry Association）在其首页专门列出一栏介绍移民的重要性，指出受过良好教育的专业技术移民是该行业发展的重要驱动因素之一。[①] 此类专业性、标准化的行业往往已经形成全球流动的劳动力市场。因而他们的跨国实践更能展现外在的政治经济结构与个体能动性之间的摩擦，构成我们理解技术移民的有效切入点。

老白的经历，还有他们这个特殊群体的境遇，跟我自己的观察正好联系起来。我们该如何理解这种受限制的就业身份？就业身份的限制塑造出怎样的社会和文化现象？今日人类学已经发展出专业的学科体系和丰富的理论话语，但是在田野中遇到各种新的现象或特殊的人群时，仍然会出现捉襟见肘的情况。遇到这样的情况，应该回到人类学创立之初的两个重要关怀。首先就是整体论的视野，

---

① 见美国半导体产业协会网站，http://www. semiconductors. org/issues/immigration/immigration_ workforce/。

需要将"人"放置回人们生活的全部世界中去，而不是剪裁抽象个别领域。受限制的就业身份是本书认识研究对象的切入点，但是就业活动不仅是经济活动，政治、社会与文化的因素共同制造了这样的身份。再有就是"人"的问题，人类学的研究对象是人，应该关注人在不同社会和文化中的主体性、能动性问题。本书正是从半导体工程师这个特殊的技术移民群体出发，关注他们如何塑造与被塑造、制造与自我制造为"结构性自由"的劳动者。

　　而作为移入地的新加坡是中国社会熟悉的"华人社会"。它的另一面是种族、文化多元的东南亚国家，也是世界经济体系重要的节点。在今天的世界上，除了作为主角的民族国家，还存在一些扮演世界体系节点的"世界城市"，如中国香港、新加坡、迪拜。它们既不是世界体系的中心，也不是边缘地带，而是中心和边缘互动的场所。①作为一个依靠贸易兴起的国家，新加坡一直十分重视规划其全球化发展的战略。该国在 20 世纪 70 年代作为"亚洲四小龙"崛起，其中一个重要的因素就是承接了大量劳动力密集的产业。在人口只有 300 万的岛国，劳动力短缺成为重要的问题。新加坡政府因而开始大量引进外国劳工，拥有大量移民劳动力从此成为这个经济体的鲜明特色。20世纪 90 年代开始，从中国大陆和台湾迁往新加坡的专业人

---

① 伊曼纽尔·沃勒斯坦：《现代世界体系（第一卷）：16 世纪资本主义农业和欧洲世界经济的起源》，高等教育出版社，1998。

士也成为一个重要的移民群体。① 作为东南亚一个重要的多元文化城市，在这里可以观察到中国人、东南亚华人、马来人、印度人等不同群体的人口流动和适应问题，以及他们如何被现代的资本主义生产体系联结起来，在同一个工厂中协作分工。以半导体公司为例：欧美人、新加坡人、中国台湾人是管理者，马来西亚华人和中国大陆人是工程师的主体，而生产线上的女性操作工则主要来自马来西亚和中国。当然，新加坡半导体行业的企业相对集中，便于开展研究，这也是不得不考虑的问题。

2012 年 9 月，我正式踏上新加坡的土地。移民关卡的走廊上，赫然张贴着国内某影星为某个化妆品所做的广告，这构成我对新加坡这个所谓"华人社会"的第一印象。第一次出国的我，万万没想到自己所期待的异国体验竟是以这样熟悉的图景开始。后来，我参加新加坡国立大学召开的学术会议，新加坡学者将当地"华人"分为来自中国大陆、台湾、香港，新加坡，印尼，马来西亚，澳大利亚，美国等不同华人群体。这当然只是偶然的经历，却能展现出这个社会的复杂性。我不得不时刻提醒自己：不要因为"华人都是这样"的假设，或者语言上的便利而忽视其特殊性；也不要因为个体的行为和网络上的舆论，而放大某些偶然的事件。本书的书名中选择用"淡马锡"而

---

① Hong Liu, "New Migrants and the Revival of Overseas Chinese Nationalism", *Journal of Contemporary China* 14 (2005): 291 - 361.

不是"新加坡"，正是因为中国社会围绕新加坡所谓"华人社会"标签产生了一系列固定的刻板印象，希望通过田野材料去避免读者为本来的刻板印象所局限。

第一阶段的调查由三位向导带入当地两家主要半导体企业的工程师群体中。这两家企业中，一家是有台资背景的 A 公司，该企业在新加坡所有半导体公司中中国工程师的比例最高。多数员工是华人，来自中国大陆及台湾地区、马来西亚和新加坡，因而中文是该公司的主要工作语言。另一家是由原来新加坡国有企业演变而来的 B 公司，员工来源较为多元化。中国工程师在该公司集中分布在具体的部门，比如设备部门。语言以英文为主要工作语言，中文在日常交流和特殊工作场合中有一定用途。因为三个向导到新加坡也不过 4 年左右，所以这个阶段涉及的主要是初到新加坡的青年工程师。他们大多持有就业准证，少部分取得了永久居民的身份，处于去留两难的抉择阶段。

第二阶段主要调查了 2000 年、2004 年和 2009 年前后到新加坡的工程师及他们的家庭。经过前期的调查，逐步结识了一些生活在新加坡长达十几年的中年工程师。从初到新加坡的青年工程师口中得知，2000 年前后是他们这个群体的黄金时代。那时候收入相对较高，新加坡政府的移民政策也较为宽松。这个阶段迁移的工程师们大部分已经取得新加坡公民身份，在公司内部占据了重要的职位，家庭生活也在当地安定下来。有的人在回国之后再次到新加坡，或者离开原来的公司到了行业上下游的厂商或研究机构，甚至开创了自己的生意。

第三阶段通过饭庄老板、房屋中介、保险中介、淘宝代理等关键人物，扩大了调查的范围，关注了周边群体的工作和生活。如果说前两个阶段的调查，是在靠不同工程师的访谈做个案拼图，那么第三阶段的材料则把他们的生活世界组合起来。这些关键人物也是早期的半导体工程师，他们掌握着这个群体在新加坡生活的重要组织。有的人在转换工作之后，从事一些中介性的工作，为后来者服务。他们早几年所积累的经验、知识和关系成为一系列资本，是连接后来者与新加坡社会的桥梁。

其间，新加坡社会发生了几件涉及移民问题的历史性事件。2012 年 11 月，新加坡 SMRT 集团百余名中国籍巴士司机因不满薪资调整而集体请病假，新加坡人力部将这次事件定性为"非法罢工"，为 20 余年来首次。[①] 2013 年 1 月 29 日，新加坡政府发布《活力新加坡的可持续人口：人口白皮书》（*A Sustainable Population for a Dynamic Singapore：Population White Paper*），结合经济发展目标提出预计 2030 年新加坡人口达到约 690 万。虽然白皮书也强调了移民政策对于经济发展的重要意义，但是 690 万这个数字还是引起了全社会的强烈反响。2 月 16 日下午，千余人在市中心芳林公园举行集会，抗议人口政策白皮书，是新加坡

---

① 王慧：《中国巴士司机合法权益须保障》，《人民日报》2012 年 11 月 30 日第 21 版；联合早报社论：《中国籍巴士司机非法罢工的启示》，《联合早报》2012 年 11 月 28 日。

历史上罕见的大规模抗议集会。此后 2013 年 12 月，发生
了小印度骚乱，数百名外籍劳工因一名南亚劳工发生车祸
而聚集，并焚烧警车，为新加坡 40 余年所未闻。[①] 围绕这
些有关移民政策、外籍劳工的社会热点问题，我和调查对象
之间进行了多次深入的讨论，使得他们对于新加坡社会、移
民政策、族群关系等重要议题的观点充分展现出来。

　　本书的田野调查从 2012 年 10 月至 2014 年 3 月，持续
了约 18 个月时间。我用滚雪球的方法，先后访谈了 130 多
位工程师、他们的家人以及相关人员，涉及多家半导体公
司和相应的配套厂商、研究机构。这个行业形成了跨越国
界的专业人才市场，并产生了稳定的流动渠道和机制。新
加坡晶圆封装企业内的中国工程师群体具有较高的学历和
专业技术，一般已在国内积累两年以上的工作经验。据调
查对象估计，来新加坡工作的中国工程师最终约 70% 留在
了新加坡，并陆续申请公民或永久居民身份。随着新加坡
产业发展和移民政策的调整，这个比例持续下降，他们留
在新加坡的机会越来越少。

　　因为研究对象工作环境的特殊性，所以对于工作现场
我没有办法展开参与观察，只能通过访谈来收集材料。但
是生活上则没有什么限制，我经常跟随研究对象坐 40 多分
钟地铁去牛车水只为吃一次麻辣香锅，参加他们之间的活

---

① Chun Han Wong, "Singapore Riot Signals Foreign-Labor Strains", *Wall Street Journal*, 9 December, 2013.

动和聚会，跟随他们去移民局办理准证。部分人多次接受过我的访问，并成为我的朋友。从一开始两三句话就能介绍完自己的移民经历，到最后可以花两个小时跟我讲述工作中的愤懑，我的田野调查得以不断深入。甚至可以说，本书是在跟他们的讨论过程中形成的。作为同样受过高等教育，成长于类似社会环境、面临相似生活压力的青年人，我和研究对象彼此相识，因而很难产生"局外人"的文化震撼。但也正是因为这种近似，我可以深刻体会他们在跨国生活过程中的感受，并发掘各种行为策略背后的逻辑和意义。后现代主义的挑战早已击碎了民族志写作的权威，打破了研究者客观中立的迷思。① 从这个意义上来说，本书不是研究对象"讲"出来的，也不是由我"写"出来，而是我们在一次次聊天中"聊"出来的。书中的政府政策、企业规定和时间节点多出自调查对象的访谈，可能不尽准确，却也是外部结构性制约在工程师认知中的印象，是他们施展能动性的体现，故大多保留访谈原貌。

　　与传统研究的对象不同，本书所涉及的工程师群体因为具有良好的教育背景和技术技能，因而可以在跨国流动中享受到较大的自主性。他们可以在新加坡和中国的公民身份之间进行选择，在两地的工作机会和生活环境之间不断追逐。新自由主义在移民研究中，一般认为这些高技术

---

① 克利福德·马库斯：《写文化：民族志的诗学与政治学》，高丙中等译，商务印书馆，2006。

的专业人士像是自由的原子，拥有在跨国劳动力市场上流动的能力和资源。但是调查中发现，他们虽然有做出选择的资格，但是仍然不能完全摆脱民族国家、经济机会、文化习惯和族群政治的束缚。而且这种双重性不仅表现在他们转换国籍的抉择中，更隐藏在他们日常的工作、生活、交往中。

正如题目所展示的，本书的特殊性在于两个方面，一是这是一本关于技术移民群体的人类学研究，讨论了一个特殊群体跨国就业与生活的现象；二是田野点位于新加坡，这是一个传统的华人移民社会，也是目前新移民流出的重要目的地。本书关心的核心问题是，半导体工程师这一专业群体在新加坡这个所谓"华人社会"工作和生活，体验到了哪些自由和限制？这些边界背后的政治经济和社会结构是什么样的，边界如何产生？这些边界下工程师们的能动性和策略如何体现？

在新加坡的中国半导体工程师所处的结构，本质上由政治经济因素所主导，附加了社会的、文化的因素，共同构成了一整套结构性限制的体系。同时，他们的主体性或能动性不是通过工人运动这种政治意涵突出的形式体现出来的（没有可依托的政治资源和身份），更多表现为日常工作生活领域许多微小的行为或活动。这两方面共同塑造了中国半导体工程师在新加坡独特的社会、文化面貌。后文通过工作、生活、家庭等领域的讨论，将这个群体跨国生活中的"结构性自由"揭示出来，特别是"自由"与

"非自由"之间的界限如何在政治、社会、文化等领域中不断地生产。政府、企业、移入地社会与移民个体在这个过程中不断地协商界限，移民则通过种种策略来争取从"非自由"外籍劳工到"自由"工人的跨越。

根据研究主题和论述逻辑的需要，本书共分为八章。第一章和第八章为理论讨论，田野材料主要在第二至第七章展开。各章内容简单说明如下。

第一章是导论部分，梳理了区分"自由工人"与"非自由劳动力"的理论基础，提出以"结构性自由"作为工具来理解半导体工程师的移民生活，并对研究缘起、问题意识、研究方法等问题进行了说明。

第二、三章作为一个整体，介绍了研究对象的经济和社会背景，构成理解该群体实践行为的底色。第二章主要讨论了半导体产业的区域和行业图景，以及一个高流动性的专业劳动力市场何以存在。半导体行业内部对劳动力所做的技术分工，造成了社会和空间上分离的劳动力市场，其中青年工程师群体的流动性是一个重要特征。这个市场经由招聘中介、职业网络、专业论坛等机制建立起来，使得身处其中的工程师可以轻松地实现跨国就业。第三章则主要介绍了半导体行业中国工程师作为一个特殊群体，他们的日常生活和工作具有什么样的特点，以及人们如何进入和脱离这种特殊的状态。这两章一方面横向地说明这个群体的形成过程，另一方面纵向地对其中人们的日常生活进行了切片，为下文的展开建立了一个背景。

　　第四章进一步将"自由"与"非自由"的区分引入身份问题的讨论，分析了就业自由的拉扯在政治身份领域如何表现出来。新加坡政府针对外国劳工的治理技术表现为一整套身份和福利体系，并根据社会现实不断调整。而作为被管理对象的工程师也形成了以"一家两国"为标志的应对策略。

　　第五章关注了高科技生产现场中各种底层的因素如何发挥作用，族群与身份如何影响到具体的工作安排，以及人事变更。同时工程师们也发展出一整套的话语和策略，来处理工作中可能出现的机遇和挑战。

　　第六章论述了中国人与新加坡当地华人的差异如何在互动中展现出来，反思了新加坡作为华人社会的种种想象。其中午餐成为区分族群圈子的一种仪式性行为，七月拜鬼的风俗解释了各方在知识上的差异，而网络购物则通过消费行为展现了不同族群对中国的想象。

　　第七章深入考察了家庭生活领域发展出怎样的策略和模式。通过将家庭关系转化为工程师与妻子、子女、父母三对基本关系，讨论了家庭怎样在跨国的空间流动起来。试图以"做家"来讨论移民家庭再造的过程和逻辑，展现工程师如何通过家庭策略来发挥能动性，以及流动的家庭如何在传统文化理想和现实跨国生活之间被塑造出来。

　　结论部分尝试回应第一章提出的"结构性自由"的概念。基于前面的民族志材料，总结了中国工程师群体"结构性自由"的状态。将"自由"与"非自由"的转化互动从主体角度分为政府、企业、社会、移民四个面向，进而揭示了背后的"结构性"与"能动性"是如何互动的，最终延伸讨论了"结构性自由"这一概念对于理解劳动者和当代社会的意义。

最后需要说明一下写作中的几点问题。第一，出于学术伦理和保护研究对象隐私的目的，笔者对书中的人物、职业经历等信息均做了处理，具体案例中的企业名称也做了处理。第二，调查中涉及的人物关系较为复杂，为避免出现过多人名分散读者的注意力，本书尽量集中对一些有典型性的个案展开讨论。第三，本书在论述中隐去作为观察者的"我"，因为许多信息是通过访谈所得，并经过多名访谈对象的讨论，不是一个参与观察的结果。第四，关于语言、货币和度量单位，不同概念的使用本身就是一种策略，因而本书均以调查中的原貌出现。第五，书中关于新加坡政府、社会，以及相关企业的信息除特别注明，均来自研究对象访谈中获得的"地方性知识"，并不一定准确、客观，为了揭示该群体对于结构性限制的认识而予以保留。第六，田野调查时间在 2012 年至 2014 年，书中的政策、信息主要反映了当时这个群体面临的情况，至本书出版时这些情况已发生很大变化，比如当时的调查对象有许多已经返回国内。

第二章　一个专业劳动力
　　　　市场的形成

　　1979 年出生的董鹏辉是江西人，在国内取得了浙江大学微电子方面的硕士研究生学位。2005 年毕业后，他进入位于上海的一家合资半导体公司工作，工作两年之后每个月薪水大约 5000 元人民币，再加上加班费和各种奖金，如果一个人生活算是不错的收入。但是出身于农村的他想在上海安家，相较当时已经高涨的房价而言，这些收入仍然很有限。在半导体工程师的圈子里，盛传一个赚钱的好地方，便是新加坡。新加坡的半导体公司基本上每年都会到中国北京、上海、无锡等相关企业聚集的城市进行招聘。积累了工作经验的中国工程师[①]源源不断地流向这个东南亚国家。为了抓住高收入的机会，当在一个名为半导体论

---

① 这里的"中国工程师"来自调查对象的自称（有时候他们也用"中国人"），也见于其他族群对他们的称呼，主要指的是来自中国大陆的工程师。这个群体中有人持工作签证，有人是新加坡永久居民，有人已经是新加坡公民，虽然政治身份存在差异，但在跨国流动和族群交往中表现出一定的整体性。本书将用这一称谓来指称研究对象。

坛的网站上看到新加坡某个半导体公司的招聘信息时，他便毫不犹豫地向中介发去了简历。经过中介公司在上海组织的面试，他当场就取得了该公司的录取意向。按照董鹏辉的回忆，当初几乎没有任何犹豫。新加坡公司开出每个月 3800 新币的底薪，相当于他当时月薪的近四倍，收入的剧增构成无法抗拒的吸引力。而且他本人并不是上海人，离开这个城市去新加坡，对于以江西老家为坐标的他来说，不过是从一个城市去另一个距离稍远的城市工作。

2007 年 8 月，在交过 5000 元人民币的中介费之后，他搭上了去往淘金之地的航班。在出国之前，他和女朋友办理了结婚登记，为妻子随他之后出国做好了准备。他的妻子也是半导体工程师，因而出国很容易，他们后来连具体的程序都记不清楚了。2007 年 12 月，他利用自己的就业准证为妻子办理好了亲属准证，并把她接到了新加坡。当时并没有合适的工作机会，又不想通过中介公司，便在周围的朋友圈子中打听哪个公司有合适的机会。后来妻子在国内工作时的"老板"①也来到了新加坡，便直接把简历交给了这位前"老板"，然后顺利地获得了工作机会。从 2007 年到调查时的 2013 年，这对当初完全没有移民意图的夫妻已经在新加坡生活了近七年，养育了两个孩子，董鹏辉和孩子也已经加入了新加坡国籍。

这对夫妻的经历是比较典型的，所以在这里特别要把

————————

① "老板"在调查对象的语境中指的是同公司的直属部门领导，下文同。

他们的故事写出来。在与其经历类似的半导体工程师从国内到新加坡的流动中，两个国家半导体专业人才市场的连接得以展现出来。半导体行业内部对劳动力所做的技术分工，造成了社会和空间上分离的劳动力市场。东亚地区半导体生产中心的形成，除了常被提及的政府扶植、产业分工等因素之外，也得益于这一地区廉价劳动力与高素质技术人才并存的劳动力市场。而这个地区市场是建立在地区内部"中心"与"边缘"之间的劳动力分化基础上的。①地区内的产业结构使得这种流动形成了固定的纽带。本章就将描述一个区域和行业的整体图景，展现作为研究对象的工程师群体在什么样的机制作用下实现跨国就业，构成其专业劳动市场的机制和纽带有哪些，以及这个市场如何与新加坡社会衔接起来。

区域分工与人员流动

东亚地区半导体产业的劳动分工所展现出来的特征和方式，可以看作地区分工与全球分工相衔接，特别是这种衔接动态发展的产物。行业发展初期，在美国和西欧封装好的晶圆交给马来西亚和菲律宾的装配线生产，然后送到中国香港和新加坡的测试工厂，之后交给客户，中国香港

---

① Jeffrey Henderson, *The Globalisation of High Technology Production: Society, Space, and Semiconductors in the Restructuring of the Modern World*, London and New York: Routledge, 1989, pp. 49 – 76.

和新加坡日益成为半导体跨国企业的地区中心。但是不管是作为中心的新加坡，还是边缘的马来西亚，都受制于美国总部制定的发展战略和研发部门新推出的技术升级。在早期，研发、制模和封装作为更高价值的生产环节而留在美国、日本和欧洲，先是装配，后是测试，到现在封装也转移到东亚地区，只有核心的研发仍然留在全球半导体产业的"中心"地带。①

半导体这样的高科技行业与所在社会的其他经济部门只有微弱的联系，绝大多数劳动力并没有机会参与这些领域。但是世界范围内同一行业通过资本、技术、人力和知识连接，彼此可以相互联系起来。剥开这些网络，不仅有高新的技术或者知识密集型产业的生产，也带来新的理解和组织劳动分工的方式，其最大的特征就是对于全球劳动力自由贸易的想象和要求。②

人才流动的历史

世界范围内半导体产业的专业分工形成了以美国为主导的半导体设计，以东亚地区为中心的半导体制造这样的格局。半导体行业的世界体系分为两部分。一是研

---

① Jeffrey Henderson, *The Globalisation of High Technology Production：Society, Space, and Semiconductors in the Restructuring of the Modern World*, London and New York：Routledge, 1989, pp. 60 – 63.

② 罗伯特·曼戈贝拉·昂格尔（Roberto Mangabeira Unger）：《重新想象的自由贸易：劳动的世界分工与经济学方法》，高健译，北京大学出版社，2010，第 84 页。

发，研发的第一层是美国和欧洲，如英特尔、IBM、高通、AMD、英飞凌、意法半导体；第二层是亚洲，如韩国、中国大陆及台湾地区、新加坡，相当于研发金字塔的底端。二是制造业，顺序刚好是反过来的，韩国、新加坡和中国拥有大多数 fab，而欧美只有少数的生产部门。根据在新加坡工作的中国工程师的观点，基本上欧美企业属于发明，就是从无到有地做一个东西出来；日韩属于发展，能够迅速地把新技术产业化为产品或者设备；中国、新加坡就属于大规模应用制造。

制造领域需要庞大的资金、高耗能、高技术，也就是俗称的晶圆代工。《矽说台湾》一书讲述了中国台湾半导体从无到有，乃至成为国际产业链上重要一环的历史。[1]这一产业的兴起源自中国台湾地区对于半导体产业链的四业分离，也就是对生产过程中最重要的设计、制造、封装及测试活动进行分工。早期欧美领先的厂商把持着从研发到生产的完整链条，中国台湾、韩国等地的企业通过专注制造环节而实现了长足发展。美国从 1976 年占全世界半导体产值的 66.7% 下降到 2013 年的 19.9%，而同期亚太除日本以外地区则增长到 57.1%。[2] 回顾产业发展史，半导

---

① 张如心、潘文渊文教基金会：《矽说台湾》，天下远见出版有限公司，2006。

② "Semiconductor Industry Association: Global Billings Report History (3-month moving average) 1976- January 2014", Mar 4, 2014, http://www.semiconductors.org/industry_statistics/historical_billing_reports/.

体工程人才的流动首先是从美国向中国台湾和韩国的流动，特别是众多在美国的华人工程师回到中国台湾创业。正是因为中国台湾起步较早，已经形成工艺技术及资金上的壁垒，行业排名前几位的都是中国台湾厂商。

芯片代工产业在中国台湾取得了极大的成功，一度塑造出"竹科新贵"这样的新富阶层。在调查中，研究对象之间流传着早期中国台湾半导体企业内部生产线上的操作工都驾驶宝马轿车上班的故事。高额的利润吸引了大量的人才投入，众多的硕士甚至博士投身到这一行业中，塑造出一个"高科技"的行业符号。

20世纪90年代，中国国内企业已建立起一定规模的半导体产业基础。我国早在1965年就成功研制出了第一块IC集成电路产品，比美国晚7年，基本与日本同步，比韩国早了10年；20世纪70年代初国内从日本引进了全套七条半导体生产线，至70年代末各地已引进了24条二手半导体生产线；80年代中期国内已有了华晶、首钢NEC、上海贝岭、上海飞利浦四个半导体企业；90年代中期，上述企业逐步实现了技术升级，并在浙江绍兴新建了一条微米级生产线；1995年启动了由电子工业部和上海市推动的"909"超大规模集成电路工程，开始在浦东建设8英寸0.5微米半导体生产线。到1996年，国内半导体生产技术水平已达到0.8—0.6微米，形成了五个主干企业主导的格局。经过这样的发展历程，至90年代末期国内已积累了一定的产业基础和人才队伍。①

　　新加坡政府在决定大力发展半导体产业之后，通过特许半导体等企业从中国挖走了第一批微电子专业人才。2000 年前后是中国工程师前往新加坡工作的第一个高峰，在当时席卷全国的国企改革背景下，许多军事、科研单位的相关人才进入在新加坡新建的半导体企业。2000 年在这波潮流中离开国内研究所，来到新加坡的周大山回忆：

　　　　但是为什么我还是动了念头想来新加坡呢，主要是已经有人过来，了解到薪水是 2000 新币，按照当时的汇率就是 12000 元人民币，差距很大。所里已经有人来这边工作过，赚了钱回去，大家还是看在眼里的。所以当时的想法就是出来赚钱，而且就算干几年回去，应该还是能回去所里的。所以就没多想，没想到后来国内变化那么大。1999 年就有朋友来到新加坡的半导体研究所，他过来也是做设备。1999 年底陆续有人离开所里，2000 年初有人去了马来西亚。那个时间可能经济开始复苏了，所以这方面招人就比较多了。当时那一拨人一走，很多人都有了来新加坡的想法，像一个潮流一样，那段时间过来的人最多。当时都不是我们去找中介，而是他们有了招人的信息就主

---

① 胡启立：《"芯"路历程——"909"超大规模集成电路工程纪实》，电子工业出版社，2006，第 14—15 页。

动去找我们，国内半导体的机构也没有几家，都是去单位发传单，打听愿不愿意来这里。所以说，那几年我一直有想法要过来，但是最终的决定因素还是薪水。你看像我这种从农村出来的，家庭条件没有那么好，经济方面是一个很重要的参考因素。当时虽然国内单位可以分房子，但只知道有，看不到。像我从一开始工作到结婚，一直住在单身宿舍。所以当初觉得干下去也没有什么希望，在经济方面是一个很大的考虑。那时候西安一碗面才2块钱，像我们一家一个月的开销也就300来块钱，所以来新加坡马上给12000元还是很有吸引力的。当时其实离开体制是一个潮流，有人去南方，有人来新加坡，大家都想到外边去。5月8号面试结束我就知道被录用了，当时给我的薪水是3300新币，远远超过了我的预期。那个时候一般工程师在新加坡一个月薪水也就是2500新币左右。那时候就真的没有犹豫。我本来想办停薪留职，但因为我当初算是干部，就不能办，只能是辞职。而且辞职也不让你走，很多人就直接走掉了，也不办什么手续。

而反观国内企业，在早期很长一段时间里，流入的半导体人才大都是海归派或者中国台湾人。伴随着中国大陆半导体产业的发展，大批台湾的工程人才进入大陆的晶圆代工厂。而本土成长的工程师队伍中，大多数在国内高校接受微电子等方面的培养，然后直接进入不同的企业接受训练。这主要得益于早期北京、上海及其周边地区合资企业的发展。中国大陆最大、最先进的半导体生产企业就是由出身美国企业的中国台湾人创立的，类似的企业为本土半导体工程师的培养奠定了基础。特别是一些企业家因为具有一定的个人魅力，甚至一度成为大陆工科学生的偶像，影响了很多人的职业抉择。

Z 公司早期以福利好而吸引了大批刚毕业的青年人，虽然工作压力比较大，但是工资也相对较高。可是随着国内半导体产业规模日益扩大，人才的流动现象再一次显现出来。这种问题不仅存在于 Z 公司，而且是国内这一行业当时普遍存在的问题。本土的毕业生在掌握有关的经验技术之后，之前诱人的薪水相对于工作量和发展机会而言便不值一提，那些不能成功升职的工程师都开始寻找属于自己的机会。

Z 公司被当作没有经验的学生充实工作资历的跳板。该公司仍然是国内最先进的半导体代工厂，代表着领先的工程技术和管理经验，众多刚毕业的学生将它作为自己的首选。一方面每年源源不断地有新人进入，另一方面则不断地流失底层的熟练工程师，该公司被工程师们戏称为人才"培训基地"。据说有时候，新加坡的企业到国内招人，进入面试的全部来自 Z 公司，并且相互之间都认识。某公司 2004 年一年就有 80 名员工跳槽去了新加坡，这种现象严重到公司的董事长甚至通过媒体表达对新加坡政府相关政策的不满。[1] 同年仅上海地区的半导体企业就有大约 200 名工程师流向新加坡，主要是进入新投入生产的 A 公司。当时一个青年工程师在上海的月薪一般是 3000 多元，加上加班费，每月最多拿到 4000 元人民币。而在新加坡，他每个月的收入不低于 3000 新币，按照当时的外汇比率，也就是 15000 元人民币左右。另外公司还提供住宿、机票等福利待遇，这成为许多人无法拒绝的诱惑。[2]

一位 2011 年从大连去到新加坡 A 公司的工程师回忆：

> 我 2008 年本科毕业，读的是电子专业。2011 年我就来了新加坡。其实我一进半导体这一行就听说有人来新加坡工作，当时也没考虑过，毕竟家人、朋友、亲戚都在国内。至于为什么来这里，主要是我家也没在大连，只不过是在大连打工，没想留在那里发展。其实如果家在大连，在当时的公司工作还是不错的。但是如果外地人，家又不在那里，还要买房的话，我那时候的工资就不够。当时之所以过来新加坡，就是因为新加坡薪水高，我当时一月到手 5000 元人民币，现在差不多有 3000 新币，等于翻了两倍。而且我也没想留在大连发展，到哪里都是打工，没什么

---

① 《中芯国际：去年有 160 名员工离职去新加坡》，新浪科技，2005 年 1 月 15 日，https://tech.sina.com.cn/it/2005-01-15/0927505205.shtml。
② 郑良中：《上海芯片人才大逆流 200 工程师群迁新加坡》，21 世纪经济报道，2004 年 10 月 13 日。

差别。那时候我是在半导体论坛上看到中介发布的招人信息，我去上海面试，面我的人就是现在的领导。因为我在大连就是助理工程师，过来也还是。当时我是单身，家里边没有反对，在大连也没有什么牵挂。所以对我来讲，在大连和在新加坡没有区别。而且我大学毕业去大连之前，没有去过大连，在大连也没有什么朋友，甚至我前半生就没跨过黄河，所以说去新加坡跟我那时候去大连是一样的，没有什么特别担心的。

但是从 2011 年下半年开始半导体进入了新一轮的低谷。新加坡各大厂商的产能利用率和产出都受到很大的影响。对于工程师而言，最为直接的就是加班费的管理突然严格起来，有的厂家甚至开始传播裁员的流言。更大的背景是，去新加坡"淘金"的年代已经一去不复返了。随着国内企业的工资上涨，收入的差距已经没有那么大了。Z 公司在 2011 年完成了一次结构性调薪，一下子就将薪资待遇提升到国内同行的前列。而另一个企业的 12 寸项目在 2011 年开始试生产，提供了一系列工作岗位。与此同时，2009 年前后陆续来到新加坡的工程师大都步入瓶颈期，没有获得升职或取得新加坡居留权的人都开始为回国发展做打算。这些因素综合在一起，使得当时新加坡的各个公司一度出现了离职的高峰，许多工程师回流到国内的企业。

总而言之，中国大陆及台湾和新加坡之间的半导体行业某种程度上形成了稳定的人才流动，将地区内的企业连接起来，表现出以华人工程师为主体的族群特点。中国台湾企业内的新人在成为熟练工程师之后，可以进入大陆的半导体企业取得管理职位，实现职务和层级的上升。有的台湾工程师，在台湾只是普通工程师，但是到大陆就能当上老板，并拿很高的薪水。而升职无望的大陆本土工程师在获得两到三年工作经验之后，到新加坡的同类型企业就业，则不得不面临地位下降的局面。前者是因为职位的提升可以带来收入增长，而后者则利用汇率差来实现薪水剧增。这当然只是简化的流动趋势，现实中的跨国就业更为多样。其中国内与新加坡之间的规模更为突出。每年有众多的青年工程师为了更高的收入和更多的选择机会，在国内企业积累经验之后来到新加坡。同时不断有在新的中国工程师因为职业发展、社会网络等原因回到故土。但这种双向流动是不对称的，虽然绝大多数工程师来新之前没有移民的计划，他们中很多人还是留了下来，并且表现出很强的周期性，在高峰期的 2000 年、2004 年、2009 年前后，国内每年有近百人到新加坡；而一般年份则只有数十人。要解释地区内的工程师流动，必须将企业内部的人才沉淀与外部的技术周期同时纳入考量，下文将从这两方面来展开论述。

阶层化的青年工程师

整体来说，半导体仍然是一个高科技的行业，但是在全球电子制造业分工中，晶圆代工终究还是摆脱不了"工厂"的本质。以设备工程师为例，他们进入公司之后第一份工作往往就是监管机器。因为机器是 24 小时运转的，他们的工作就是保证其正常运转，实行轮班制。轮班制是这类公司通行的做法，核心的生产部门都必须保证随时有人值班，特别是当生产任务重的时候，持续工作的压力很大。一个典型的晶圆代工厂中，往往有大量硕士和博士学位获得者，但是多数受访者都认为自己的工作是无聊且枯燥的重复性劳动。虽然他们很多人具有高学历，但因为生产线都是高度自动化的，实际工作多是低难度、高取代性的内容。在外人看起来充满科技感的无尘室，对每天穿梭其间的工程师来说单调而又毫无乐趣。加班和值夜班是他们工作的重要内容，也是工资外收入的主要来源。

根据一封在华人半导体工程师中流传广泛的帖子，行业龙头公司内部已经沉积了许多人才，形成一个阶层化的青年工程师群体。

现在进公司，未来想升迁，别闹了！你去跟人事 interview，她会问你一句话：若是当一辈子工程师的话，愿不愿意？这下你懂了吗？其原因就在：挡在你前面的人太多了，而且个个是硕博士。最糟糕的是，你会发现你的主管没大你几岁，顶多十岁，晶圆厂的主管都是既得利益者，不用进 fab，不用轮班，只要开会看报告，每年领的股票是你的数倍，你说他会走？

等到他退休，你差不多也该退休了吧！等扩厂？对不起，有几百个年资比你深的已经卡位了！等南科？这个大饼是不太可能实现的，就算实现了，以公司6—12厂二十几条 module，目前博士及五年年资以上的硕士人数，也不够分所有的主管位子。轮不到你的！去其他公司？哈！你会发现另外一大票人也有这种想法！到时候又被老鸟干掉了……当然，公司也察觉了升迁问题的严重性，于是想出了一个聪明又简单的方法——给 title 嘛！中国人喜欢 title，就给你嘛！反正又不花钱，公司有一种 title 叫"主任"，要进 fab 做工的；还有一种叫"高级工程师"，下次你碰到一个高级工程师不要惊讶，他可能只做满两年！很抱歉，我才做三个月，一来就已经是高级工程师了，真是汗颜得很。[①]

这实际上反映了此类企业中的青年工程师所面临的普遍问题，在 A 公司、B 公司都听到有人向我倾诉类似的苦恼。正如前文所提到的，晶圆封装代工企业实际上只是半导体产业全球分工中最为工业化的一端。根据半导体产业的全球分工，东亚地区的晶圆代工厂以数量众多的有技术、能吃苦、耐寂寞的工程人员为特征。在晶圆厂内部的科层层级中，从助理工程师到主任工程师之类各种头衔的

---

① kychou：《一封台积电离职工程师的信》，发表于交大资工天龙 BBS，http://www.csie.nctu.edu.tw/~jclu/letter.htm。

工程师占据金字塔的底端。被他们认为只需开会和看报告的管理位置是人人都垂涎的，但只有少数人能上得去。如果五到十年后一个青年工程师的职务没有变化，那么他就不得不面对比自己年轻得多、更愿意加班、更便宜，也更懂新技术的青年人的竞争。从这一点来说，晶圆代工厂中存在一个阶层化的青年工程师群体。

这种分层特点主要由收入和职位表现出来，在国内和新加坡的企业都很明显。但对于工程师流动的作用则各有不同，在一方构成推力，而在另一方则造成拉力。国内企业的问题是熟练工程师的断层，员工结构是两头大中间小。只有很资深的工程师不会动，因为他们薪水、职位、房子都有。积累五年经验就能做到老板，而不用承担具体的事务性工作。另一头就是刚入职的年轻人，大量工程师都是新入职一两年的。反倒是中间能做事情较为资深的工程师比较少，因为没有升职的希望，工资增长也有限。所以知识和经验是有断层的。缺少的这个年龄段的工程师或者去了新加坡，或者在国内各个半导体公司之间不断跳槽。

入职两年是这个行业跳槽的黄金档，一个新人基本上两年就对负责的工作有了全面的了解，可以自己上手做事情。到了新公司之后可以不需要培训，很快就能适应工作环境。刚开始的两年是从应届毕业生到初步熟练工程师的一个阶段，这段时间内工资不会有很大变化。一开始作为一个新手，有很多东西要学，所以薪水要求并不高。但是两年后基本的工作内容都掌握了，人生也有了新的展开，工程师们必然会对薪水有进一步的要求。而且刚毕业的工程师可能对薪水还不敏感，但是工作稳定之后就需要考虑结婚、购房之类的需求，大都希望工资上能有提升。然而如上文的分析，这个阶段的工程师在内部升迁的机会不多，增加收入的一个重要的策略就是跳槽。

而当他们进入新加坡，则由国内企业的熟练工程师降格为新人。在一个新加坡公司内，部门老板以下往往有几个资深的工程师。这些人进厂时间比较早，工资也比较高，日常工作中不用值班，不用具体干活，主要是分配一下工作任务、协调人手。上述这些人的流动性很低。因为他们往往已经申请了永久居民或公民身份，在新加坡安定下来。而底下的工程师流动性最大，也是向国内招聘的主要工作岗位。这个群体必须进 fab，要值夜班，工资较低，并且难有上升的通道。

刘海泉的经历颇为常见，他 2006 年进入上海的某个企业。虽然这个企业工作压力大，但在国内是规模最大的，他当初选择的理由之一便是寄希望于未来的发展空间。作为新人的前两年在大量的加班中度过，他出于学习技术和积累经验的目的坚持下来。可是到了第三年，他发现自己仿佛处于一种无休止的循环当中，而加薪升职看起来遥遥无期。到了 2009 年，每个月的薪水算上加班费可以拿到6000 元人民币，但是相较于上海的房价，他感觉自己永远不可能定居在这座城市。而来到新加坡之后，薪水马上就涨到 3500 新币，加上花红每月收入超过 4000 新币，所以他毫不犹豫地选择了跟随前人的脚步。可是到了 2013 年，虽然已经算是比较资深的工程师了，他还必须负责具体的工作。而高他一级的老板进入这个公司已经 10 多年了，看起来升职的机会也不大。四年下来月收入只增加了 1000 新币，增幅就不像初到新加坡那么显著了。这时候他拥有了 7 年工作经验，如果回国能拿到每个月 2 万人民币左右，跟新加坡的 5000 新币差距已经不是很大。而且回国还可能在职位上有所发展，不用做低阶工作。所以他已经决定回国，只是在等待一个合适的工作机会。

对于刚工作两三年的工程师来说，来新加坡最大的吸引力就是收入。在国内这个年资还属于新人的阶段，目前收入在 8000 元左右。但是在新加坡就能拿到 3500 新币，将近 17000 元人民币。而如果在国内已经有五六年的工作经验，或者之前有过在新加坡工作经历的工程师，他们来这里就有很强的移民倾向。到了这个阶段的工程师，新加坡与国内的收入水平差距没有新人那么明显。一位国内研究生毕业，拥有六年工作经验的工程师就明确表示自己是为了移民做准备。

事实上我一直就有出国的想法，2013 年正好有一个合适的机会，公司给的条件还不错，我就出来了。我在国内每个月基本工资在 13000 元左右，加上各种保险、补贴能有 16000 元，加上奖金到手 18000 元。

来到新加坡每月工资 4200 新币，再加上每年的一个月工资的奖金，三年合同还有一笔 17000 新币的安家费。但是这些都不算加班费，如果算上加班费，我来新加坡之后收入增长大概有 40%。我这个年龄的工程师出国的收益相对不明显，如果计算到人际关系、饮食习惯、家人团聚等隐形的成本，出国工作并不是一个在经济上很划算的选择。我之所以选择出国就业，是因为计划生小孩。我是福建人，我们那里有移民的氛围。从自然环境、饮食习惯上来说，新加坡我也没有什么不适应的地方。更何况如果我将来移民去欧美，新加坡的工作经历也是一个加分的经历。就原始出发点而言，我并不是想定居新加坡，只是目前这里正好有一个半导体行业的工作机会。

根据工程师们对中国、新加坡两地半导体公司薪资结构所做的比较，会发现双方资深工程师以上的差距只有 30%—40%。但是底层工程师差距很大，新加坡企业提供的薪水达到国内的 2.5 倍左右，所以对国内的年轻人还是很有吸引力的。24—35 岁是他们流动最频繁的阶段，在这个阶段之后许多人因为家庭生活的扩展就会选择稳定的工作机会。特别是现在新加坡移民政策日益收紧的背景下，留不下来的工程师就选择了回流。

技术周期与人才流动

一个成熟的 fab 所需人员相对稳定，各个岗位都是在建厂初期大规模招人，进入稳定期之后人员招聘规模就会明显缩小，只是在填补员工流失或者人手不足。相应地，公司内部的管理职位大多固定，都是由早期入厂的员工占据。底层的工程师升职空间不大，便只能选择流动来提升收入。因而人才流动具有明显的周期性，与行业发展或技术迭代的步调大体一致。以大家都在使用的智能手机来说，现在手机越来越轻薄，功能越来越多，就要求半导体产业做出更小、功能更多的芯片。这对 fab 的制程工艺、设备厂商的机器，以及原材料厂家的硅晶片提出了更高的要求。摩尔定律作为一种行业标准甚至意识形态，对实现它的劳动者的工作和生活，乃至他们的流动都产生了影响。

产业的升级影响最大的是上游设计企业，世界上关于半导体最基础的变革也都由这些公司引导，整个半导体行业的标准都是它们制定的。比如这些企业开发出一种技术或产品，能使半导体芯片的运行更快、更节能，这就成为新一代的行业标准。下游的厂商跟着这个标准去研发工艺，改进设备，或者改进原材料，生产部门就需要想办法把它实现出来。一旦新的技术被研发出来，生产制造企业就要去研究用什么样的新工艺能把它制造出来。每个公司都有一个叫作技术研发的部门，这个部门主要是研究现有的生产条件怎么去做更先进的产品。在新的条件下，生产机器也要跟随技术进步进行更新换代，所有东西包括原材料，都要符合核心企业提出的技术标准。他们不去实际生产这些机器、芯片、原材料，但是掌握了核心的产业标准和知识产权，其他企业生产这些东西都需要向核心企业缴纳一定的费用，并跟随它们的技术节奏来改变自身。

T公司等是领先生产企业的代表。一有新技术出来，都是这些公司最先实现量产。所以每当新产品设计出来的时候，最先拿到订单的就是这些公司。比如2013年苹果公司iPhone 5面世的时候，就只有T公司的部分fab能生产它的芯片，这样T公司就在竞争中领先了，别的企业跟在它的后面，生产成熟制程的产品。当新一代的技术被研发出来，最先实现量产的公司就能获得最先进的订单，利润相对就高。而当一个新技术成熟之后，整个半导体行业达到一个高峰；大规模应用之后，竞争趋于激烈，利润不断下降；大约两年后又一种新技术被研发出来，并逐步成熟，效益开始好转，企业开始扩大招聘。

技术周期和企业竞争的一个结果就是，半导体产业的生产能力在全球的流动。这种流动性会在短时期内导致某个地区在一段时期内出现严重的人才短缺，造成上述升职无望的青年工程师群体在地区内的流动。企业内部的人才沉淀与外部的行业周期联系在一起，促使这些工程师在区域内的各个工厂之间流动起来。这实际上反映了这个行业所内含的流动性，技术、资金、人员在地区内不同的企业之间流转，形成这个行业整体的形象。

技术的不断进步实现了去技术化的社会效果。工程师创造出来的先进生产设备和工艺削弱了他们自身技术的劳动力价值。他们一方面是先进工艺的创造者，在纳米空间施展自己的技术和智慧；另一方面又是这些自动化工艺的奴隶，其价值仅在于维持生产程序的二十四小时运转。一位制程工程师分析：

> 我工作中最主要的是流程的改进，比如前边的人没有想到这么做，我们改进之后就要调整工作流程和内容，提高效率。其他就是很枯燥，主要是把设计部门或者客户的数据转到我们的机器里，然后做到光罩上。因为很多流程、方案都是既定的，数据也都是处理过的，而且生产的机器也是自动化的，所以并不需要你有多大的创造力。主要变化就是数据量越来越大，使用的电脑越来越先进。对于我们来说，具体的图形可能会不一样，但是那些基本的元素都差不多。光罩厂的集成化很高，很多生产流程都是程式化的，所有的东西都集成在几个程式之中。所以刚入行的工程师都只是在学习如何使用这些程式，程式背后的原理他也大概知道，但是离开这些程式，他就不知道做什么了。所以学会之后，很多人会觉得没有技术含量，就会跳槽。但是有的人做到七八年，就会积累经验，了解程式背后的原理，从而成为公司的支柱。差不多每个部门都有这样的人，一个三十人的设备部门，有四到五个人是不会离职的，因为他们的薪水和

职位相对较高，而且老板也会主动去留这些人。除此之外，其他人的流动性都很强。

由于电子产品数年就要更新换代一次，晶圆代工业表现出明显的代际性特征。半导体行业的发展可以根据摩尔定律划分为不同的阶段，大致每两年为一个周期。[①] 摩尔定律指的是这个行业的技术发展趋势，但是并不是说先进技术必然取代落后技术。现在最先进的是12寸，但8寸、6寸仍然有市场，而且还有大量的4寸厂存在。不同技术标准的产品有不同的技术特性和价格，因而自有一定的市场。比如12寸产品可以用在手机等电子产品上，8寸产品则可以用在家电、灯具上。最先进的公司赢利能力最强，但是落后的技术也不一定不赚钱。专业的技术周期与整个社会的经济周期结合在一起，形成了大致以四到五年为一个阶段的景气行情。

2000年以来的行业发展有三个重要节点，2000年、2004年和2009年的三次产业整合被称为晶圆代工业的"三次世界大战"。[②] 第一次是2000年的时候，主要是中国台湾厂商内部的整合，T公司通过并购成为行业第一。源自美国的IT泡沫破裂导致市场需求锐减，成为大厂吞并小

①　Gordon Moore, "Progress in Digital Integrated Electronics", *IEEE*, *IEDM Tech Digest*, 1975, pp. 11–13.

②　宋丁仪：《晶圆代工的第3次世界大战》，《电子时报》2009年9月29日，http://www.digitimes.com.tw/tw/dt/n/shwnws.asp? id = 0000151945_ECK8BMYD567XLF4Z3R78Y。

厂的重要契机。T 公司也正是在这一年和一个欧洲企业合资，在新加坡建立了生产企业，造就了吸纳中国工程师的一个高峰。

而第二个转折点发生在 2004 年，从 T 公司出走的工程师在中国大陆创办了 Z 公司，并积极扩张，中国大陆成为全球代工业的重要一环。据说该公司兴起的那两年，赶上了利润很高的时候，一个晶圆上只要有十来个有效，就有厂家要，等于这十几片就能把其他的钱赚回来。按照现在的良率要求，这种产品就是报废品。那是一个中国工程师记忆中的黄金时代，据说当时就是经常发钱，月初也发，月中也发，工程师都不知道是什么名堂。

2008 年开始的金融危机大大削弱了人们对半导体设备的需求，危机前想象的旺盛需求瞬间蒸发，因之扩张的产能也演变为厂家的沉重负担。随之而来，第三次重要的产业调整就是 2009 年 B 公司与新加坡特许半导体的合并。背靠阿拉伯石油资本与 AMD 的技术，B 公司成功吸纳后者的生产部门，跻身为行业第三。这次调整的直接结果就是改变了特许半导体之前的局面，大举招聘以扩张产能。

2012 年 4 月，S 公司宣布在西安建设芯片工厂，这对新加坡半导体企业的中国员工产生了不小的冲击。一方面，因为这是一个新建的工厂，所以对各个层次的人才都有需求。大多数在新加坡的工程师都有 5 年以上的工作经验，谁也不想回国继续做普通工程师，而 S 公司的新厂则提供了大量的管理岗位。另一方面，西安 40 多所高校设有相关专业，有些在新的工程师就是在西安接受的教育，或者本身就是西北人，因而生活成本远低于北京、上海等一线城市的西安就具有很大的吸引力。S 公司项目的落地对新加坡相关企业的人事产生了一定的影响，许多人投了简历。但实际上西安也不过是工程师不得已的选择，早期从新加坡回来的人在国内还很受欢迎，调查时却已经时过境迁，职业升迁的机会竞争激烈。就生活环境而言，有的人当时大学毕业好不容易从内地来到大城市，但是现在回国已经无法在北京、上海立足，只好去 S 公司。就企业本身的技术和管理形象，在这些工程师看来，S 公司的技术、管理和文化都算不上先进。

这种行业整合在空间上表现为区域内的产业转移，跨国企业会将旧的生产设备转移到成本更低的地区。产业的转移导致某个地区在一个时期内形成严重的人才短缺。新建的工厂一般能够提供高于行业水平的薪资和一系列的管理职位，形成一个吸引人才的旋涡。技术升级和产业转移导致半导体工程师的流动具有明显的周期性，与行业发展的步调大体一致，但在地域上往往跨越遥远的距离。有学者甚至将流动性作为这个群体的基本特征之一，将集成电路人才称为"游牧民族"。①

---

① 钱省三、吕文元：《集成电路（IC）人才成才规律研究》，《半导体技术》2003 年第 12 期，第 5—8、11 页。

跨国（地区）就业市场的形成

有研究从经济地理学的角度讨论整个台湾资讯电子的研发行为，指出产业链上的企业之间由复杂的技术互动与依赖关系连接起来，在企业之间与企业内部存在绵密的"会意化知识"。[①] 除了正式的合作关系，非正式的技术分享也是这种紧密关系的基础。不同企业之间共享技术的形成，一个重要的原因是他们共享的劳动力市场，劳动力流动将技术扩散开来。有研究讨论了新竹科学园区中半导体产业劳动力市场与产业发展之间的关系，描绘出一个高流动性劳动力市场的图景。通过劳动力职业生涯中所建构出的社会网络，人员与技术得以流动起来。[②] 高科技劳动现场中的责任制、考核制度、职业发展打造出一个个体化、专业化、市场化的劳动主体，他们以极度商品化的应对策略在市场上自由流动。[③]

中介与招募

正是因为行业的流动性大，企业一般常年都在招聘工

---

① 杨友仁、苏一志：《不仅仅是模块化：台湾信息电子业 ODM 制造商的研发地理学研究》，《台湾社会研究季刊》第 79 期，2010 年 9 月，第 51—89 页。

② 徐进钰：《流动的镶嵌：新竹科学工业园区的劳动力市场与高科技发展》，《台湾社会研究季刊》第 35 期，1999 年 9 月，第 75—118 页。

③ 林名哲：《边界之外，牢笼之中：科技业工程师的流动与主体建构》，"国立"清华大学社会学研究所硕士学位论文，2011 年 8 月。

程师。常规的招聘流程是，某个部门有增加人手的需要就提出申请，批准后由人力资源部门开始招人。事实上这些公司实际雇用的工程师数量往往低于设定数目，以某公司的设备部门为例，生产标准对应的是 30 名工程师，而实际雇用的只有 25 个人。如果公司效益不好，会直接冻结招聘，一般情况下部门就可以决定是不是要补充人力。科经理如果觉得要进新机器，需要增加人手，就向部门经理申请，批准后就可以由人力资源部门出面招人。招聘工程师有两种渠道，一是通过猎头公司在新加坡其他半导体公司挖人；二是通过中介公司到国外招人。一般都是同时进行的，不会有先后，也没有名额限制，招到需要的人手就行。区别在于，从国外直接过去的有安家费，而在新加坡跳槽的则没有。

在中国要获得新加坡的工作机会，最主要的渠道就是通过各种中介。新加坡的企业不会直接从国外招聘员工，一般都是由企业委托新加坡的劳务中介来操作。这些中介公司大都在中国有分支机构，或者合作企业。根据调查对象的介绍，主要的中介公司有如下几家。S 中介是一家新加坡公司的上海分公司。从 2000 年只有几十个人的小公司发展到现在，S 中介已经累计为新加坡的多个半导体企业招聘过 500 多名工程师。该中介公司主要服务于 B 公司，收取中介费 5000 元人民币。而 K 中介主要承担 A 公司在国内的招聘工作，中介费为 15000 元人民币，收到合同先付 5000 元，签约后再支付其余的 10000 元。这两个中介公司最为著名，此外还有一批中介公司专门为新加坡的半导体企业招聘中国工程师，向工程师收取的费用约为 10000 元。

发布职位时间：11月14日

雇主：新加坡12寸半导体公司

职位：Specialty Technology Development-Embedded Flash Engineer

Responsibilities:

•Process & device integration, window characterization.

•Co-work with device and process module people to develop eFlash technology.

•Design rules, generation rules, bias table, ET spec setup, Process flow setup.

Requirements:

•Candidate must possess at least a Master's Degree or Doctorate (PhD) in Engineering (Electrical/Electronic), Physics or equivalent.

•At least 2 year(s) of working experience in the related field is required for this position (flash technology experience).

•Good communication skills, team work spirit, self-motivated, can-do attitude.

图 2-1　中介公司招聘广告举例

招聘广告上的雇主信息都是匿名的，只会显示"新加坡某半导体企业"。但实际上对于久在行业内的工程师而言，上边这则招聘广告大家能猜得出来是哪个公司。一位工程师解释道：

> 比如有安家费的就是 A 公司，没有的就是 B 公司，以前 B 公司完全没有，现在有了，一般就是几千块钱，A 公司安家费 5 级别工程师是 12000 新币，6 级别是 18000 新币，7 级别是 23000 新币。如果说某国际知名半导体公司，往往就是指 B 公司，A 公司会强调是新加坡半导体企业中薪水最高的；如果是 12 寸就是 A 公司和 B 公司，8 寸就是其他公司；13.5 个月薪水就是 A 公司，一般都是 13 个月。

人力资源与矿产资源一样，需要被挖掘、筛选、提炼和运输，然后才能成为生产资料。中介公司会先用年龄、学历、资历、原公司等标准把很多工程师淘汰掉，剩下的人就进入面试。在国内有两三年工作经验的最受欢迎，其中年龄因素影响比较大。因为年轻而精力充沛，能值班和加班，而且新人还有学习的心态，能忍受比较高的工作强度。如果通过初步的简历筛选，国内的中介公司会在工程师集中的城市，比如北京、上海举行面试，一般安排在周末。因为半导体行业的圈子其实不大，有可能在面试过程中就会碰到熟人，甚至是同一个公司的同事。大家在没有找到新工作之前都会悄悄地面试，不会很高调。如果跳槽的消息被本公司的老板知道，可能还没找到新工作就会被开除。正因为如此，一般中介在安排面试前会事先询问，尽量避免同事碰面。面试主要由雇主公司人力资源和具体的部门负责人两方面共同主持。其中主导的是未来的用人部门，人力资源只是负责最后谈薪水、签合同之类的事宜。部门主管关注的是候选人的经验跟他们要求的岗位之间的匹配度，有直接经验当然最好。比如同一类岗位，12寸厂就欢迎之前在12寸厂工作过的工程师。

这个行业最看重的是工作经验，但是经验也有区别，主要是看技术和经验是否能直接移植到新的岗位。面试过程中，面试官会评估应聘人的经验跟招聘职位的契合程度，是不是可以马上投入工作。这些企业从中国招聘的主要对象是年轻的熟练劳动力，招收他们就是过去干活，不会安排长期的专门培训，最好以前的经历与应聘职位完全一致。这些企业主要考虑的就是新员工能不能直接上手工作，有直接工作经验的最受欢迎，其次是相关经验。比如一个工程师的主要经验是做黄光制程，如果去蚀刻部门工作就等于什么都不知道。很少有跨部门投简历的情况，大都是干什么就一直干什么，也会换部门，但是变动不会很大。半导体行业内部的高度分工，使得技术本身不仅是工程师们跨国流动的依据，同时也是限制他们就业自由的边界。所以当一个招聘广告贴出来，实际上的竞争并不多，比如具体的黄光部门负责某种机器的设备工程师，全中国可能不过数百人。而且这一行业内的技术和设备是高度标准化的，比如光刻机，所有半导体企业的机器就只有三个品牌，并且原理大同小异。因而当一个设备工程师在面试中讲出自己处理过哪些问题的时候，他所掌握技术的价值便一目了然。

新加坡公司通过中介公司给出雇用意向之后，也可以选择不去。有了聘用意向之后，中介公司就会联系工程师，要先交中介费才能拿到合同。合同一般是三年期限，如果提前结束合同，就需要将安家费退回去。以 C 公司的情况来说，三年的合同执行完之后，公司会给三个月奖金。其实这些钱不是奖金，只是每年第 13 个月的薪水，公司要等三年合同期满才会发放。三年合同期满后，工程师如果续约就属于公司的正式员工，跟新加坡公民一样。在新加坡本地招聘的新加坡人、马来西亚人即使一开始也不用签此类合同。他们的合同是另外一种类型，在中国工程师看来就是"可以永久干下去，除非公司炒掉你"。

包如刚回忆了自己来到新加坡的过程：

> 我过来的时候，是 2010 年。在半导体论坛上看到新加坡有招人的，就投了简历，那时候投了两个公司，去上海面试，一个是周六一个是周日。我礼拜六面试 A 公司，礼拜天面试了 S 中介主持的 B 公司。面试的流程大概是，首先要做一个自我介绍，然后问你一些技术类的问题。大概了解之后，就问你在以前公

司主要负责什么，涉及的一些技术问题。然后告诉你从国内到新加坡要有个适应的过程，问你有没有朋友在新加坡，能不能适应在国外的生活。面试是国内的中介来组织的，他们租场地、联系人员，然后由新加坡公司派人去面试。一般就是科经理、部门经理过去负责招聘。因为招聘要去中国，但是生产线上还是有很多事情要处理，所以不可能过去很多领导，一般就是选个领导过去代表，也有一个 HR。关键是看面试官是谁，有的人一看你的简历觉得不错，随便问几个问题就可以了。其实运气的成分很大，也不是你很强就一定能过来的。面试都是一对一的，这个房间是谈技术的，那个房间是谈薪资的，等等。先是面试技术的工程部人员，面过之后，你再去 HR 那边面试。一般的要求是你从事这个行业多久了，工作的经验和年限，负责的是什么技术，还有就是原来的公司是几寸的厂，跟新加坡的厂是不是一样。薪资一般谈的可能性不大，HR 会问你期望有多高的薪水，他会说"如果多少多少你接受吗"。打个比方说，我说了 4000 新币，他会说 3500 新币你考虑吗，我说可以考虑。他就会把 3500 新币作为你的最低要求，4000 新币作为你的期望值。HR 会带着这些信息回到新加坡，带给具体要招人的部门老板，也就是谁未来要用这个人。比如你要三个人，HR 就给了你六个人的信息，让你自己选。选了三个人之后，HR 定好薪水，才会把 offer

发过来。接下来就把出国需要的材料发过来。最后就是等通知，国内的中介会通知你新加坡的 offer 下来了，要你办理国内公司的辞职。接下来开始办理护照、体检等手续，然后才能辞职。来新的机票是由新加坡方面买的。当你确定一切出国手续办好之后，国内的中介就开始收中介费了。我当时过来时中介费是15000 元。过来之后，会有新加坡的中介在机场接机。第一天会把你带到 HR 那边去，HR 会把这一批人召集在一起，把正式的合同交给你们签署。然后介绍各部门的秘书，由部门秘书把你带到部门，第一件事是见部门老板，部门老板把你分到具体的小组，就开始新工作了。A 公司会给新来的员工提供宿舍，工程师可以免费住一个月，再慢慢找房子。新加坡的中介会带你办理准证、电话卡、银行卡等，之后的事情就跟中介没关系了。

简单总结整个招聘的流程：国内的中介负责招聘信息发布；然后把收集到的简历交给新加坡中介公司进行筛选；进入名单的工程师由国内中介组织现场面试；顺利通过的人员就在国内中介的安排下准备相关手续；新加坡中介公司到机场接机并提供租房、带领签订合同和办理准证等服务。正常的话，一个新人到新加坡的第二天就要开始上班了。总而言之，专业中介的发展为工程师的跨国流动提供了稳定的渠道。

OFFER OF EMPLOYMENT

We are pleased to offer you employment with_____
(Singapore Branch) (hereinafter _____ as an **Engineer** of
commencing on **31 May 2010** subject to Employment Pass / Work Permit approval
by the relevant authority. You'll report to _____
Department. This is your initial assignment. _____ may, from time to
time, reassign you to any other supervisors, departments, and/or locations, as _____
_____ deems appropriate. If you accept this offer as described below, your
remuneration package and terms and conditions of employment are as follows:

JOB GRADE
Your commencing job grade is **E5c**.

SALARY
Your commencing salary will be **S$3,410** per month.

CPF CONTRIBUTION
_____ undertakes to pay relevant CPF monies to your account with the
Central Provident Fund Board every month as required.

SIGN ON BONUS
The amount is **S$12,000** subject to completion of 3 years bond.
(First payout of S$6,000 payable upon confirmation of your probation and the balance
payable after completion of 3 years of service)

HOURS OF WORK
Your work hours are as follows with one hour for Alunch break in between. The
timing for lunch break and, if applicable, shift change, will be coordinated by your
supervisor.
Mondays to Thursdays　　:　　8:30 a.m. to 6:00 p.m.
Fridays　　　　　　　　　:　　8:30 a.m. to 5:30 p.m.

图 2 - 2　某工程师与公司签订的合约（部分）

MINISTRY OF MANPOWER, WORK PASS DIVISION

MEDICAL EXAMINATION FORM

1. This form is to be completed by a qualified doctor and <u>returned to the examinee</u>.
2. The examinee must produce his/her passport and the In-Principle Approval letter from the Work Pass Division, Ministry of Manpower, Singapore to the Examining Doctor.
3. This medical report and the chest x-ray (not applicable if examinee is renewing pass under the same employer) and HIV test reports must be submitted by the examinee to the <u>Work Pass Division, Ministry of Manpower, Singapore</u> at the time of collection of the pass.

I Personal Particulars

Name (as in the passport): _____

Sex: (M / F)　　Date of Birth: _____　Nationality: _____

Passport No.: _____　FIN No.: _____

II Clinical Examination

	Normal	Abnormal	Remarks
1. Cardiovascular System	☐	☐	_____
2. Respiratory System	☐	☐	_____
3. Abdomen	☐	☐	_____
4. Neurological	☐	☐	_____

III Other Tests

	No	Yes
1. Chest X-ray* Any evidence of active TB detected?	☐	☐

NOTE: One of these boxes must be ticked, otherwise, the report will not be accepted.

[* Pregnant women are exempted from Chest X-ray. Please tick box below if examinee is pregnant]

☐　　Examinee is pregnant

	Negative/Non-Reactive	Positive/Reactive
2. HIV(AIDS)	☐	☐

NOTE: The name in the HIV Report must be according to the name shown in the Passport.

IV Certification

I certify that I have examined the above-named person and my findings are as above.

	Fit	Unfit	
I also certify that he/she is	☐	☐	for employment (basing on findings under Clinical Examination)

Name of Examining Doctor (IN BLOCK LETTERS): _____

Signature : _____　　Date: _____

Clinic's Stamp & Address:

Telephone Number: _____
Note: The pass will not be issued if the examinee fails the medical examination and the in-principle approval will be deemed as withdrawn. **If he/she is in Singapore, he/she must leave before the social visit pass expires.**

WARNING : IT IS AN OFFENCE UNDER THE EMPLOYMENT OF FOREIGN MANPOWER ACT AND THE IMMIGRATION ACT TO MAKE ANY FALSE STATEMENT, REPRESENTATION OR DECLARATION

Med_rpt 01072007

图 2 – 3　赴新体检表样表

国内中介在把工程师送到新加坡之后，会同时把他们的简历给到新加坡中介。如果该公司未来有在新加坡本地招人的需求，就会联系这些已经在当地的工程师，而且工程师之间也会传递简历。如果有人有跳槽的念头，或者合同到期前后，会将自己的简历交给在其他公司的朋友，托他们在时机合适的时候递给经理。通过熟人介绍的招聘，因为比较熟悉，而且不用经过中介公司来回沟通，成功的概率比中介要高。这就涉及工程师之间的职业网络，接下来的一节就集中讨论这一问题。

职业网络

在调查中发现，大多数访谈对象都能通过同事、朋友、同学等关系溯源到国内的几个主要半导体企业，形成一张人际关系的网络。许多工程师可能已经不在同一个公司五六年，但是仍然可以大致说出对方现在的工作情况。有些工程师在国内虽然不在同一个部门，或者先后进入一个部门并没有什么交集，但都可以通过某几个人联系起来。

沈星和丁志这对工程师夫妻是在南京大学读硕士研究生的时候认识的，毕业后沈星去了昆山的一家公司，丁志则在上海的一家企业找到了工作。一开始经常是两地分居，两人便商量让女生在上海找份工作，但是一直没有合适的机会。后来丁志的老板跳槽去了隔壁的上海某公司工作，在招聘新人的时候，利用这层关系把沈星招进了公司。2006 年，丁志跟随自己的老板一起跳槽到了新加坡的

半导体公司。当他在那里安顿下来之后，两人就在国内领
了结婚证。这样沈星就可以用家属的身份，利用亲属准证
进入新加坡。一开始她一直没有找到工作，后来公司有招
聘机会，丁志便介绍她进了公司。而沈星之所以能进到这
家公司，一个重要的原因就是，新岗位的老板原来就在上
海的同一家公司工作，对她有所了解。2010 年，当沈星得
知另一家公司有职位空缺的时候，就托自己的丈夫替原来
上海工作时期的好朋友，当时在武汉工作的工程师刘梅投
了简历。因为是朋友直接介绍的，所以没有经过中介，电
话面试通过刘梅就直接去了新加坡。这个链条的扩展还没
结束，2011 年刘梅帮助自己在武汉工作时期的一位同事在
公司内部递交了简历，后来这位同事也成功地进入了新加
坡的 B 公司。

　　刘梅本科学习的就是微电子专业，她的很多同学都在
这个行业工作。2004 年大家毕业后分别去了北京、无锡、
上海等地的半导体公司。可是没过几年，好多人到了新加
坡。现在她有 5 位同学在新加坡，其中 3 位在同一家公司。
她自己原来是在上海的 Z 公司工作，当武汉厂建立的时
候，考虑到新厂发展机会比较多，2008 年她向公司申请调
去了武汉。后来发现和上海的工作环境没有太大变化，
2010 年就通过前文被她自己引介去新加坡的沈星，也来到
了新加坡的 B 公司。图 2 - 4 就是以刘梅的角度，揭示了
她不同时期的同学、同事如何在国内外的半导体行业流
动，组成的一张社会网络。

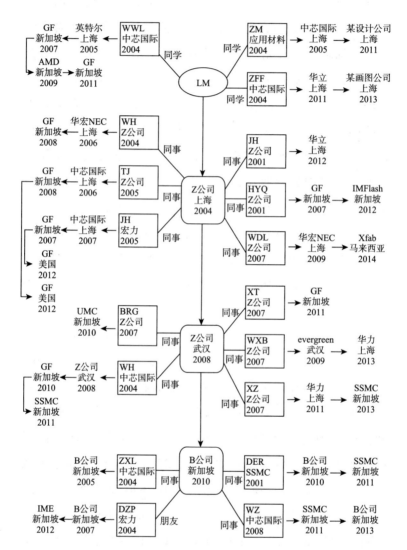

图 2-4　刘梅的职业网络与流动

这套社会网络的作用之一就是提供就业信息。可以说，从他们进入这各行业的第一天起，去新加坡就是未来发展的选项之一。朋友介绍的成功率一般都很高，因为职位空缺同被介绍人的技术和行业背景往往高度吻合，但是通过这种模式的人数比较少。通过中介往往是大规模的，各个部门都有涉及的招聘，所以成功的人数也很多，这是主流。通过朋友实现流动的工程师一般都有明确的部门和岗位，有很强的针对性，因而人数上也比较少。有的公司甚至鼓励这种同事之间的推荐，成功入职后介绍人还可以拿到一定数目的推荐费用。调查对象称，他们介绍朋友并不是因为这笔钱，主要还是希望自己在新加坡的社会网络能扩展起来，有更多的朋友在身边。实际上，为朋友们提供就业信息和流动渠道，也是在为自己将来的流动建立保障。身处不同企业的工程师相互引介，巩固了他们作为一个群体的流动性。

而且这套网络在跨国（地区）就业方面的作用不仅在于介绍进入新加坡，也是部分工程师回流的重要渠道。对于在新加坡工作生活了三年以上的工程师来说，他们已经不了解国内企业的情况，而且人在新加坡也不好面试，所以最好的办法就是先回出国前的企业落脚，再慢慢寻找机会。毕竟老雇主里边的熟人多，原来的同事可能已经做到了老板，或者现有的关系就能直接跟那边的老板搭上线。当初借以出国就业的纽带，反过来也可以成为他们回流的渠道。

　　另一方面，这个网络可以提供生活方面的支持。正是因为同事网络的存在，很多人在去新加坡之前就已经了解到那边的工作和生活情况。他们会通过认识的同事或朋友，找到已经在新加坡同一家公司工作的人，了解未来的工作生活，比如工作环境、老板风格、加班费之类的信息。已经在新加坡的朋友还可以帮忙租房，购买地铁卡或安排其他事情。刚到新加坡的工程师，也会马上跟可以联系到的工程师建立关系。到达的第一个月是最忙的，因为不仅要安顿生活，还要跟不同的朋友见面、吃饭，逐渐恢复联系。当一切步入正轨之后，这个网络便定义了他们在新加坡最主要的交往范围。

专业论坛

　　招聘信息的发布一般通过专业网站，主要是"半导体技术天地"（www.2ic.cn）。中介公司一般会同时在自己公司的网站和这个论坛上发布招聘信息。这是半导体行业技术、信息和商务沟通的重要平台。该网站的前身是"21世纪半导体论坛"，但是因为有人将公司内部的保密资料传了上去，网站被查封了。现在的"半导体技术天地"网站主要包含技术讨论、招聘信息发布、行业动态等板块，其中招聘信息等内容最为丰富。

　　如果在论坛上看到有合适的招聘广告，工程师会把自己的简历发过去，一旦通过筛选，中介就会通知面试。而且通过论坛还能跟已经在新加坡的工程师询问工作和生活情况，大家一般也乐于回应。论坛上也有一些诸如《关于新加坡的一切》、《新加坡生活常识》和《新加坡消费水平》之类的帖子，让身在国内或者初到新加坡的工程师有机会了解一些日常生活的基本信息。有心去新加坡的人会经常关注这个网站。福建人徐晓 2007 年从哈尔滨工业大学毕业后，一直希望能有机会出国，所以时常关注半导体论坛上的招聘信息。等到积累了两年工作经验，2010 年他向中介公司投出了简历。但因为技能与岗位要求不是很匹配，所以没能成功。为了获得更有竞争力的工作经验，2011 年他通过朋友推荐，进入北京的 Z 公司做测试工程师。其间仍然没有放弃出国的想法，2013 年他再次通过半导体论坛上的招聘信息应聘，并如愿以偿来到了新加坡。

招聘信息的传播只是这个论坛的一个功能。更为重要的是，遍布各地的工程师利用它展开讨论，构建出一个半导体工程师专业群体的想象。通过这个论坛，不同公司的福利薪资、工作条件、就业机会得以广泛传播，工程师、中介和企业之间形成了非正式的公共空间。各种主体通过这个渠道的协商和互动建立出一个虚拟的行业媒体，这在 S 公司的招聘事件中表现得最为明显。

2013 年 9 月，S 公司在西安开始建设研发和生产部门。为了在 2014 年投入生产，S 公司委托的中介公司从 2012 年年中就开始大规模地招聘相关人才。遵照惯例，中介公司也在"半导体技术天地"上发布了职位信息。但是因为该企业在中国工程师圈子里的口碑，一开始就在论坛上引起了众多的质疑。高潮是在 2012 年 7 月一篇描述应聘经历的网文发布之后。一位工程师在这篇网文中历数了他在参加面试过程中的种种遭遇，并给 S 公司贴上了"不专业"的标签。①

> 最早接到 S 公司 HR 的面试通知就很意外，因为对方表示不负责路费与住宿，要知道即使是 M 公司也会安排住宿的啊。我打了个电话求证，人家反问："是你找工作还是我们找工作呢？"……面试流程比较奇怪，S 公司建议穿正装，简历做成 PPT，自我讲解，还有笔试，感觉像是招应届生似的。……先是跟一个女 HR 面谈，她主要问一下了现在的薪资福利，问得非常详细，当时觉得很奇怪。后来才知道这不是一面！可怜很多兄弟把各大公司的秘密全捅了出来，当时就有人出离愤怒了……

该帖引起了广泛的讨论，不断有工程师爆料他们在上海、无锡、大连等地参加 S 公司面试的经历，使得该公司成为工程师口中的反面教材，各种"不专业"的行为被拿来调侃。比如不负责面试费用被认为不符合行规，面试流程被认为不尊重工程师，薪资水平远低于行业水平。其间有中介公司冒充工程师发言，说明招聘形势大好，职位空

---

① 原帖及相关回复见 http://www.2ic.cn/forum.php? mod = viewthread&tid = 489970。

缺越来越少，却又被爆出因为招聘失误已更换中介公司，投产延后等信息。

在互联网上燃烧的同时，S 公司的行为也传播到了新加坡中国工程师的圈子，成为人们闲聊的话题。比如有人就指出该公司职位和背景要求中专业词汇的英文翻译存在明显错误，这也成为在新加坡的工程师闲聊的笑料之一。当该公司在 2013 年 9 月到新加坡招聘中国工程师的时候，许多人收到中介电话去参加面试，但有研究对象就因为半导体论坛上种种关于该公司的消息而没有参加。有位老家在陕西的工程师去新加坡已经四年了，并正在考虑回国。虽然 S 公司离家乡近，但是论坛上大家的信息让他对这个公司完全没有好感。中介公司几次打电话邀请他参加面试，他最终还是拒绝了。

通过半导体论坛上的招聘板块，人们在讨论中形成了工程师与中介公司两个主要参与者。一方是招聘信息的发布者，掌握着重要的工作资源；另一方是招聘对象，对中介公司的行为不断做出评判。另一对关系是工程师与就职的公司，就职公司虽然没有作为主体出现，却由隐身的老板所代替。这个网站也是人们发泄工作中不满情绪的地方，但是对于所在公司的"讨伐"，人们还是会隐去关键的名称、职务等信息。因为自己的老板也是这个论坛的用户，谁也不想得罪现在的领导。工程师们自己清楚，因为技术的细分和日常的交流，如果提供的信息稍微一多，就有人能分辨出这是哪个公司的哪个部门。他们既需要通过这个论坛来寻找流动机会，或者发泄工作中的不满，也不想直接暴露在自己的老板和同事面前。总而言之，半导体论坛的存在，使得各种信息得以交流，工程师们作为整体的意识也在这个过程中形成了。

专业市场与新加坡社会的衔接

新加坡的半导体行业

为了将半导体代工业的潮流引进新加坡，该国经济发展局早在 1987 年就成立了独资的特许半导体（Chartered Semiconductor）。这也是该国发展新产业的一贯手法，先由政府独资，或与行业领先企业合资在当地成立企业，通过这个企业吸引相关上下游产业并培训人才。当整个行业步入成熟期之后，政府资本再逐步退出，寻找下一个新兴产业。政府产业政策的一个重要支柱是裕廊集团，该公司服务于新加坡政府的产业规划，为新兴产业提供基础设施建设。① 这家公司先后建成了新加坡的四大半导体产业园，分别位于兀兰（Woodlands）、淡滨尼（Tampines）、巴西立（Paris Ris）和北海岸（North Coast）。

新加坡政府一度将半导体行业视为经济发展的重点领

---

① 参见该公司官网，http://www.jtc.gov.sg/About－JTC/Pages/default.aspx。该公司虽然名为企业，实际上是新加坡政府附设机构，部分委员会成员为政府内阁成员。

图 2-5 巴西立 (Paris Ris) 半导体工业园

域, 吸引世界各地的企业投资建厂, 这一趋势在 2000 年前后达到高峰。1998 年 TSMC 与飞利浦、新加坡经济发展局合资成立 SMCC, 2000 年开始投入生产。2000 年 UMC 与西门子在新加坡建立了一座 12 寸的 fab, 2002 年投入生产, 初期就聘请了多达 1700 名员工。为了应对突然高涨的半导体工程人才需求, 新加坡经济发展局在 1995 年推出专业人力资源计划, 以鼓励理工学院和大学生投入半导体行业, 到 2000 年已经培养了约 1200 名专业人员。同时经济发展局也与半导体公司联手, 到海外招揽熟练技术人员。①

当时来自中国大陆的工程师还是少数, 来自中国台湾地区以及荷兰、美国的工程师比较多。这些中国台湾

① 王阳发:《政府将多管齐下发展半导体业》,《联合早报》2000 年 2 月 19 日。

和欧美工程师一般通过母公司合资建厂之后到新加坡工作，要把他们吸引到新加坡，需要支付较高的薪水。而这些高薪职位一般集中在管理层，所以有的半导体公司的欧美人士都担任管理职务。在基层的工程师眼中，倒不是他们的能力很强，只是他们都是由总部派遣过来的。当时的工程师除了欧美和中国台湾地区过来的熟练工程师，还有一大批是新加坡政府在筹备半导体产业的时候，在新加坡国立大学和南洋理工大学培养的一批新加坡本地人。

2000 年前后是中国工程师到新加坡的黄金岁月，群体中流传着各种关于那个时期的传说和故事。当时从无锡到新加坡的吴卫回忆说，那时候的日子比 2013 年前后要好得多。当时物价很低，3500 新币算是很高的收入。一顿饭只需要 1.5 新币，一间房子的月租只要 150—200 新币。他记得当时自己钱包里只放 50 新币，可以用一周。而且那时候永久居民和公民身份普遍容易申请，很多人把家人接到新加坡来生活。永久居民的福利跟公民也基本一样，政府还写信主动邀请他们加入新加坡国籍。工程师的收入比普通新加坡民众高很多，所以社会地位也比较高。当时中国人很少，不像 2013 年前后这么多，新加坡人对中国人也没意见。地铁上偶尔才能听到普通话，现在则是闭着眼睛都能找到一群。

早期进入新加坡半导体公司的中国工程师也并不是直接就进入了"黄金时期"。当时中新之间的专业劳动力市场尚未形成，工程师内部的流动网络也不存在。最早的一批中国工程师完全是在中介的引导下才踏上跨国就业的流动之路的。有一位在国内大学毕业的博士，原来在国内的研究所工作，刚到新加坡的时候每个月只拿1500新币，第一个合同期满工资翻了一番。他回忆起来，觉得自己是被中介坑了，如果直接跟公司谈，薪水肯定不会这么少。不只这一位，早期有一批国内著名大学毕业的工程师，在刚到新加坡的时候月薪在2000新币以内。没有跨国专业劳动力市场，工程师们无法直接同企业谈判，中介公司立足于跨国就业的节点位置，可以在很大程度上影响他们跨国就业的劳动力价格，教育、技术等他们引以为傲的资本在跨国就业过程中明显贬值了。跨国流动的基础设施不仅包括市场、中介和网络，还包含在其中流动的信息，早期来新的中国工程师普遍缺少对跨国就业信息的掌握。技术移民在跨国（有些情况下是跨地区和社会体系）流动过程中必然面临教育、技术等方面的筛选。有学者对在美中国移民的研究中发现存在"超高端筛选"机制，这些中国移民的平均教育水平不仅高于移出地的平均水平，也高于移入国的平均受教育水平。[①] 当中国工程师的流动网络发展起来之后，他们的流动行为深刻地嵌入已有的网络和纽带，并为这些流动的基础设施所决定，流动

---

① Jennifer Lee & Min Zhou, "The Success Frame and Achievement Paradox: The Costs and Consequences for Asian Americans", *Race and Social Problems* 6 (2014): 38 – 55.

行为会逐渐脱离原有的社会经济因素，最终成为一个独立的社会过程。[①]

从设计、制造，再到封装和测试，新加坡的半导体产业已经形成一个成熟的生态环境。这个行业的巨头不少已经在这里设厂，因为主要面向出口，所以普遍深深卷入全球化生产的进程中。据报道，2009 年新加坡半导体制造业产值占全球半导体业收入的份额升至 11.2%，产值约为 254 亿美元，达到新加坡总体制造业产值的 18%，其中包括 IC 设计、晶圆制造和封装测试等业务。半导体业从业人员约有 38000 人，达到所有电子业从业人员一半的比重，其中 30%—40% 是外来人才。[②] 当时新加坡一度拥有 14 间半导体晶圆制造厂、20 间半导体组装与测试作业处，晶圆代工出口占全球市场 11.2% 的份额。[③] 2012 年初半导体产业产值占新加坡制造业的 20.2%，仍然保持第一大产业的位置，但是比重已经连续三年下滑。[④] 2013 年半导体行业

① Douglas S. Massey, Joaquin Arango, Graeme Hugo, Ali Kouaouci, Adela Pellegrino, J. Edward Taylor, "Theories of International Migration: A Review and Appraisal", *Population and Development Review*, Vol. 19, No. 3 (Sep., 1993), pp. 431 – 466.

② 冯健：《探秘新加坡电子业：国际化人才战略促发展》，《中国电子报》2010 年 6 月 29 日。

③ Economic Development Board, 电子业, http://www.edb.gov.sg/content/edb/zh/industries/industries/electronics.html。

④ Singapore Economic Development Board: Growth of Manufacturing Sector, *Manufacturing Output Report*, 26 Jul 2012, http://www.edb.gov.sg/content/dam/edb/en/news%20and%20events/News/2012/Downloads/Monthly%20Manufacturing%20Performance%20-%20June%202012.pdf.

全年就业人数达到 40659 人，占总就业人口的 9.8％。[1] 这些数字正说明了半导体产业在新加坡经济中的重要位置。

正如离开了作为后备军的爱尔兰移民，19 世纪的英国工业就不可能发展得那般迅速，也正是这些来自中国和马来西亚等地的工程师，才将新加坡成功地打造为世界半导体产业的重要节点。调查时新加坡的主要 fab 大都有中国工程师的身影，其中 A 公司、B 公司、C 公司各具特色。

调查时 B 公司是新加坡最大的晶圆厂，有 6 座 fab，其中 1 座为 12 寸厂，其余为 8 寸厂，分布于兀兰工业园和淡滨尼晶片园。除生产部门之外，该公司在新加坡还有大量的研发、测试和行政部门。新加坡本地人的比例较高，大都集中于薪资、职级较高的职位。该公司工作语言为英语，族群较为多元，有些原籍中国的资深工程师做到了部门经理。调查时该公司在新加坡大约有 6000 名员工，其中工程师占 60％。中国工程师在整个工程师群体中约占 40％，具体到生产部门占比高达 60％。该公司男女比例约为六比四，中国工程师群体中男女比例大约为七比三。可能因为企业原来的背景，以及公司规模庞大，该公司在中国工程师眼里的形象是薪水一般但压力小，所以是很多人在新加坡内部换工作的首选。还有部分工程师通过该公司内部的调动，获得了转向美国或欧洲发展的机会。B 公司

在新加坡、德国、美国都有工厂，经常会调用工程师去第三国工作，也成为新加坡晶圆厂里通往欧美机会最多的公司。不少工程师已经通过工作调动的途径移民美国，或长期在德国厂工作。

A公司在新加坡只有一间工厂，生产12寸产品。该公司最早是由一家中国台湾企业和一家欧洲公司，以及新加坡经济发展局合资成立。后来成为一家中国台湾独资企业，主要承担生产工作，位于巴西立晶片园。员工总数约3000人，其中工程师约占60%，男女比例约为七比三。从中国过来的工程师占工程师队伍的50%以上，男女比例约为八比二。A公司工作压力大，但是薪水高。据说一个在B公司公司拥有36人的部门，在A公司只有25人，可见后者工程师承担的工作量要大得多，也因为工作太累，所以人员流动较频繁。薪水方面，同等条件下比其他公司高出300—500新币，还有加班费。所以这个公司是很多以赚钱为目的去新加坡的工程师的首选，而且华人员工占绝大多数，中文基本畅通无阻。

C公司只有一个8寸的工厂，位于巴西立晶片园，与A公司面对面，每天上班时间在街口等红绿灯的多半是这两个公司的员工。虽然距离近，但是两个公司员工的来往很少，相互的了解也不多。C公司工作语言为英语，欧洲人数量较多，有大量来自东南亚国家的工程师。该公司员工人数约为1000人，男女比例约为六比四，其中工程师约占40%。中国工程师只有60多人，男女比例为九比一。

该公司除 2000 年前后从中国大规模招聘工程师之外，每年的招聘数量一直维持在十人以下。工资水平在新加坡的半导体企业中处于中等，但是每年有相当于 4 个月左右薪水的奖金，因而员工流动性不大。

吸引跨国企业是新加坡发展经济的基本政策，为其准备和招募人才提供便利就是措施之一。新加坡政府利用优厚的条件吸引跨国企业来新投资建厂，有的甚至是本国完全没有产业基础的行业，如 20 世纪 90 年代的半导体产业，2010 年以来的宇航与航空产业。一般由新加坡政府出面与跨国企业建立合资企业，在企业逐步成熟之后，国有资金再陆续撤出。为了提供新兴行业发展所需的人才，新加坡就必须向全世界，特别是有移民传统的中国大陆、马来西亚、印尼、印度等国家或地区招收劳动力。这些人才往往在本国已经掌握了一定的经验和技术，来新之后可以帮助整个产业的飞跃。其中有些人选择移居新加坡，也有人在几年之后返回故乡。在这个过程中，他们表面上可以得到优厚的薪资，但这个薪资不包括住房、保险等社会福利，而且他们在新加坡消费的每一分钱都需要向新加坡政府纳税。实际上他们所创造的价值中，更少而不是更多地流进自己的口袋。在整个国家的层面，新加坡没有为这些人才的培养投入一分钱，也就是其他国家的人力、教育投资被新加坡收获了。通过收获其他国家在教育和研发领域的投资收益，以及外国人才所创造的价值，新加坡政府有充裕的资源来提高本国人民的福祉和发展水平，从而不断保持地区竞争格局的优势地位。

中国工程师群体与新加坡社会的衔接

在新加坡的人口中，约有 100 万是在狮城长期工作和生活的外国人，其中相当多是拥有专业技术的外国专才和企业管理人才。对于半导体、宇航与航空、生物技术这些需要大量投入的产业，新加坡没有足够的资源进行前期开发和人才培养，所以外来人才在这些行业中往往居主导地位。新加坡《联合早报》曾报道，生物医药产业在 2000 年前后几乎全部依靠外来人才，不过 2010 年本土专业人才的比例达到 33%。① 但这实际上只是政府化解本地民众忧虑的说法，这些"本土专业人才"中，许多是早期的外来人才陆续通过申请公民身份或永久居留权，转变而来的新"新加坡人"。

新加坡社会对于"全球化"已经达成一种本地化的共识，其中"外国人才"成为重要特征。这套关于"全球化"的地方话语虽然与政府和媒体有极大关系，但已经成为规范新加坡人行为方式的意识形态，创造出新的主体性。② 1997—1998 年亚洲金融危机之后，新加坡政府重新定位为知识经济的枢纽和亚洲跨国企业的节点。这就需要对国家主权内的部分区域进行重新划界，在选定的领域内

---

① 郭书真、林妙娜：《新兴行业需引进外来人力》，《联合早报》2012 年 9 月 26 日，新加坡版第 6 页。

② Aaron KOH, "Living with Globalization Tactically: The Metapragmatics of Globalization in Singapore", *Journal of Social Issues in Southeast Asia*, Vol. 22, No. 2 (October, 2007): 179–201.

制定不同于其他领域的制度。① 也就是将政府认为有经济价值的企业和人员移植进新加坡社会，并采取不同的治理措施。这类似于中国的经济特区制度，只是它是在行业领域移入一个完全与本地没有社会联系的单位，这就带来一系列"价值体系的重组"（a complex reorganization of ethical norms）。②

　　这正与殖民主义给新加坡留下的二元主义劳动力市场相契合。新加坡的移民劳工可以分为两类：一是制造业、建筑业以及家庭服务业所雇用的低技术或无技术的"客工"（foreign workers）；二是来自全球各地的"外国人才"（foreign talents），这个群体往往具有全球认可的专业技能或学历。对于半导体跨国企业来说，新加坡劳动力市场所拥有的优势就是，能够同时提供大量低技术要求的操作线女工与拥有良好技术条件的工程师。对于拥有新加坡所需要的技术或素质的"外国人才"，新加坡政府鼓励他们申请永久居民，并可以转为公民。移民政策背后等级分明的身份体系把人分为"公民"和"客工／外国人才"，分别对应"民众"（human）和"工人"（labor），反映在政策上就是"生活"（life）与"工作"（work）两种生活形态。

　　通过分析调查对象的人生故事，来新的中国工程师只

----

① Aihwa Ong, *Neoliberalism as Exception：Mutations of Citizenship and Sovereignty*, Durham, NC：Duke University Press, 2007, pp. 182 – 183.

② Aihwa Ong, *Neoliberalism as Exception：Mutations of Citizenship and Sovereignty*, Durham, NC：Duke University Press, 2007, p. 180.

有40%左右在三年合同结束后直接回国，也有人回国之后第二次来新；大约70%留在新加坡，并陆续申请了永久居民或公民身份。但是由于语言的局限性，以及新加坡政府的就业政策优先照顾公民和永久居民，中国工程师大部分只是干活的主力，能真正进入管理层的并不多，管理职位多为新加坡公民或欧美人士所占据。整体来讲这个行业的新加坡本土居民比例不高，且主要是在行业发展早期进入的，年轻人越来越少。就当前来看，新加坡本土居民主要分布在该行业中的人力资源、财务、公关等部门，而中国人主要分布在技术和生产部门。

半导体制造行业这样的工程、生产型工作，在现在的新加坡社会并不是很受欢迎。青年一代新加坡人喜欢从事医科、金融、法律等职业。为了发展半导体行业，新加坡政府从本地、中国和印度招收了大批的英才计划学生，大都集中在工程、电子、物理、计算机之类的专业。这批人成为早期新加坡半导体产业的基础。而这个行业在新加坡建立起来之后，则通过向中国等地招募经过培训的熟练工程师来维持运营。整个行业进入成熟期，在新加坡经济体系中的位置不断下降，每年新招的外国工程师维持在百人上下的规模。已经在新加坡工作生活的工程师申请居留权日益困难，面临被挤压出新加坡的境况。

表2-1中是调查中了解到的部分两年年资工程师出国前后的薪水变化，因为都是个案数据，所以只能做一个参考。与新加坡当地月工资收入的中位数相比，一个中国工

程师2004年刚到新加坡的月薪比中位数高出29%，而且直到2013年才首次低于中位数，某种程度上展现了这个群体在新加坡由高收入人群向平均水平滑落的过程。这一趋势也反映了半导体行业在新加坡经济结构中从高科技行业逐步转变为一般制造业的过程。另外，虽然因为年资、学历和受雇公司的差异，他们在新加坡第一份工作的薪水有差异，但基本稳定在3000—3500新币。而这段时间公司旁边一间房子的租金从150新币涨到了600新币，从占他们月收入的5%增长到17%，可见中国工程师收入相对降低的程度十分明显。即使已经拿到公民资格的早期移民在从事半导体工作十几年之后，如果不能获得升职机会，很多人不得不从事完全与专业领域不相关的工作，如房屋中介、保险经纪人、中餐馆经营者等。

表 2 – 1　2000—2013 年中国工程师与新加坡
一般工资收入比较

	2000	2004	2006	2007	2009	2010	2011	2012	2013
离职时国内月收入（人民币）	1000	3500	5000	4000	4000	5000	8000	7000	8000
初到新加坡月收入（新币）	3200	3000	4000	3200	3300	3500	3300	3500	3500
新加坡月工资收入中位数（新币）		2326	2449	2543	2927	3000	3249	3480	3705

资料来源：Ministry of Trade and Industry, Table A2. 7-Median Gross Monthly Income from Work (including Employer CPF) of Full-time Employed Residents, 2003 – 2013 (June), *The Economic Survey of Singapore*, 105, http://www. mti. gov. sg/Research-Room/SiteAssets/Pages/Economic-Survey-of-Singapore-2013/A2. 7_ AES2013. pdf。

需要注意的是，半导体行业与新加坡经济结构的衔接在不断发生变化。半导体产业在 2000 年前被新加坡政府作为重点发展的高科技行业，不仅提供大量职位给来自中国的工程师，并主动邀请他们加入新加坡国籍。但现在新加坡社会则将原来受欢迎的"外国人才"逐步定义为"技术工人"，甚至"客工"，明显降低了半导体工程师在身份体系中的位置。如果说这个专业人才市场是一条连接新加坡与中国的"运河"的话，在运行多年之后，调查时的流量只有十年前的一半不到，因为它通往新加坡社会的出口正在关闭。移民议题已经成为新加坡政治生活中的敏感议题，再加上半导体产业在新加坡经济结构中日益边缘化，政策的调整使得移民新加坡的可能性大大降低。这反过来推动了许多半导体工程师回到国内，或者转行。

第三章　日常生活的世界

马大诚是一位设备工程师，辽宁人，2003 年本科毕业后在国内某半导体公司工作了两年半，2006 年 5 月去了新加坡。2007 年底他就申请到了永久居民，按他自己的说法，这样就有了 CPF①，可以申请信用卡，工作上也安心些。现在他工作日的安排大致是这样的。每天早上从距离公司四站公交车的家出发，8：30 上班，然后开半个小时的会议。看看邮件就到了 9：30，如果没有紧急的事情，他会下去餐厅买早餐，喝个咖啡，10 点钟正式开始工作（这当然是公司不允许的，但是大家都这么干，已经成为一种共识）。中午休息时间如果在 12 点左右就去公司饭堂吃饭，如果 1 点钟的话就去外边食阁用餐。有的时候工作

① 全称为 Central Provident Fund，即中央公积金，是面向新加坡公民及永久居民的社会保障储蓄计划。CPF 由新加坡政府设立，由雇主和受雇者同时缴纳，新加坡公民和永久居民必须将月收入的固定比例存入 CPF 账户。该计划涉及新加坡人生活的多个方面，包括普通账户（Ordinary Account，针对退休、住房和教育需求）、医疗账户（Medisave Account，针对医疗保健需求）、特别户头（Special Account，针对退休需求），是一种全面的社会保障计划，覆盖了新加坡人生活的基本方面。

没有那么忙就会找几个人边吃边聊，有紧急的工作就是自己一个人吃。下午2点开始上班，一般情况6点下班，如果有工作就不知道会加班到什么时候。这时候他自己会有个判断，如果接下来的工作一两个小时搞不定的话，就先出来吃个晚饭再回到公司加班，最晚的时候他也干过通宵。所以晚上一般也没什么娱乐活动，到了周末可能几个朋友一起吃个饭，或者干脆在家睡觉。

像马大诚一样，许多人去到新加坡的第一个月往往面临一定的适应压力，比如生活习惯、工作环境、人际关系的转变。这个适应过程一定程度上也是一个"翻译"的过程，把一套生活习惯、工作习惯，以及相应的知识转化成另一套，最后形成一种洋泾浜式的生活形态。流动不单是从一地点到另一地点的过程，还是一套场域、关系和知识的衔接关系。流动也不是从一个社会形式进入另外一个社会形式，而是在两者之间形成复杂的边界地带和划界活动。生活上表现出"洋泾浜"的混杂特点，其中既有新加坡，也有中国的社会文化特点。跨国生活过程将不同社会的种种边界并置到一个空间，不同社会体系的概念和知识被连接起来，形成一种模棱两可的场域，即一个空间两套（甚至多套）知识体系互动的局面。人们的日常生活、期望/梦想、社会网络同时存在于两个地点——新加坡与故乡，包含了三个体系——故乡、新加坡与半导体行业。这里涉及的问题就是，初到新加坡的几个月如何进入，稳定之后过着怎样的日常生活，以及如何脱离这种生活状态。

移民旧的知识构成他们认识新世界的框架和工具。也就是说，移民所认识的移居地社会并不是其本身，而是为移民自身文化习惯所改造的现实。所以，如果说生产方式的衔接是移民流动的基础的话，那么新旧知识的互译和转换所表现出来的行为、符号、观念就构成一种知识系统的衔接。

当然，日常工作和生活只是人们知识系统中的一个面向，人们的移民行为受到多重知识的影响，如对于现代生活方式的追求，异国文化体验的醉心。也不能脱离外部社会结构的制约，人们主观的认知实践，以及在此基础上主导的行为实践必然是与制度性的结构共存的。如果将工程师的流动现象作为一种衔接，那么结构与能动性的关系就表现为衔接纽带与知识的互动，前者限定了流动的领域和规模，而后者定义了流动的细节。

中国与新加坡之间由历史上形成的文化和族群联系，以及半导体产业的区域体系所赋予两地在产业分工上的不同角色地位，共同构成了中国工程师流动的背景。这种流动过程中所形成的交往、体验、适应与认同构成一个复杂的世界。这个世界既不是中国，也不是新加坡，而是一个跨越国界的空间，将双方紧密地联系起来。这个特殊的领域具有明显的社会性和情境性，在不同视角下表现为不同的形式，双方的社会文化伴随具体的政治与文化情境而相互渗透。于是在日常生活中构成了一个错综复杂的融合关系，其中不论是哪个方向，都既是中国的，又是新加坡的。

进入新加坡

落脚

大概在 2006 年之前，新加坡的半导体公司会给新入职的工程师提供一周左右的酒店住宿经费。牛力刚 2000 年从西安飞到新加坡，一开始公司安排他在酒店住了一周，然后开始自己租房子。当时他和另外两个西安来的老乡合住在一起，租了公司旁边的一套组屋。他们三个是在从西安去北京面试的火车上认识的，后来又一起到了新加坡。当时房租每人每月 100 多新币，两个人一间房。那套组屋有三个房间，牛力刚和其中一位住一间，另一位和来自上海的同事住一间。剩下的一间住的是一位来自斯里兰卡的留学生，房东没有和他们同住。

四年之后，2004 年 5 月来到新加坡的顾华一开始在酒店住了一个月，公司同意他慢慢找房子。那时候，公司正在上新工艺，所以也不缺钱。当时他们的部门经理人在法国，也没有人管这批新来的工程师，所以一开始工作上的压力不是很大。他基本还是保持着国内的生活习惯，因为吃得不习惯，顾华就自己在酒店煮泡面。过了几周时间，在酒店里边实在太无聊，才出去到处走走看看。一个月之后他又被公司派去意大利培训，所以在新加坡安顿下来实际上是三个月之后。2004 年 8 月他在外边租了一套四室两厅的组屋，每个月租金 850 新币，才正式定居下来。一开始人生地不熟，活动的圈子很小，朋友主要都是同一个公司的中国同事，但是当时他们公司的中国工程师还比较少。周末实在无聊，顾华就一个人去搭地铁，每周末去一个站，出去逛一逛，然后找地方吃个饭再回家。

这是两个相对早期的例子，当时新加坡的中国人还比较少，特别是半导体行业还没有形成中国工程师的圈子。所以很多人在找房子的时候是通过公司的新加坡同事。同事利用本地人的社会网络，帮他们在附近寻找空闲的房子。后来随着早期的工程师买了房子，他们自己变身成为房东。而且中国工程师越来越多，一系列中介、网站和渠道也发展起来，中国工程师圈子内就可以解决租房、购房的需求。后来的工程师借助这些网络和渠道，往往在他们到新加坡之前就已经托朋友帮忙租好房子，一下飞机就直接去自己在新加坡的家。

这些工程师们积累下来关于新加坡房东的租房和生活经验经由他们的网络不断传递给后来人，并在圈子内形成了一种共识，即中国人的房东相对热情，不会斤斤计较，是比较好的选择。另外一个很重要的渠道就是朋友网络，很多人是住在已经购房的工程师朋友家里，或者经由朋友介绍住在其他公司的同行家里。

在半导体工厂的门口，或者工程师上下班必经的十字路口和天桥的灯柱上，贴有许多招租的小广告。大多是工厂附近组屋的居民贴出来的。广告的内容大同小异，也不会具体地说明房子的位置，只留有一个联系电话。如果有

图 3 - 1　晶圆厂附近的组屋社区

房子要出租，他们会在狮城华人网的招租板块，或者半导体工厂的门口贴广告。但后者其实是违法的，新加坡环境部如果查到，会打电话警告"尽快撕掉，不然就要罚款"。不过据说他们周围也没有人因此而受到惩罚。按照新加坡的法律程序，组屋出租出去，需要在住屋发展局登记。然后每年报税的时候，要将这笔收入计算进去，所以很多人其实都是悄悄租出去，不会登记。也可以通过房屋中介公司，《联合早报》上就有很多这种公司。它们会向房东和租客两边收费，费用差不多相当于一个月房租。这种租赁会有完整的合同，手续也比较规范。很多新加坡人出租房屋就是通过这种渠道，他们觉得通过这种方式同外国移民交易比较有保障。

单身或者还没有孩子的工程师大多租一间房子，如果不是主人房，就要与其他住户共用洗手间。习腾回忆了他

"新房"招租

巴西立大牌76X招男/女搭房，包水、电、网，可煮饭，靠近C公司、A公司、口福、家宴超市。楼下有巴士可直达全岛各地，距MRT十分钟。欢迎喜爱干净的专业人士，电话：86305XXX。

图3－2 某半导体公司附近天桥张贴的招租广告内容

刚到新加坡的尴尬时刻：

> 我之前在武汉住得很好，是一个人住一室一厅，来这边就只能租一间房，还要跟别人共用洗手间。刚开始就是一个很大的反差，比如说和别人共用洗手间这件事情。刚开始那段时间，我可能尽量多地使用公司的卫生间，在家里就会少用一点。不过后来我租住了主人房，有独立的卫生间，慢慢就没有这个习惯了。

据他回忆，第一次住的房子是屋主将两套组屋打通之后，自己住一半，其他拿来出租。租客都是中国人，但是大家相互都很少讲话。平常大家都是自己做自己的事情，没什么交流，后来也就没有了联系。

吴卫第一间房子是在巴西立735，跟房东住在一起，每个月租金大概是150新币。后来没过多久，他们几个当时一起从国内过来的同行都觉得跟新加坡房东相处时

存在各种各样的问题。大家就决定搬到一起，整租了同
一栋楼的另外一套房子。这样住了两年左右，有人中途
回国，就又各自分散了。2003 年他太太回国生小孩，跟
房东又因为生活习惯有了矛盾，745 栋的房子便只住了半
年。到了 2003 年底，太太带着小孩返回新加坡，父母也
过去帮忙照顾小孩。他租了 753 栋一套房子，每个月租
金 800 新币，没有房东也没有其他租客，一家人生活在
一起。这样过了两年，2006 年他花了 25 万新币买了一套
二手的组屋，才算有了自己的家，不用再搬来搬去。调
查时他的房子除了自己一家人之外，还有一间租给公司的
同事，也是刚从中国过去的单身工程师。如果将他在新加
坡住过的地方做一张示意图的话，主要还是集中在公司附
近的组屋（如图 3 - 3）。

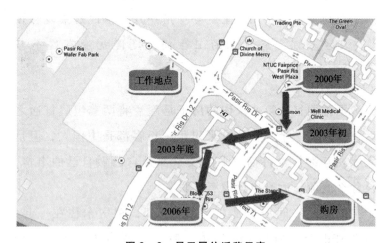

图 3 - 3 　吴卫居住迁移示意

对于单身的工程师来说，住公司周围是最方便工作的。有的人需要值夜班，或者半夜被召回公司处理临时问题，住得近就有优势。而一个工程师家庭中，妻子的收入往往较低，或者是时间较自由，所以仍然以丈夫的工作为重。新来的工程师对新加坡还不熟悉，也为了工作方便，首选就是住在公司附近。这样一来，半导体公司周围居住的工程师越来越多，形成了一个特殊的居住空间。这个空间内的人们对于半导体公司的员工也习以为常，并形成了固定的印象。组屋社区一般都有一两个食阁，一个 fair-price 超市（新加坡职工总会平价合作社），若干小商铺，还有各级学校，这构成社区内日常活动的主要范围。正是因为中国工程师的聚居，附近食阁的老板与中国人样貌的顾客打招呼，往往就是"下班啦"，或者"今天不做工啊"之类。他们甚至可以通过公司名牌的佩戴方式辨别不同公司的员工。因为在这个地方吃饭的青年人，戴个眼镜，大多是旁边两个半导体公司的工程师。甚至经常会有食阁收银或者清洁的工人，向他们打听如何才能进入这些公司工作。

入职

很多工程师在回忆自己到新加坡第一个月的生活时，大都觉得印象不深，或者没有特别不适应的地方。这固然是因为新加坡有很多华人，文化差异相对较小，但更重要的原因恐怕是"来不及"适应。他们抵达的第二天就开始工作，从此过上了公司与家两点一线的生活，只不过是把国内的工作挪到了一个新的地点而已。这些工程师一开始与真实新加坡社会的接触不多，了解当地社会也是从身边的工程师圈子开始的。这种迅速的进入，一方面是因为企业生产的需要，并没有设置适应和训练的阶段，而是直接投入劳动过程；另一方面，则是生活上有各种网络和前辈的经验支持。所以，中国工程师在新加坡工作的开始，工作与生活的适应并没有突出的问题。

第一天办理入职手续。中介会把大家带到公司的人力资源部门，将所有新入职人员召集在一起，签署正式的合同，然后介绍给相应部门的秘书，由部门秘书把工程师带到各自部门。第一件事是见部门老板，部门老板会将新员工分配到具体的小组，新的工作就正式开始了。

第二天就开始上班，小组的老板会给新人安排一个师傅，带他熟悉具体的工作内容和设备。有问题就可以去找这位师傅，他如果解决不了，也会告诉新人应该去找谁。虽然机器设备和生产程序与国内差不多，但进入新公司的工程师往往对公司语言、程序、系统还有部门行政和人员都不熟悉，唯一能依靠的就是这位师傅。所以一开始的一个月经常是两个人待在一起。这个师傅有责任帮助新人尽快适应工作环境，但也仅限于工作合作。有的人相处不错，成为生活中的好朋友，但是更多仅仅保持工作上的关系。有了这样一位带路人，新员工很快就能掌握部门内部的人际关系、工作分工、轻重缓急等"地方性知识"。但也正因为这位带路人，新入职的工程师融入的首先就是其师傅的圈子。一般师傅都与新员工有着背景、族群或文化上的相似性，因而中国工程师的网络、经验和自我感知得以不断传递下去。后来者学习这个群体在工作、交往、生活上的各种经验，并在自己随后的新加坡工作生活中实践再造出来。

新工作首先面临的便是语言的不适应。他们在新加坡的工作与国内差别不大，机器设备、工作内容、生产规范都是一致的。但国内企业在技术名词和设备上使用的是英文，工程师之间交流则用中文沟通。而新加坡的半导体企业的工作语言都是英文，系统、会议、报告、邮件都要使用英文，这给新人带来很大的麻烦。事实上各个公司由于背景和人员构成的差异，具体的情况各有不同。A公司是完全的台资企业，除文字之外，基本以中文为主要工作语言。公司员工以华人为主，该公司在招聘广告中明确要求会中文，所以新来的中国工程师很容易适应该公司的工作环境。而I公司对英文的要求更高，并且英文是主要的工作语言。这个公司原来以新加坡人为主，中国工程师也大多是已经在新加坡工作多年的。C公司和B公司居于中间，这两个公司都有欧美企业的背景，英文是主要语言。但是因为中国工程师集中在某些部门，因而出现了英文作为官方工作语言，而中文成为某些部门内部用语的局面。平时大家同事之间沟通都是中英结合，一句话的主体是中文，但是夹杂中间的技术名词或设备名称、系统称谓都是英文。

　　刚开始来，我加入的部门是光刻，那时候我对这一块也不是很懂，在国内也没接触过，只是大概知道是什么原理。而且当时国内的机器都比较旧，这边因为是新建的公司，所以设备都很新。在管理方面，跟国内的研究所差别也很大，对我来说相当于一个全新的工作。现在回想起来，当时最大的问题就是英文。我过来之前在国内英文还算 OK，但是到这边之后，新加坡的英语有它的口音，而且很多专业术语之前没有接触过，所以问题就比较大。大概有一个月的困难期，基本上就适应了，工作上的英文就没什么问题了。基本上就知道老板在说什么，也能跟其他同事进行交流，在外边也用不上英文，所以就还好，在新加坡你不懂英语基本上也可以生存，因为毕竟华人较多。当初我们大多都有这个问题，现在新过来的也是这样，大多需要一个多月适应。现在的年轻人可能专业术语的掌握比我们那时候要好了，但是工作中开会、写邮件、讨论问题这样的英文交流还是需要适应的。

虽然半导体公司的系统大同小异，但即使是工程师们熟悉的办公设备也能带来不小的麻烦。一个新员工到公司，电脑、电话都是新装的，装好之后 IT 部门会进行调试。习腾正式上班的第一天，IT 部门要给他调试新的电脑。那个场景他直到访谈时还记得很清楚，当时对方问他是挂线继续等，还是等弄好了再打过来。因为他还不习惯用英文沟通，对方讲得又快，根本没反应过来，就一直僵在那里。后来只好找其他同事帮忙，才顺利解决。很多公司的 IT 部门由外包商服务，主要是印度人。所以当电脑或者系统有问题打电话过去，都是印度人接的。习腾分析，本来自己的英文就不是那么好，再加上对方的英文也有口音，所以每次找他们自己都有点紧张。

在以英文为主要工作语言的公司，压力主要体现在开会上。每天早上的例会，还有平时的工作会议都是英语，听不懂的话都不知道当天要干什么。有些工程师碰到老板交代的工作自己理解得不够完整，工作任务不能完全完成，所以一开始经常被批评。总体上因人而异，大概有一个月的困难期，慢慢工作上的英文才不构成问题。但是工作中开会、写邮件、讨论问题这样的英文交流还是需要适应，特别是写报告这一重要的成果汇报形式，成为中国工程师相对普遍的弱项。

而且工作习惯上也有不适应，在国内工作时工程师之间会相互照顾。但是在新加坡的企业内基本上都是每个人完成自己的工作，互不干扰，也很少主动帮助别人。有的工程师一开始甚至担心老板是不是不喜欢自己，每次沟通话也不多说，担心会丢掉工作。过了一段时间才发现，只要把老板交待的事情做好，他也不会管是不是经常跟他沟通。

新人还要做好准备，承担一些比较烦琐的工作。工作久的工程师压力相对会小一点，主要都是新入职的人在干活，特别是那些琐碎、重复的工作。越是在公司待的时间久的工程师，跟老板的关系越好。而且他们的生活都安定下来了，收入也相对较高，对工作也没有很大的动力。但是刚入职的工程师则不同，老板了解新员工对于赚钱和升职的渴望，所以不断安排工作。2013 年才进入 B 公司的邓鹏的经历颇为典型。资深的工程师往往只是提出一个想法，然后就由年轻的工程师去实验、测试和执行。他进公司半年做了一百多个实验，据说整个部门的人三年内所做的实验都没有他一个人多。一开始的三个月，他每天的工作就是做实验，早上进去做实验，下午测试，晚上整理数据，然后发给老板再下班。那段时间他每天都是坐厂车的最后一班离开。

过日子

一开始在异国他乡生活，最为明显的就是货币的"翻译"行为。工程师们会主动地将汇率内化为自己大脑的一个程式，把看到的所有商品价格都换算成人民币，然后跟国内进行比较。比如去超市买洗发水，邓鹏一直用的某款商品在国内 30 多元人民币，当地要 20 多新币，相当于 100 多元人民币。他就会觉得比较贵，然后主动去买一个便宜一点但是不认识的品牌。新加坡的日用品和衣服如果换算回人民币会明显比国内要贵，所以一开始那段时间他都不经常去超市，觉得什么东西都贵。根据邓鹏的回忆，那段时间他使用的商品都比自己原来在国内习惯的用品低一个档次，生活水平也下降了。如果去食阁吃饭，一杯普通饮料 1.5 新币，换成人民币是 7.5 元，所以吃饭的时候他就舍不得买。事实上这不仅是跟国内的物价做比较，主要的标尺是原来在国内的收入。从一个社会体系中跳出，相关的价值标准并不会一下子改变。人们还是习惯性地用旧的尺度来衡量新的生活，并最终形成一套混合的标准。

直到生活适应之后，新的消费标准就抛弃了新币与人民币之间的汇率转换，将商品的价格与当下的收入做比较。回到上面邓鹏的例子，比如新加坡一瓶飘柔洗发水 20新币，但是他每个月收入有 3500 新币，相比也不是很多。后来反倒觉得当地物价会比国内要低，一瓶洗发水占国内薪水的比重要高于他在新加坡的比重。等到一两个月过后，因为每个月工资发的是新币，再花新币，就不会像之前需要自己拿积蓄换汇那般，消费也就没有汇率换算的想法了。习惯了新加坡的物价，消费起来就不会去精打细算。所以就生活水平来说，一开始是有明显下降的，后来才慢慢跟其他人差不多，相对也比原来在国内的消费水平要高。

但这套货币的"翻译"并不会完全退出，因为各种信息的流动，人们生活在两个社会体系当中。日常生活的消费完全接纳了新加坡的生活习惯，而当涉及购房、结婚、医疗、养老等重大开销的时候，还是会主动将两地进行比较。再加上工作中产品的货币单位是美元，每片晶圆的单价都是以美元计算，工作失误造成的损失也以美元计算。所以在新加坡工作的中国工程师脑袋里同时存在三种货币体系，日常生活是新币，国内生活和未来规划是人民币，工作压力则以美元表示。在不同的情境中，需要采用不同的标准，这构成中国工程师在新加坡"过日子"的一套技术。

另一个问题是饮食习惯，中国人的肠胃或许是最固执的器官之一。虽然各个公司都有食堂，提供丰富的餐饮，而且在内部食堂用餐还有一定的补贴，但许多人还是倾向于在外边吃。许多半导体公司多元的员工构成，并没有带来多元的餐饮，反倒导致了内部食堂饮食的单调。中国工程师说，最常见的肉类是鸡肉、鱼肉。材料单一，加之油炸、咖喱等烹饪方法做出来的食物吃久了会让人感觉很腻。员工最为多元的 B 公司特别明显，为了照顾不同的族群，每天只供应鸡肉。所以该公司的员工很多都是去附近的食阁用餐。中国人一般喜欢吃"杂菜饭"，就是可以选几份荤菜，几份素菜。一般三个菜是 4 新币左右，四个菜是 5 新币，一杯饮料要 1.5 新币。

早年新加坡的中国人比较少，国内口味的食物也很少见。牛力刚回忆自己初到新加坡的日子，觉得最怀念的就是老家的手擀面。跟其他来自北方的工程师类似，他总想吃点馒头之类的面食。在他们看来，当地的面都是那种淡黄色的碱面，而且感觉放进锅里烫一下就可以吃了，好像没熟一样。后来牛力刚和几个北方朋友就开始自己煮饭，做面条、水饺、包子什么的，有时候也炒点菜。中午在公司食堂吃，晚上就自己做。但是当地很多房东都不允许在家里做饭，因为怕打扫起来麻烦。实际上新加坡人自己也很少在家里做饭，很多人一周在家里做不了几次，多是去楼下的食阁吃。工程师们周末最重要的娱乐活动之一，就是几个朋友去新加坡岛各处找中国口味的食物。

新加坡虽然以华人居多，但是走出晶圆厂，不会英语的话也是寸步难行的。因为银行、医院、警察局这些基本的公共部门第一语言都是英语。还是以吃饭为例，在餐厅买饭的时候，就需要花时间去学习，知道每种饭菜的英文说法。新加坡地处热带地区，基本上每顿饭都要买饮料，但是当地的饮料名字都是英语和本地方言、马来语结合的，只有花时间才能分得清楚。即使到号称全球统一标准的麦当劳，也有一个重新学习的过程。习腾去吃麦当劳，到调查时还是会选择在华人店员那边排队。麦当劳里边的员工很多不是新加坡人，而是来自马来西亚、菲律宾等地，就只能用英语沟通。他第一次去用英语点食物的时候，自己都能感觉到声音在颤抖。对方的英语有明显的口音，他说得结结巴巴，两个人在那里反复讲了三次才讲明白。等到三四个月之后，他慢慢掌握了几种食物的具体名称，才开始去尝试不同的饮食，而不是只能固定吃某个店的东西。只有当日常语言上有了自信之后，工程师们才慢慢去新加坡不同的角落，而不是局限在公司附近，或者牛车水之类华人比较多的地方。

除了语言，来自中国的工程师还必须面对来自同事和新加坡社会的成见。

> 有一次公司同事组织出去烧烤，我在那里烤东西。有一个同事看我挺熟练就问我"你们在中国是不是就烧这个啊"，我说"我们烧煤气啊"，他说"啊，你们中国也烧煤气啊"。其实还是对中国不了解，虽然语言上是相通的，你说的话我听得懂，但是共同的话题很少。现在的中国他们不了解，古代的中国也不了解，只是客套一下而已。像在 westplaza（一个组屋社区的中心）这里，经常在这里看电视、喝啤酒的新加坡人都是老人家，很多人还是讲方言。有两个人我比较熟悉，一个是华人，他讲英语；一个是黎巴嫩人，也讲英语，这两个还能沟通。其他的五十岁左右的华人我都不熟悉，他们讲福建话，我听不懂。他们经常会问我为什么来新加坡工作，但我明显能感觉到他们自己心里有答案，只是希望我证实而已。

由于信息传播的失真，很多人过来之前对新加坡都有刻板印象，比如法律严苛，因而刚到的一段时间会小心翼翼，甚至敏感过头。早期的工程师更为明显，因为当初网络不发达，也没有专业的论坛可以交流。有个工程师在刚入职的时候就被提醒不能在公共交通工具上吃东西。某天上班迟到，他带了早餐准备在路上吃。在去公司的路上，他突然想到：不会连走路也不能吃东西吧。这后来成为一个笑谈，但也反映出初到者的紧张心态。一套新的规则体系的学习是在生活中慢慢展开的，也是一个想象中的新加坡逐渐被改变的过程，比如交通规则的适应。因为听说新加坡罚款很厉害，来自中国台湾的姜牧刚开始一定要找到斑马线或天桥才过马路。但是有的地方很远都没有斑马线或天桥，就会有人横穿马路，当时他的反应就是这不应该要罚钱吗？等到后来习惯了，他自己偶尔也会不遵守交通规则。在他看来，所谓的守法其实是有警察在监督，没有警察的地方也很乱。

日常工作与生活

说起半导体工程师，一般人的想象就是穿着整洁的制服，站在电脑或机器旁调试。但是 fab 里的工程师虽然身穿防尘服，打交道的是自动化程度极高精度极高的机器，但如果深入他们的工作世界，会发现一个个苦恼、无聊、烦闷的年轻人。其中生产部门，可以用设备工程师的情况来说明；非生产的部门可以用测试工程师来代表。所以下面将分别介绍设备工程师和测试工程师的日常工作内容。

一位设备工程师的一天

包如刚是一名设备工程师，自 2010 年以来，一直在同一家公司做同样的工作。下面就按照他常规的工作安排，来介绍一下一个设备工程师的日常工作情况。

每天早上 8：30 上班，第一件事情就是开会，大约持续半个小时。由值夜班的同事交接工作，然后安排全天的工作事项。正常工作时间是一周五天，每天早 8：30 到晚 6：00 上班（周五 5：50 下班），周末休息。这里值班是指必须进入无尘室内的生产空间，而上正常班的工程师则在办公区域工作。一个科全体员工 20 多人，1 个老板，加上 4 个不用值班的组长（leader），每个组长下面带领 4—5 名工程师。以"四二轮"来说，每天有两个人值夜班，同时有两个人值白班。那么相应地，每天就有 4 个人休息，再加上不负责具体生产性工作的员工，每天参加早会的也就 10 个人左右。会议的主要内容是，由前一天值夜班的工程师报告晚上生产线出的问题、机器运作状况、处理方法，还包括两个人处理不过来、没有解决的问题，等等。对于第二天值白班的人来说，如果夜班有遗留下来的紧急问题，他就需要直接进去无尘室工作，而可以不再参加早会。早会的第二部分内容就是当天白天有什么工作需要安排，特别是一些计划性、周期性的工作内容。这个早会一般开半个小时左右，从 8：30 上班一直开到 9：10 左右。科经理在 9：00 要去参加整个公司的生产会议，这是厂长、部门经理等领导也会参加的高层会议。在早会之后，有的组长还会组织自己领导的工程师开会，安排组内的工作，商讨值班安排等。

图 3 - 4　早晨上班的工程师

　　9：00—12：00，不值班的工程师就在办公区处理自己的工作，比如完成各种报告。值班期间机器出了什么问题、如何解决、对产品可能有什么影响，都需要在系统上处理。同时工作中出现的问题造成了一定影响的话，还需要专门写报告向各层领导汇报。

　　11：00—13：00 是吃饭时间，因为机器不停运转，为了保证生产线上随时有人，也为了减少公司食堂的拥挤，所以员工吃饭时间是分段的。制造部是 11 点吃饭，有的是 11：30 吃饭，还有的是 12 点吃饭。中午吃饭的时间是 1 个小时，早吃饭的下午就要早点上班。部分员工会离开公司，去旁边的食阁吃饭。一般中午吃完饭还有一段时间可以休息。

　　13：00—18：00，开始下午的工作，继续早上的工作内容，或者处理生产线上的突发事件。如生产线上发生了什么问题，值班的两个人处理不过来，或者是自己负责的机器出了问题，在办公室的工程师就需要进无尘室帮忙。公司效益好的时候下午还有下午茶，一般都在礼拜五的15：00左右，没有固定的时长，就是把买来的饼干、点心等东西放在那里，自己去拿了吃，偶尔也可以乘机大家聊天休息。到了18：00，就是上正常班的工程师的下班时间。如果有人在无尘室处理问题，不能按时下班，可以算加班。公司景气的时候，可以领加班费，情况不好的时候老板则会卡加班费。

18：00—20：30，正常工作的员工已经下班，值白班的工程师则需要继续工作，然后跟夜班工程师交接工作。

20：30开始，值夜班的工程师就开始工作，直到第二天的早上8：30。无尘室内的机器24小时运转，除非故障不会停，工程师需要不断换班看管机器。

设备工程师的工作分为两部分，一部分是在办公室处理日常的工作，写报告，完成系统任务，回复邮件等；另一部分则要在无尘室内值班，照料生产线的运作，并实时解决突发问题。前者是上正常班，工作5天休息2天（8：30—18：00），后者是值班。

上边的时间线仅是公司规定，实际工作中，设备工程师的时间是完全由生产程序掌控的。一位设备工程师讲道：

不同公司用的是不同品牌的机器，实际上原理都差不多，但是构造不大一样，对制程工程师来说影响不大，但是对设备工程师的工作就差别比较大了。所以我一过来的时候压力很大，白天值班还好，有问题可以找师傅或者同事问一问。晚上值班如果运气不好，遇到机台 down 了，生产部又一直在催，那时候没有帮手，压力就比较大。干我们这行，早上上班是8：30，但是你永远不知道你什么时候下班，虽然规定是6点，但是从来没有准时过，机台出了问题就得处理，修到几点就是几点，有时候简单地吃个晚饭，一直要干到晚上一两点钟。

另一影响设备工程师，乃至全厂工作时间安排的因素是重点产品。

iPhone5 准备上市的时候，它换了一个新的接口。为了抢这个单子，C 公司的机台在跑这些货之前 12 小时就停下来，管理机台的工程师 24 小时要有人值班，测试工程师在跑货时，晚上一定要保持开机，全厂200 多个工程师去支持这批货。这种情况下，老板都会盯着，如果你的电话打不通，可能年底的奖金就没有了。

值班的工作压力要大得多，必须随时拿值班手机。生产线上如果有问题会有人打这个电话，值班的人就要马上去处理，按照公司规定 5 分钟之内必须赶到。一般情况下，如果接到一个电话，工程师首先要判断这个事情是不是很严重。根据不同的生产任务，公司会在系统上把某个机台设置为重点，这样所有的部门都会知道，就会全力维持这台机器的正常运转。货也分等级，从一等到九等，一等是最重要的，必须首先保证优先级别高的货。如果值班工程师觉得事情不严重的话，就可以慢慢来，甚至过几个小时才进去。但如果出问题的是生产机器，那么就需要马上处理。因为公司每天跑多少货都是有指标的，生产机器一有问题就会严重影响出货。比如当天的任务是 3000 片晶圆，如果一两台机器跑不了的话这个任务就完成不了。生产线上游不断有跑下来的货，但是一个环节跑不了，那么货就越堆越多，出的货也就减少。所以生产机器的问题是必须优先处理的。

就良测机器来说，虽然公司对良测也有规定，但是如果货太多的话，良测甚至可以忽略。所以如果是良测机器出了问题，不用着急处理。对于设备工程师来说，只要维持生产机器正常运作就可以。这跟老板的个人成绩有关系，他们主要盯着生产机器，因为如果生产机器出了问题，在生产会议上就会有来自更高层的压力。所以工程师们在工作安排上会根据机器在生产程序中的重要性而做出不同的反应。

一般来说，接到一个电话之后，从办公室到车间大概要十几分钟，然后进到无尘室换衣服。进去之后就去看出了什么问题，处理完之后可以看看机器有没有其他问题，如果没事了就可以出来。也会在无尘室与生产线上的操作员女工聊聊天，她们也不是很忙。无尘室内很多工作都是自动化的，只是需要有人盯着系统运转，如果有问题就通知相关的工程师。没事的话就可以回办公室，如果上夜班，还可以睡一会。虽然晶圆厂的机器和生产是高度自动化的，也是"高科技"的，但工程师们却笃信运气。如果值班的时候运气好，那么机器就没什么问题；运气不好的时候，值夜班机器出问题比较多，就得一晚上都待在无尘室干活。

设备部门的一个重要考核指标是"运行时间"（uptime），也就是机器正常生产的时间。因为半导体行业的设备价格不菲，有的机器抵得上一架波音737飞机。所以公司就尽可能地提升使用效率，生产线都是24小时运行的。为了保证机器的正常运行，设备部门的考核指标之一就是"运行时间"。只要一台机器有问题，系统就会自动停止，直到工程师顺利解决问题。每天早会老板都会关注这个指标，特别是明显减少的时候就会引起重视。对于设备部门来说，最重要的指标就是机器的"运行时间"，这个值越高，效率越高。这个指标被用来衡量设备部门的工作绩效，如果达不到就会影响奖金和升等。所以这个时间的分分秒秒成为悬在工程师心中的秒表，督促他们尽快地解决设备问题，也成为自我施压的工具。当然，工程师也会将这个时间进行拆解，灵活地完成工作。

一位设备工程师分析了他工作中压力的来源：

> 考核的指标除了跑货的量之外，还要看等待的货多还是少。比如现在在黄光这边要跑的货有一万片。生产部门一方面要完成每天的生产目标，要跑多少货，也要看堆的货的量。如果这个部门堆的货太多的话，第二天生产会议上就要挨批评。比如为什么要堆这么多货？是机器跑不了还是排货有问题？一般而言，堆的货也就是等待的货越少越好，然后生产线上跑出来的货越多越好，这两个构成生产部门的生产指标。对生产部门而言，当然是生产线上机器一秒不停最好。如果一台机器跑不了了，生产就会受到影响，生产线上游不断有跑下来的货，但是这一环节跑不了，那么货就越堆越多，出的货也就减少。所以说，生产机器的问题是必须优先处理的。而就良测机器来说，只要产品生产出来，制造部也就不关心了，虽然公司对良测也有规定，但是如果货太多的话，良测甚至可以跳掉。所以如果是良测机器出了问题，就可以不着急，在办公室慢慢来，几小时再下去都行。对于我们来说，只要维持生产机器正常运作就好了。

值班是轮班的，采用"四二轮"即上两天休两天、"上四休三"即上四天休息三天、"上三休四"即连续值班三天休息四天、"三班倒"等形式。前几种模式每个班都要工作 12 个小时（早上 8：30 到晚上 8：30，夜班相反），"三班倒"每个班 8 小时。公司并没有统一的值班模式，都是由部门领导决定，因而各部门的时间也不一样。也有的公司不采取值班制，而是调整工作时间，称为 swing shift。也就是生产部门的部分员工是周日到下周四工作，部分员工是周二到周六，这样就保证了周末也有人工作。

值班是不算加班费的，只有轮班津贴，值夜班会比白班高一些。值班模式不同，值班津贴也是不一样的，级别不一样津贴也不一样。如果想利用值班之后休息，与周末、公共假日等连起来攒假期出去旅行，则只能找值同一种班的人来替换，如值白班就找白班，夜班就找夜班。因为其他人还有正常的班要上，不能因为替人值班而休息。而且值班的津贴不好计算，因为每个人的级别不一样，值班津贴也不一样，一般就是找跟自己值同一种班的工程师来替换，相当于提前或后移。以"四二轮"为例，一个工程师连着工作四天就等于帮接下来的人上了两天，这样他后边需要值班的时间就可以找这位来顶替，就能挪出来四天时间。

在公司的系统上，每个员工的假期都是按小时累积的。如果一个工程师已经累积了 100 小时的假期，那么他就可以安排一个长假。请长假需要经过老板审批，他会根据生产任务设限，同一时间段如果有超过两名工程师请长假，干活的人手就不够了。所以如果看到系统上某段时间已经有人请了假，那么其他工程师就要错开这段日期。到年底如果假期没有休完，可以延到第二年。到辞职的时候，累积的假期可以折算成现金，也可以折算成时间提前离职。

此外，加班费是工程师增加收入的重要来源。公司效益好的时候，加班费管理会比较松，工程师们也愿意加班。但是到了产量低的时期，公司就开始控制加班费，也就很少有工程师去主动加班。每天的生产任务都能在系统里看得到，比如说原来每个机台一天要跑一千片，现在只有几百，就说明产量下来了。这时候老板就开始卡加班费，大家也心里有数，能不加班就尽量不加班了。像产量高的时候，机台出问题了就得马上修，不管加班多久只要尽快修好就行。而产量不好的时候，有的机器出问题了就不着急解决。因为正常的机器也能满足生产任务，或者把有的货放到其他相同的机台上去跑就行了。不能马上解决的问题，放到第二天处理也行。

工程师们，特别是那些还没有取得公民身份或居留权的，对于加班有着自然的偏爱，用他们的话来说"来这里就是为了赚钱"。他们深知自己在新加坡的工作时间取决于公司合同所支持的工作签证，因此必须在有限的合同时间内赚取更多的收入。这同时也是一种态度，通过积极配合公司的生产安排，展现驯服和忍耐，以塑造一种优秀员工的形象。

一位测试工程师的一天

与设备工程师不同，测试工程师属于支撑部门而非生产部门。一般每个公司都有一个测试部门，就是根据设计指标对产品进行测试。如果遇到失败就要交给专门的部门做失效分析，看问题可能出在什么地方。工作中更多是常规内容，而不是突发情况。严荷 2000 年拿到新加坡政联公司提供的奖学金，进入南洋理工大学读电子系，属于"拿人奖学金，替人读理工科"的留学生。她 2010 年博士毕业，2009 年就开始在 B 公司的测试部门工作，主要负责失效分析。

每天早上她 8：15 左右上班，先去公司食堂吃早餐，然后查收邮件，安排一天的工作。

8：45 左右会召开小组内的早会，大概持续半个小时。每个工程师这时候要向老板汇报最近正在负责的项目有什么进展，然后安排新的工作任务。这个早会不一定每天都有，时间长短也不一定。

9：15—11：45，这段时间里就开始工作，每个人忙着自己负责的项目。主要内容是进实验室做测试，或者跟其他部门进行沟通，比如开会、回复邮件、写报告。

11：45—13：00，午餐时间。工作紧张的人就在公司食堂用餐，也有人去附近的食阁用餐。规定用餐时间只有45 分钟，但一般都是下午一点钟才陆陆续续开始工作。

13：00—17：35，下午工作时间。

17：35，下班。

测试工程师的工作时间相对固定，很少有加班的情况，每天的工作内容也很难按照时间具体列出来。严荷的工作都是按照每天 8 小时来安排的，即使有很紧急的项目，一般也不会加班，到了下班时间就离开公司。各种项目都是一个接一个，可能同时做几个项目，所以也不存在抓紧时间做完一个项目就能休息这种情况。此类部门普遍的情况是，大家都是按部就班地安排工作。

测试工程师的工作内容大致包括：在新的生产工艺研发出来之后，测试部门就要介入做评估，以检验新工艺是否可靠。在试生产过程中，如果产品出现问题，就要分析可能的原因以完善生产工艺。当一个工艺进入成熟期，为客户代工生产他们的芯片模块时，最重要的工作就是沟通。工程师要花很多时间去了解客户的需求，并开发适合该产品的测试程序。进入产品量产阶段，如果良率不高，测试部门要尽快找出问题根源，改进生产程序以不断提高良率。严荷介绍了她理解的宏观时间。

以时间周期来说：第一，建厂的时间，就是一开始建厂的时候肯定是最忙的，中间换机器，或者增加产能也会有一段时间的调整。第二，接了新客户或者新产品，一开始就需要很长的一段时间进行测试。第三，就是生产过程中的小调整，为了提高工艺和效率，不断进行改进。第四，行业周期，有时货多时间紧，有时压力就小。但是这也看公司，每个公司都不一样。像一个公司接了一个新的单子到量产，这个时间至少 3 个月，再到出货给客户通常都是半年以后了。

因为测试这个阶段——我们叫作做 qua（即 qualifica-tion）——都要好几次，不是说你一次跑出来 OK，客户就接受了，一定要连续跑好几次，然后客户看你的良率。比如一片晶圆上有一千个 wafer 的话，他可能要求有 800 个合格才能接受，才开始量产。假设说只有 780 个他就不接收，一定要改善到 800 个以上才可以。这个阶段至少要 3 个月。这里的竞争就是，一个新产品出现，我们一定要在多长时间内把 qua 做出来才有可能拿下订单。有的公司可能需要 3 个月，别的公司可能只要两个半月，这样他们就最先抢到了单子，而且利润也高，等到后边大家都研发出了这个工艺，单个厂家的量会下降，而且价格也降低了。

因为是项目制，一个测试工程师要同时负责不同项目，所以就要跟不同的部门和客户打交道。在测试实验之外，召开会议就是一项重要的工作内容，主要包括两个对象，一是公司生产部门，一是客户。严荷认为，这就要求很多谈判和沟通的技巧，跟技术水平倒没有太大关系。公司内部的会议往往有很多部门参与，一般都是由客户工程师组织。如果一个会议的某个议题跟严荷的工作有关系，她就去参加 15 分钟，讲完就走。一般会提前两天通知相关的部门和人员，她只需要在轮到自己发言的时候去参加就可以。基本上她每天都要参加一两个会议，但每个会议可能只有十几分钟。

会议是晶圆封装厂日常工作中的重要活动，也是突破"高科技"障眼法的另一条路径。众多的会议成为公司内部沟通的重要场域，推诿卸责、搅浑水、办公室政治、部门利益都在其中表现出来。在这些实践中，工程师们使用的语言有两套，一是生产技术的语言体系，以英语的专业技术词汇为主，用于沟通工作过程中的技术问题；二是同事之间的日常用语，主要用于沟通工作当中的人际问题，根据各公司族群构成的差异而不同。

上文提到的设备工程师虽然工作节奏很紧张，但是解决了机器问题就相对闲下来。而测试工程师的工作节奏很大程度上是自己掌握的，沟通方面的压力会更大。生产部门对生产线做出调整都需要经过测试部门的批准和测试，一般都要一两个月。但这就与生产部门快速投产的要求有冲突，经常会有争吵。测试工程师不仅需要技术以解决问题，同时还要有良好的英文表达能力来争取利益。在这个过程中，英文能力的重要性就凸显出来，语言欠佳的中国工程师在这些部门的发展限制就比较明显。

总而言之，调查时新近来到新加坡的中国工程师群体大多是基层工程师，值夜班、加班是工作中的重要内容。如果年资久一点，有的人已经拿到了永久居民，但公民基本没有，而且申请永久居民也越来越难。这些公司招聘中国工程师的初衷就是利用年轻的熟练劳动力，所以不太会有培训，有的人干了 5 年都是负责同一件工作。调查对象开玩笑说，因为日常的工作基本是固定的，也有明确的程序，并不需要学习什么。但是如果有人在拼命地看书，那可能就是准备跳槽了。

上文为了叙述的方便，只是将工程师们的日常工作做了两个切片，主要关注的是中国工程师占比最大的基层工程师的情况，并没有涉及中国工程师群体内部的分层，早期流动到新加坡的工程师也有人坐上了管理的职位。高级工程师在具体工作之外，会有一些事务性的工作；主任工程师就要负责人事安排；技术经理的工作就是管理和技术各一半，负责设备的运行情况、人员的安排、生产的考核等。基本上主任工程师以上不用值班，只需要开开会，安排工作给下面的工程师就可以。已经是资深工程师的庞仁伟说，有时候一整天待在办公室都不知道干什么，又不好一直待在位置上，就出去喝喝咖啡、抽根烟。他的主要工作就是老板去开厂会之前要做好各项汇报准备。如果生产上出了什么问题，就要想怎么写报告，怎么不被老板骂。

但管理层基本上是欧美人、新加坡人、马来华人或者印度人，少数进入管理层的中国人也是工作很多年并已经加入了新加坡国籍的。虽然工程师们操作着价值数千万美元的高科技自动化机器，生产着以纳米为单位计算的精密产品，但如果深入他们的工作世界，会发现一个个苦恼、无聊、厌烦的年轻人。个人利益、办公室政治与文化差异、族群关系纠结在一起，形成晶圆厂不那么精准的另一面。

日常生活

中国工程师群体的内部构成不是单一的。这个群体内部由多样化的人群构成，从而在休闲与生活中形成了不同的交往空间。在新加坡的时间、政治身份、婚姻状况等因素将人们区分开来，不同类型的人们在生活状态、工作态度、感情关系、居住条件、饮食习惯、消费购物、休闲旅行等方面表现出一定的差异性。其中特别引人注目的是政治身份，也就是工程师们是持工作签证、永久居民，还是已经成为新加坡公民，这对于个体生活的方方面面都产生了影响。下面首先对研究对象进行分类，再描述他们的日常生活。

第一种是刚从国内过来，以及虽然在新加坡多年，但仍单身的工程师们。很多人觉得在新加坡的时间过得比国内要快。现在仍然可以回忆起在国内学习、工作时哪一年发生了什么事情。而回顾在当地的生活似乎没有什么印象深刻的地方，却已经过了五六年。他们判断，这种区别的一个重要原因是生活太单调。由于社会网络的限制，下班或周末基本上没什么活动，上网、吃饭、睡觉是他们主要的休息和娱乐方式。徐玮很怀念自己在上海工作的时光，那时候每天晚上都有朋友聚会，周末就去郊区爬山、运动。冬天的时候很多同事集体加班，其实就是聊天喝酒，因为公司有暖气。而在新加坡，周末在家一睡就是一整天，所以回头看感觉在新加坡时间过得很快。

　　用调查对象的说法，新加坡"很闷"，或者说"无聊"。因为生活的中心就是工作，社交、娱乐活动很少。很多人来新加坡十几年之后，朋友还是最初公司里边的同事。大家下班之后各自回家，同事之间很少一起喝酒或聚会。日常生活的空间局限在工作和居住的社区内，区域分布特别明显。生活比较单调，年轻人大多自己租一间房子，也不能招待朋友打牌、聚餐，每天下班就宅在家里上网、打游戏、看电影。周末可能几个朋友聚餐，组织打扑克或者运动。因为工程师群体的男女比例不平衡，很多人短时间内不容易找到女朋友。有人并未打算在新加坡定居，而是想着回国，也不愿意在本地发展感情。因为加班和轮班制，甚至同一个公司的朋友时间也不规律，朋友之间聚会就只能选在周末。到了周末不是睡觉，就是约朋友到牛车水吃饭。

　　牛车水是中国工程师在生活社区之外另一个重要的空间，作为新加坡的唐人街，或者说一个华人社会内部的"中国街"，那里可以找得到各种中国风味的饮食，川菜、湘菜、东北菜都有。而且有专门的商家销售国内的商品，比如在国内风行一时的酸菜牛肉面等都可以在牛车水买到。周末的时候，这些工程师往往找几个朋友去牛车水或者其他地方找东西吃，然后顺便购买些零食，或者往国内汇钱。

　　何容海 2010 年从上海一家晶圆厂离职，在朋友的帮助下进入 A 公司。当时他的工资是 3300 新币，每个月房租

500 新币，在公司食堂吃饭 200 新币，交通费电话费花掉
100 新币，能省下来 2500 新币左右。后来有了女朋友，为
了节省房租，两个人住到了一起。2013 年他每个月工资涨
到了 4000 新币，加班费高的情况下，每个月能有 500 新币
左右，总收入维持在 4500 新币左右。就花销来看，主要还
是房租，和女朋友一起之后就搬到了一个大一点的房子，
每个月 730 新币。此外交通费、电话费大约 200 新币，日
常用品、衣服之类花费 300 新币。以前他每天的午餐和晚
餐都在公司食堂解决，一顿只要 2 新币。但是调查时已经
是两个人，所以晚餐都是在楼下的食阁解决，偶尔也会自
己煮东西吃。

　　食阁在新加坡发挥了非常重要的作用，当地很多家庭
也都是在食阁就餐，单身的工程师更是如此。类似于美食
街，社区中心或者购物中心内往往有一个较大的空间建成
餐饮区域，由一家公司统一管理，然后把一格一格的摊位
出租给不同的店家。所以一个食阁里边往往有印度，东南
亚，中国广东、福建等多种风味的餐厅。因为是统一管
理，类似大学食堂，可以充值办饭卡，每次吃饭会有一定
折扣。和房东同住的人大多都在这些地方用餐，如果几个
朋友住在一起而没有与房东同住，在家里自己煮饭的频率
会高一些。

　　单身的工程师平时也没有什么娱乐活动，如果朋友比
较少，也有人经常去赌场。他们在国内的时候不赌，但在
新加坡因为无聊，而且新加坡的赌场有很多形式，吸引了

图 3 - 5　组屋社区中心一角

一些工程师去打发时间。一位来自河北的工程师，一开始
到新加坡四处游玩，可是过了两个月就发现没有什么意
思。他自己认识的人又不多，周末往往都是一个人活动。
后来觉得好玩就去赌场看别人玩，逐渐地这就成为他休息时的主要娱乐。最后因为他输的钱越来越多，他太太不得不辞掉国内的工作，也来到了新加坡。后来两个人在同一家公司工作，生活稳定之后，也就很少去赌场。当然这只是个例，对于多数去赌场的工程师来说，主要还是去寻求偶尔的娱乐。兀兰附近的半导体工业园靠近新加坡和马来西亚之间的关卡，住在那边的工程师经常去马来西亚吃饭、看电影，甚至只是为了唱一次 KTV，因为那里比新加坡要便宜很多。

第二种是已经在新加坡成家的工程师群体。这些家庭出国的时间已经很长，大都取得了永久居民，公民也为数不少。有了永久居民身份就可以购买二手的组屋，所以很多人都有了自己的住房。没有小孩的夫妻往往将部分房间出租给朋友，这样既能增加收入，也可以和朋友生活在一起。而有小孩子的家庭则是一家人住在一起，有的人还将父母也接过来。前者的自己煮饭比例会大幅提高，但休闲活动则与单身群体差不多。后者的生活基本上是以家庭为主，小孩的教育和娱乐成为生活重心。工作上，这个阶段的工程师已经取得了稳固的职位，甚至做到了管理岗位。多数人已经不需要值夜班，工作时间也比较规律。在新加坡生活多年之后，很多人会有定居在这个地方的打算，工作的流动性明显下降。

以一个三口之家为例，单独租一间房子就不现实。很多人是在要小孩之前就买了房子，或者租一整套组屋。调查时单独租一套三房式组屋要 2000 新币左右，水电网差不多要 200 新币。如果不是永久居民，小孩上学及相应的开销每个月在 1000 新币。在食阁吃饭每餐 4 新币左右，全家每月也有近 1000 新币的支出。全家每月支出 4000 多新币，而一个五年年资的工程师每个月的收入也就 5000 新币以内，妻子的收入可能在 2000 新币左右，对他们来说这就是很大的压力。一般都是在有小孩之前拿到永久居民，这样就可以购买相对便宜的组屋，然后出租出去减轻负担。

牛力刚出国三年之后，太太也去了新加坡，所以 2003 年的时候他们买了组屋。购买一套四房式组屋花费了 25 万新币，而他每个月的薪水是 4000 新币。有了房子之后，他的岳母就带着大女儿来到新加坡一家团聚。2006 年和 2009 年他又先后有了两个孩子，2009 年大女儿也读到了小学三年级。考虑到自己不大可能再拖家带口回国生活，他在 2009 年申请了新加坡公民。还完第一套房子的贷款之后，2010 年他又花 90 万新币买了第二套房子，调查时租给一个印度家庭居住。2012 年升到技术经理之后，他每个月的收入有 8000 新币，太太也有近 2000 新币的收入。家庭的主要开销就是家里的日常生活花费，电视、电话、网络费用。因为三餐都是在家里煮饭，柴米油盐之类每月需要 1000 新币。小孩教育方面，作为公民学校教育的开销基本可以忽略，培养三个孩子各种兴趣爱好的投入每月约为 1000 新币。除了家里的开销，主要的支出就是第二套房子的房贷。每个月的房贷 5000 新币左右，扣除可以收到的租金 3000 新币，他只需要每个月补进去 2000 多新币就可以。

相较于年轻的工程师，他们家庭的生活就很安稳，压力也小得多。做到经理后，牛力刚每天会按时下班，跟妻子一起做饭，晚上陪孩子看看书。周末要先陪大女儿去练小提琴，然后带二女儿去学游泳。对于牛力刚这样早期来到新加坡的工程师来说，生活大多已经安定下来，工作也比较稳定。

第三种是进入半导体行业的中国留学生。他们在进入公司之前已经在新加坡生活了 4 年以上，语言、饮食等方面都很适应，融入新加坡社会的程度也比较高。这些工程师从新加坡的院校毕业之后，直接就可以进入公司，而不像从国内招聘的工程师必须有两年以上的工作经验。他们的社会网络更复杂，休闲活动更丰富，在新加坡的活动空间也更大。很多人甫一毕业就拿到了永久居民身份，申请公民身份也更为容易，长期生活在新加坡的意愿更为明显。熟练的英文帮助他们在工作中享有一定的优势，人际关系较为多元，而不局限在以中国人为主的圈子。相较从国内直接招聘的工程师，这些工程师在升职、加薪方面有一定的优势。

严荷在 B 公司每个月的薪水有 4500 新币，支出方面房租需要 600 新币，通信 100 新币，日常的开销在 500 新币左右。餐饮方面比较特殊，除去每个月 400 新币左右是吃饭的钱，她每个月还会参加三四次聚会，每次差不多花费 50 新币。这些聚会都是跟不同圈子的朋友，比如大学同学、公司同事，以及当初一起从国内过来读书的留学生。

因为严荷的社会关系较为多样，所以下班后她经常有约会，比如找朋友吃饭、运动、喝咖啡，差不多每天都有活动，回到家都得晚上 9 点左右了。周末的时候，严荷早上起来会先去运动，中午找约好的朋友吃饭，下午找地方看看书，晚上再跟另一批朋友见面。他们还会经常组织去新加坡各地徒步，有时候周末就这样过去了。

上面分成三类，强调了这个群体内部的差异性，但也不能忽视其共同之处。就获取信息的渠道而言，不论在新加坡多久，大家看新闻主要还是依靠国内的网络媒体。手机里安装的新闻客户端大都是国内企业所开发的，关注最多的也是中文新闻。只是听到新加坡政府有政策变化跟自己的生活相关时，才会去网络上主动搜寻。中国新移民建立的狮城华人网更像虚拟的会馆，提供移民所需的大多数信息，传递在新加坡工作生活的各种经验。这种信息渠道对于新移民融入具有双面作用，一方面能让他们与国内保持联系，并尽快地进入当地的中国工程师圈子，另一方面也将他们与现实的新加坡社会隔离开来。

有研究认为，新生成的诸多网络和技术催生了"跨国民族国家"（transnational nation）。[①] 20 世纪 80 年代之后流动到海外的中国新移民，即使身在异国，仍然认同中国，并通过信息消费、商业活动和社会网络与中国保持密切的

① 陈志明：《国家疆界、华人文化与认同》，李元瑾主编《跨越疆界与文化调适》，新加坡，南洋理工大学中华语言文化中心，2008，第 159—176 页。

联系。在一些重要的事件中，如汶川大地震、奥运火炬传递，这些新移民展现并实践了他们的认同政治。互联网极大地压缩了时间和空间的障碍，他们能够与国内的国民一起分享中国的喜悦和悲伤，形成"跨国中国"（transnational China）①。从这个意义上来说，无论生活在北京、上海，还是新加坡，这些工程师们从未离开过。

此外，这个群体社交媒体的使用也有其特点，跟新加坡当地的同事联系就用 facebook 或者 whatsapp，中国人之间或者联系国内朋友则使用 QQ 以及微信。"跨国主义"理论关注的正是这样一些现象，越来越多的人过着一种双重的生活。他们讲着两种语言，家庭分布在两个国家，其生活中保持着跨越国界的来往或接触。② 虽然日常生活于一定的地点，但是其生活的知识、网络和意义同时存在于居住地与母国两个社会，即一种"一个地点，两套体系"的状态。总的来说，移民生活并不是孤立的事件，而是一个连续体，其中既有与来源地中国社会、文化的联系，也有与所在地新加坡的交往。移民生活本身内含一种双重性，不是随着空间的变换非此即彼，而是此与彼相连接。

---

① Sun Wanning, *Leaving China：Media，Migration，and Transnational Imagination*，Lanham：Rowman & Littlefield Publishers，2002，pp. 211 – 217.

② Alejandro Portes，Luis E. Guarnizo，and Patricia Landolt，"The Study of Transnationalism：Pitfalls and Promise of an Emergent Research Field"，*Ethnic and Racial Studies*，Vol. 22，No. 2（1999）：217 – 237.

脱离与转变

延续上边的讨论，如果将这些工程师在新加坡的日常生活视为中新风格"洋泾浜"式的形态，在不断有人进入的同时，必然也有人陆续地脱离这种工作生活状态。他们的生活包含跨国就业之后特殊的工作形态，以及在此基础上形成的生活风格。而要摆脱这个状态，一种情况是离开新加坡，脱离这个跨越边界的空间；另一种情况就是转行从事其他工作，改变半导体行业所赋予的时间节奏和生活安排。下面就从人们脱离的角度出发，以时间为线索介绍不同阶段工程师们的经历。

有一位工程师来新加坡一个月之后就回国了。他入行时是在宁波的一家半导体企业，后来又转到重庆的一家企业，接下来去了一个太阳能公司，然后得到了去新加坡工作的机会。但是因为之前的企业都不是很规范，他学到的技术也不多。但是新加坡这家公司是一个技术先进的 12 寸企业，所以入职后工作压力就比较大。有一次他给机器做定期保养，一直加班到半夜。碰到有个问题他没处理过，夜里又没有人可以咨询，最终导致没有完成当天的生产任务。后来这件事情被报告到生产会议上，连带着老板也被批评。他受不了压力，过了一个月就回国了。

也有人尝试融入不果后，中途回国。有位上海交通大学研究生毕业的工程师，原来在国内一家知名的半导体企业工作。当初出国的一个想法就是学习新的技术，然后回国以获得更好的职业发展。但是工作之后才发现，这边其实跟国内公司差不多，只是系统、语言有所不同，甚至效率上还不如国内的公司。在他看来，国内公司的老板会明确给出哪一天的几点钟完成某项工作，而这在新加坡是不可能的，很多人抱持的是一种上班的心态，而不是解决问题。如果生产线上有一个出现问题的风险，直到机器真的停机了才会引起重视。另外，他在新加坡生活一年之后，觉得虽然薪水比国内高，但也攒不下多少积蓄。他本来就是上海人，在上海已经买了房子且没有贷款，生活上没有任何压力。所以当他觉得新加坡的工作意义不大，又没有想象中的异国风情之后，就提前结束合同回国了。此类在合同期内中途回国的，大多是适应不了新加坡的工作和孤独的生活，也有人是为了与伴侣团聚，但是这类提前回国的案例总体而言并不多。

许多人还是会坚持做完第一个合同期。虽然各个公司的规定不一样，但是做完合同大多有一笔安家费、奖金之类的现金奖励，三个月到四个月薪水不等，所以决定回国的人一般都会在拿到这笔钱之后离开。但是合同的完成并不一定就促使他们马上回国，除非公司不再续约。多数工程师在第一份合同结束之后，会转成公司的正式员工，继续工作几年。大约五年以后，许多人一般在二十八九岁时，开始考虑成家的事情。如果不能找到合适的伴侣，或者拿到永久居民，回国就是唯一的选择。新加坡政府的移民门槛越来越高，定居的难度也增加了很多，这个群体回国的比例不断增高。据说 2000 年前后过来的基本都留在了新加坡，后来 2006 年以后过去的差不多有三成最终回国，调查时 2010 年前后过来的工程师回国则成为多数。

　　正如第二章第三节的数据所显示，现在同等职位国内薪水与新加坡的差距已经明显缩小。而且因为国内相关产业快速发展，在新加坡又有职业发展的障碍，国内可能比在新加坡的收入增长还要快。如果不是已经拿到永久居民或成为公民，生活压力比早期的工程师要大得多。大多数人当初出国就是为了赚钱，或者促进未来职业的发展，当这两者都不能够实现的时候，回国就是退路。

　　即使已经取得新加坡的永久居民，也有人不得不面对到底是留在新加坡还是回国的问题。新加坡的生活、小孩的教育、父母的健康都是他们继续等待成为新加坡公民道路上的障碍。有一位工程师 2012 年的时候永久居民到期，小孩也到了上小学的年龄，面临继续留下来申请公民，还是回国的选择问题。他的父母去新加坡生活过一段时间，但住得并不习惯，因为是独生子，后来为了父母的养老便决定回国。当时他已经在新加坡有了自己的住房，本来打算卖掉房子回国做生意，但想来想去又不知道能否适应国内生活以及环境的变化。后来他在国内的一家半导体公司找到工作，就在他家乡的省会城市。他把新加坡的房子出租出去，每个月有接近 3000 新币的房租收入。但回国也并不像设想的那样如意。特别是对于那些当初从国内大公司离开的工程师而言，回国之后会发现原来的同事，甚至下属都已经占据了重要的领导岗位。国内公司的流动性要高于新加坡，但是因为企业发展速度快，坚持下来的人升职也快。而出国就业的中国工程师在新加坡可能工作了四五年也只是个高级工程师。

上述个案都是永久回国，也有人在中国和新加坡之间不停穿梭。有的工程师拿到公民身份且在新加坡安定下来，工作上却没有升迁的机会，便回国寻找职业上的发展。吴卫2010年申请了公民之后，回国在无锡一家公司做了三个月，当时主要是因为他原来在国内的公司提供了一个管理岗位。于是他带着妻子孩子一起回到了国内，还有一个考虑就是希望小孩在国内学习中文，等到四五年之后再回新加坡。他那时候在新加坡的薪水约5000新币，回国可以拿到2万多元人民币，收入基本差不多。但是回去可以升到经理的位置，在晶圆厂内部的科层体系来说等于提升了两级。但是当他回国之后才发现，自己已经不适应国内的环境，与原来的朋友同事也没有什么共同话题。按照他的说法，在新加坡待得久的人，思想都变得单纯，根本适应不了国内的工作环境。三个月之后他便辞掉了那份工作，又回到新加坡。他这个年龄阶段的工程师已经成为公司的技术骨干，很难找人代替，所以很容易就回到了原来的岗位。这并不是特例，有一部分工程师在回国发展不顺利，会选择再次出国。也有人将家人安置在新加坡，自己回国发展。

有的工程师留在新加坡，在不同半导体公司之间流动。其中一位的故事是这样的。

> 我在 C 公司的设备部门，2007 年 7 月进去，2010 年 12 月离开，去了一家厂商。里边有一个朋友，我们在国内就认识，他从国内一家公司跳槽到这边。后来他来找我问我愿不愿意跳槽，后来我就去了他的手下。第一、二份工作可能简历很重要，但是后面的几份工作就是人脉重要。很多人都是之前在国内的同事、朋友，转几个弯都能联系起来。所以如果一个公司有招聘机会，就会有人通过朋友进行内部推荐，很多人后来的工作都是这样获得的。

对于已经取得新加坡公民身份的工程师，在新加坡半导体行业内换份工作相对容易。但是他们的职位、薪资已经固定，行业内的职业前景并不光明。以 A 公司为例子，该公司工资等级里最主要的升等就是五升六，能加 500 新币左右；再有就是六升七，增加 1000 新币；其他就是每年的普调，只有不到 200 多新币。他们大多已经升等过这两级，职业继续上升的前景暗淡。如果想要转换行业，他们前半生积累的教育、技术就没有多少价值。除了新加坡公民身份，可依靠的还是半导体行业的人际网络。一位准备跳出半导体行业的工程师分析：

> 现在最焦虑的就是比我早一批的那些人，差不多

是 2006 年前后过来的，三十三四岁。他们很多人已经拿到了公民，家庭生活也安顿下来，主要的考虑就是怎样在新加坡谋生路。这个群体在公司处于比较尴尬的位置，他们已经没有向上升的空间，年龄又到了这里。很多人对现状不满，你现在还可以加班，过几年身体就不行了，家里事情也多，所以不得不考虑出路。而且现在还算年轻，再晚几年出去，学东西也不好学。整体上来说比较尴尬，现在的工资待遇还不错，要放弃的话也挺可惜。像他们比较早过来的，现在工资比较高，每月有 6000—7000 新币。有的人是先在外边做，做得有起色之后，再辞掉公司的工作。有的人就是投资房地产，有人做房地产中介、保险经纪人。有的人甚至去开出租车，但只有新加坡公民才可以。卖保险的就像刘某，他们的圈子就是工程师这个圈子，主要也就是工程师和他们的家人。也有人开小餐馆，主要就是食阁里的那种。有一个工程师想开一个按摩店，房子都租好了，最后资格证没办下来，就没开成。

沈毅 2000 年去了新加坡，在同一家公司一直干到 2012 年，后来离开半导体行业去做了房屋中介。他回忆：

2000 年开始我做的是设备工程师，干了两年之后转成制程工程师，后来就一直干到去年 2012 年，现在出来做房地产中介。做半导体行业将近二十年，太累了，半导体就不是人干的。经常早上七点去上班，一直到晚上七八点下班。虽然公司规定下午六点钟下班，但是经常有事情要加班，而且还要值夜班。后来不用值夜班了，半夜还是会经常接到电话，就算不用半夜去公司，晚上也睡不好。我在当时公司认识的一个新加坡人朋友，他干了五年就不干了，后来去马来西亚新山做生意，再后来就回到新加坡做地产中介。他给我介绍的现在的工作。这份工作主要是时间自由些，不用按时上下班，家里有事情也能自由安排。我现在就是早上睡睡懒觉，下午开始工作。因为要上班，很多看房的人都是晚上或者周末才有时间，所以最忙的时候就是晚上，经常陪客户看房看到晚上12点，回家还要整理材料之类的，到凌晨一两点才能睡。但是我喜欢现在的工作，时间自由，而且收入空间也大，只要做得好上不封顶，不像我以前在半导体，干得再好也就是那么点工资。以前做中介是不用考试的，2011年开始需要考试。我是在辞职之前就开始准备，还算顺利，先上课后考试，半年就顺利通过了。

像沈毅这样直接辞职的不多，大家基本上都是先在外边做，等到有起色之后，再辞掉半导体公司的工作。李志豪调查时32岁，2012年6月开始做兼职卖保险。一开始是保险公司的人向他推销保险产品，他自己买了之后，就开始做起了兼职。每天晚上下班就给认识的人，主要是同事，或者以前公司的朋友打电话推销。白天上班时间，如果碰到同事闲聊，也会向别人推荐。因为在他们看来，新加坡的 CPF 到最后只有很少钱，最好还是能有一个商业保险做保障。他的客户一般都是拿到永久居民的工程师，大家首先购买的就是医疗保险。不过李志豪还没有辞职的打算，他希望卖保险的收入跟他的工资持平的时候再正式转行。不过房屋中介、保险经纪人的门槛也很高，必须是新加坡永久居民或公民，参加相应的英文课程并通过考试，才能取得执照，也不是所有人都做得来的。除此之外，还有招聘猎头、旅游代表、签证中介、淘宝代购等多种多样的营生。

近些年在半导体工程师招聘行业发展迅速的 U 中介正是由前工程师创办，并雇用了一批工程师做猎头，这家公司专门为半导体行业等工程师群体提供服务。胡伟就负责为新加坡晶圆厂招聘中国工程师，他在新加坡待了近 12年，两年前转行做了招聘中介。因为本身曾经做了快十年的工程师，对这个群体的工作、生活和心态很有体验，得到了许多人的认可。也有人返回国内从事半导体行业猎头工作。有一个案例就是某位女工程师已经有了 6 年的工作经验，但是因为家庭的原因，回国后转行成为中介公司的员工。

有的人在做电商代购，利用国内电商网络资源，在新加坡建立了自己的网站。有两位工程师夫妻在同一个公司上班，一般是晚上回去整理订单，然后通过海运运到新加坡。他们主要的利润来自两个地方，一是汇率，他的汇率都是要比市场价低一点点，比如市场价是 1 新币换 4.5 元人民币，他们就是 1 新币换 5 元人民币；二是运费，每单货他们收取 4% 的运费。如果找海运公司，很多货物一起的话，价钱可以节省很多。这样下来，据说差不多有 20% 左右的利润。等货物到达新加坡之后，他们直接到邮局寄给客户。也有人在购物中心里租一个固定的小摊位，然后雇用一些马来西亚人去买东西，比如小孩子衣服、小饰品、皮带之类的中国小商品。

　　做餐饮生意也是一个选择，调查中访问了几位从事这一行业的前工程师。有一位是在原公司旁边的食阁开店，主要服务于周围企业的中国员工；另外一位在芽笼，也是做中餐馆。刘威离开半导体行业之后的发展最为惊险。在新加坡工作七年之后，他 2007 年离开这个行业开始创业。他把自己在国内的房子卖掉，又跟同事朋友借了一些资金，才勉强在芽笼开起一家烧烤店。后来他先后开办过火锅店、食品厂，员工以自己的家人为主。2008 年刘威收到移民局的信件，邀请他申请新加坡公民，否则永久居民到期后便不能再续。当时他们一家已经安顿下来，也有了自己的生意，就申请了公民。没想到这个公民身份后来帮了他大忙。因为店里聘请了一些没有就业证件的劳工，被新加坡人力部查出来。据他回忆，当时人力部的调查员跟他说"你们干什么我都知道，信不信我把你们的 PR 给割了?"后来这位官员翻材料发现刘威已经是公民了，就说："原来你已经是公民啦，公民就没事了。"2009 年他还因为非法雇用外劳被新加坡人力部关了两天。由于新加坡政府规定此类公司每聘用六个新加坡公民，才能雇用一个外国劳工。但是新加坡公民不仅工资福利要求高，还不愿意加班。他们就偷偷地聘用外劳，后来因为这些问题，他的食品生意做不下去了。调查时刘威主要做一些商品贸易方面的生意，并逐渐地将重心转回了国内。

上述案例都是工程师主动辞职，也有人是被动离开的。当公司效益不好的时候，公司就会裁员。比如 2008 年金融危机时有一批工程师被辞退。合同到期后，公司不会续约，部分未到期的工程师也被提前终止合同，已经通过面试准备去新加坡的也被解除签约。这批人大多是刚到新加坡不过三四年，所以也没有什么牵绊。但是危机期间回国，找工作的空间就大大缩减。整个行业的周期性是一致的，行业景气的时候新加坡公司在招人，国内也在招人；不景气的时候新加坡在裁人，国内也停止招人。有的工程师就是行业不景气的时候被裁员，回到国内，过两年行情好了再过来。另一种形式的裁员被称为重组，多从收入较高而非核心技术或生产岗位的工程师下手，但是涉及的中国籍工程师并不多。这个阶段的工程师往往已经取得公民身份，至少也是永久居民，生活有了一定的保障，因而他们可以再去其他半导体相关企业，或者转行。

　　总之，留在新加坡的工程师在离开这个行业之后，许多人转而从事一些中介性的工作，比如上文沈毅的房屋中介、李志豪的保险中介、胡伟的招聘中介，以及签证中介，都是为后来的新人服务。他们早期积累的经验、知识和关系成为一种资本，使其成为后来者与新加坡社会连接的桥梁。所以说，他们的流动不仅是时空的迁移，也是社会关系的转变。一个工程师从贵州农村到上海，是家乡社区与"大城市"的连接；从上海到新加坡是跨国生产分工的连接；从工程师到房屋中介是新移民与新加坡社会的连接。人的流动也是个体在结构关系中不同位置和节点之间的转移。如果说新移民在新加坡社会地理空间的流动是沿着本地的社会肌理，如就业机会、教育资源、生活环境等，那么这个群体在社会空间上的流动就是沿着新移民与新加坡社会的连接纽带，也就是由"生"到"熟"，由"不合格"成员到"合格"成员的过程。早期工程师为后来者提供各种中介和服务，实际上是强化他们与这些纽带的联系，并最终成为这个特殊群体的部分节点。在这个过程中，一开始起作用的是教育、技术、经验等半导体行业的专业资本，但是脱离这个行业，便必须具备政治身份、经济资本等条件。

第四章 从"外国人才"
到技术工人

　　罗阳是一位负责制程研发的工程师，原来在东北的某合资企业工作，干了三年之后开始动了出国的念头。当时她周围的朋友流行去日本，但为了学习英文，她选择了在当地报纸上发布招工广告的"新加坡某电子厂"。2000年她来到新加坡从生产线上的操作工做起，每个月薪水1250新币，拿的是工作准证。刚开始工作她就报名参加了新加坡政府组织的一个英文培训班，半年之后毕业，取得了她在当地的第一个教育证书。此后，罗阳又参加了职工总会（NTUC，National Trades Union Congress）主办的办公软件培训班。2002年第一个合同期满，某天公司安排她们排队在人力资源部门续约签字，发生了一件让她记忆深刻的事情。有一位操作工很喜欢新加坡，就问人力部门的同事她能不能申请永久居民。罗阳谈起来仍然记得那位新加坡同事的表情，她捂着嘴笑起来说"你们啊，没学历，没收入，10 年内没有可能"。

正是因为这件事情的刺激，罗阳下决心一定要在新加坡读书。虽然已经在国内拿到了电子专业的本科学历，2002 年她又报名在新加坡开始了一个大专课程的学习。可是就读之后不久，她有了一个回国机会，朋友介绍的在上海的某个半导体企业可以直接拿到工程师的职位，但为了完成这个课程她不得不放弃。到了 2005 年，新加坡政府在原来的工作准证（Work Permit）和就业准证（Employment Pass）之间推出了新的技术准证（Skill Pass）。这给了罗阳一个绝好的机会，她当时的薪水达到1800 新币，再加上在新加坡取得的大专学历，维持了 5 年的工作准证终于换成了技术准证。回想起来，罗阳觉得新加坡移民政策对她最大的影响就是当她居留无望想回国的时候，政府推出了技术准证。罗阳是当时公司第一个拿到这种准证的员工。

在此基础上，仅仅过了半年，2005 年底她就成功地申请到永久居民的身份。按照当时的政策，之前的工作准证要是申请永久居民就等于在做梦。技术准证的要求比就业准证低，她努力之后就拿到了。她的一位朋友没有拿到技术准证，也没有在新加坡读书，所以就申请不了永久居民。这位朋友当时还在跟一个新加坡男性谈恋爱，没有结婚，对方也不能帮她申请永久居民，后来合同结束之后这位朋友不得不回国，两个人的感情也随之结束。有了永久居民的身份，2007 年罗阳在申请硕士课程的时候，3 万新币的学费中，新加坡经济发展局和所在公司各支付了1万新币，大大减轻了她的压力。如果没有永久居民的身份，她就没有资格申请此类再培训的计划，不仅入学难，还必须自己支付相关的学习费用。在读硕士期间，罗阳认识了自己的丈夫，他是一位土生土长的新加坡华人。两人2007年底的时候结婚。根据当时的政策，一个新加坡公民和一个不是永久居民的配偶是没有资格购买政府组屋的。这时候她的永久居民身份又发挥了作用，他们在2008年顺利地拥有了自己的住房。调查时罗阳在新加坡的身份仍然是永久居民，她也没有申请公民的动力。因为丈夫是新加坡人，这样所有针对家庭的福利他们都能享受到。另外，她还是中国籍，也可以利用这个身份的某些便利。她和丈夫在珠海买了一套住房，计划将来去那里养老。按照她的规划，珠海在老家东北和新加坡之间，这样就可以照顾到两个家庭的老人，并且来往也会比较方便。罗阳这近十年的经历中，伴随着职业和教育的发展，展现出在新加坡政府所规定的社会阶梯上不断攀爬的过程。背后核心的是新加坡政府如何界定该国的国民资格，并以此为基础发展出一套社会福利和身份体系。

在全球化浪潮的席卷之下，以前被限制在民族国家范围内的公民身份已经难以界定跨国人口流动的现实，公民身份的研究需要突破民族国家的边界。哈贝马斯就曾指出："民族国家着眼于一定的地域，相反，'全球化'一词表达的是一种动态的图景，它们会不断挑战边界，直到摧毁民族大厦。"① 如此的乐观不知是否正确，但至少"公民身份"这一概念内部的张力日益成为一个问题。马歇尔在1950年率先定义了"公民身份"（citizenship）这一概念，即"被接受具有一个社会完全的成员资格"（a claim to be accepted as full members of the society）。但同时也提出疑问，市场经济所内生的不平等如何与这种完全的成员身份进行调和？②

　　"公民身份"这一概念的考察必须同国家结合起来，这个概念是指一个人与某个民族国家有天然的、政治的、文化的、经济的联系，并在这些联系之上发展出一整套的认同与庇护、权利与义务的体系。如果我们简单回顾这个概念的历史，会发现一个由种族到政治，并日益向经济因素倾斜的划界方法之变迁。在现代的民族国家体系下，"公民"一方面是新自由主义视野下的个体为了追求自身利益所操弄的工具，国家在收取税收之后提供相应的服务；另一方面，民族主义将"公民"视为一个人对某个民族国家的身份归属，并相应地包含国家对个人的庇护。具体来说，"公民身份"包含三方面的内容，一是成员资格，就是个体归属于哪个集团的问题，在民族国家的框架下就是"国籍"，同时涉及个体对于集团的"归属

---

① 尤尔根·哈贝马斯：《后民族结构》，曹卫东译，上海人民出版社，2002，第 79 页。

② T. H. Marshall, *Citizenship and Social Class*, London：Cambridge University Press, 1950, p. 8.

感"；二是权利与义务的集合，主要表现为公民与国家的关系，国家保障公民获得一定的权利，公民相应地必须承担责任，这构成公民身份的法律内涵；三是参与活动，就是公民通过社会网络或者国家的政治经济渠道参与到共同体的运作之中去，在双方的互动过程中达成互惠的结果。①

"公民身份"是一个划分边界的过程，也是个体自主地参与到同国家互惠关系建构中的过程。由于经济全球化的不断深入，人口的大量流动带来王爱华（Aihwa Ong）所谓的"弹性的公民身份"（flexible citizenship），中上层移民利用多国护照来促进他们的商业连带和社会生活。②这个概念很好地展现了移民群体中对于社会身份的弹性操弄，也就是他们如何发展出一套策略来积累资本和权力。但不可否认，这里的弹性空间更多讨论的是民族主义框架下政治与文化、利益与认同之间的张力，是从个体出发的选择与策略。

而在国家层面，公民资格的认定表现出来的是一整套的治理手段，并在人们的日常生活中留下深深的烙印。以新加坡著名的组屋制度来说，新加坡政府自 20 世纪 60 年代就开始逐步推动现代化的政府组屋来取代传统的、族群化的景观，从而塑造出其认为有助于国族建构的基

---

① Keith Faulks, *Citizenship*, London: Routledge, 2000, p. 4.
② Aihwa Ong, *Flexible Citizenship: The Cultural Logics of Transnationality*, Duke University Press Books, 1999, pp. 1 – 26.

层社会环境。通过购买组屋的资格审查、组屋中族群比例的调配、组屋空间的规范性，组屋成为国民身份的象征符号。① 回到上述两种公民身份体系之间所存在的诸如民族主义与新自由主义这样的差异，所谓的"弹性"如何体现出来？

新加坡社会的政治身份体系

为了因应全球化所带来的复杂性，政府的角色已经逐步演变为法律、经济和社会规则的调整者，或者说是资本主义游戏的看守人，负责调整各种实践活动和流动。② 但是跨国企业对于劳动力自由流动的追求并不会得到民族国家天然的支持，事实上两者之间存在必然的矛盾。民族国家一个本能的任务就是划定它所统治的边界，表现为不断寻求对于一定空间内的各种流动现象进行管理。早期的目标就是如何控制外部的游牧民族，以及对内部的"流民"进行管理。③ 民族国家的运行，离不开对于各种形式的流动，比如对物资、人口和货币进行严密的控制。从这个意义上，移民管理的机制不过是民族国家确定权力边界的技

---

① 叶韵翠：《国族论述下的新加坡华人聚落变迁》，台湾师范大学地理系第十八届博士论文，2011。

② 约翰·厄里：《全球复杂性》，李冠福译，北京师范大学出版社，2009，第131—142页。

③ G. Deleuze, and F. Guattari, *Nomadology*, New York：Semiotext, 1986, pp. 59 – 60.

术之一，以应对外来者，并巩固主体性。

新自由主义影响下的移民政策针对的是移民背后的经济、科技、教育等资源，在不同的国家表现出不同的内容。在迪拜的变奏是由那些在"道德和权威"上更有价值的移民来主导，而新加坡更偏向"经济"上有价值的移民。① 这也是新加坡政府被称为新加坡有限公司（Singapore Inc）的原因之一。立足于经济理性的移民政策逻辑在于，针对不同经济"价值"、不同阶级的移民制定差异化的政策。政策制定者往往会针对不同阶级的移民设计不同的政策。这表现出一种"阶级主义"的意识形态，利用阶级筛选将双边的社会体系联系起来。②

在劳动力管理方面，新加坡政府不同的部门承担不同的职责。新加坡经济发展局（Economic Development Board，EDB）负责判断哪些技能是未来投资者所需要的；国家人力资源委员会（National Manpower Council，NMC）负责协调具有这些技能劳动力的供应；人力部（Ministry of Manpower，MOM）负责具体的外籍劳动力管理；教育部（Ministry of Education，MOE）负责长期的人力资源和技术发展；新加坡工艺教育学院（Institute of Technical Educa-

---

① Ahmed Kanna, "Flexible Citizenship in Dubai: Neoliberal Subjectivity in the E-merging 'City-Corporation'", *Cutural Anthropology*, Vol. 25, Issue 1 (2010): 100 – 129.

② 曾嬿芬：《谁可以打开国界的门？——移民政策的阶级主义》，《台湾社会研究》2006 年 3 月第 61 期。

tion，ITE）和具体的行业机构则负责解决短期的技术需求。[1] 中国工程师涉及的就业准证或技术准证由人力部发出，永久居民或公民申请由新加坡移民局（The Immigration & Checkpoints Authority，ICA）管理。

新加坡的政治话语中将移民劳工分为两类：一是制造业、建筑业以及家庭服务业所雇用的低技术或无技术的"客工"（guest workers），这些人口往往具有一定的族群特征，来自特定的地区。像建筑业工人最早来自马来西亚，后来为泰国人和中国人，现在主要来自斯里兰卡、孟加拉国等地区。二是来自全球各地的"外国人才"（foreign talents），这个群体往往具有全球认可的专业技能或学历。移民劳工在新加坡的就业结构被工作签证严格区分开来，根据技术等级，准证分为面向专业人士、管理人员和专家的就业准证（EP）；面向中层的技术劳工，如机械师的技术准证（SP）；面向低技术、无技术或家庭服务者的工作准证（WP）。对于拥有新加坡所需要的技术或素质的外国人，新加坡政府鼓励他们申请永久居民。但是低技术外国工人在新加坡的工作生活不仅是短暂的，而且受到严格的空间限制。[2] 复杂的劳工和移民治理实践重新定义了谁才

①　Sarosh Kuruvilla, Christopher L Erickson, Alvin Hwang, "An Assessment of the Singapore Skills Development System: Does it Constitute a Viable Model for Other Developing Countries?", *World Development*, Vol. 30, No. 8 (2002).

②　Chris Leggett, "Labour markets in Singapore: flexibility in adversity", in John Benson and Ying Zhu (ed): The Dynamics of Asian Labour Markets: Balancing Control and Flexibility, Routledge, 2011, p. 84.

称得上是公民，有价值的管理者和劳动力在社会体系中的
地位越来越接近定义公民价值的地位。①

除去各种短期的人口流动，如旅行、访问、商务等类
型的迁移活动，居留在这个热带岛屿上的人们所依据的政
治身份大体可分为三类，一是为"外国人"设计的各种签
证和准证；二是具有部分国民资格和福利，相当于准公民
的永久居民；三是具有完全国民资格的公民。后两者在新
加坡政府人口统计中被归为"居民"，而用来定义"外国
人"的第一类主要是各种工作许可。政治上的"公民"或
认同上的"新加坡人"之外，"外国人才"与"客工"均
不具有完整的成员资格，只是强调了其作为劳动力的属
性：不管是"人才"还是"工"。

工作身份及其变化

早期所有中国工程师初到新加坡拿的都是就业准证，
调查时也仍是这个群体中最主要的身份类型。就业准证②
（Employment Pass，简称EP）是针对外国职业人士、经理、
高管和专家的工作签证类型。每月基本工资的最低标准是
3300 新币，并要求申请者拥有相应的资质证明。毕业于优
秀学府的青年人薪水最低要求为3300 新币，但是较年长者
的薪水必须更高，且具备一定的工作经验或专门技术。当

①　Aihwa Ong and Stephen J. Collier. Global Assemblages：Technology，Politics，
and Ethics as Anthropological Problems. Blackwell Publishing，2005，p. 271.
②　整理自新加坡人力部网站，见 http：//www. mom. gov. sg/foreign-manpower/
passes-visas/employment-pass/before-you-apply/Pages/default. aspx。

然不同行业的情况也有差异，背后起作用的是新加坡政府制定的"战略与技术需求列表"（The Strategic and Skills-in-Demand List）。这个列表由新加坡人力部发布，主要列举了新加坡经济发展所急需，或者重点发展行业必需的专业和技术领域，并会根据产业规划和劳动力市场的变化而不断调整。根据 2012 年 8 月所更新的表格，该列表分为制造业、建筑业、医疗、金融、信息技术与数字媒体、旅游与零售等几大领域。晶圆制造业的制程整合工程师也在其中，要求必须具备电子工程、机械工程和计算机等专业的硕士和本科学历。① 这个类型的准证主要是与工资挂钩，但也和毕业的学校有关系，如果是新加坡当地学校毕业的，据说机会就大些。

2013 年开始，部分原来持有就业准证的工程师在更新时被降为技术准证。一般人力资源部会提前两个月联系工程师更新准证，让他准备材料，再由公司提交给移民与关卡局。如果符合就业准证的申请条件，公司肯定会给申请。因为公司要为持有技术准证的员工缴纳外劳税，从其自身的成本来说并不划算。所以准证的申请、类型与批准主要是个人与新加坡政府互动的场域。包如刚 2010 年以就业准证的身份进入新加坡。两年期满之后因为他的合同只剩下一年，移民与关卡局将他的就业准证只延长了一年。

---

① 整理自新加坡人力部网站，全表见 http://www.mom.gov.sg/skills-training-and-development/skills-in-demand/Pages/skills-in-demand.aspx。

到了 2013 年他再去更新的时候，竟然被直接降为技术准证。虽然这时候他的薪水已经达到 4200 新币，远超就业准证 3300 新币的门槛，但还是未能成功申请。

与包如刚熟识的另外两位中国工程师也在 2013 年被从就业准证降为技术准证。其中一位在 2012 年底更新就业准证就被拒绝。当时移民政策收紧的态势尚不明显，她还找到一位部门经理写了求情信，公司也帮她申诉。其间（三个月）她只好申请临时准证，以等待新的身份。但是最终还是未能办下来，后来她在新加坡生活的身份就变为了持有技术准证的外国人。就业准证的更新还跟申请人的国籍有关系。另一位中国工程师在 2012 年初更新准证时被降级，但是公司提交的同一批次申请中，他的马来西亚同事则成功更新。此外还有教育的因素，在新加坡本地接受过教育，即使是一些并不是很优质的理工学院，也比中国学历有优势。有些中国工程师毕业自清华大学、中国科技大学、哈尔滨工业大学这样的国内名校，但是在申请过程中仍然需要"证明"他们的学历。而那些在当地留学的工程师，大多已经拿到了新加坡公民，至少也是永久居民，所以就不存在更新准证这方面的问题。

这里涉及的另一种准证就是技术准证[①]（Skill Pass，简称 SP），针对中等技能人员和技师。申请技术准证有一

---

① http://www.mom.gov.sg/foreign-manpower/passes-visas/s-pass/before-you-apply/Pages/default.aspx.

套积分系统，根据劳工的各项条件进行打分。主要的标准
包括：月薪不低于 2200 新币；年龄较大者必须具有一定的
技能或工作经验；持有本科或大专学历，或专业技能认
证；有相关行业的工作经验。与就业准证最大的不同在
于，持有技术准证劳动者的就业实行配额制。服务行业雇
用技术准证持有人的比例不得超过全体员工的 15%，其他
行业为 20%。也就是他们常说的外国员工和新加坡本地员
工的比例是 1:4。此外，公司每聘用一名技术准证持有者，
还必须向新加坡政府缴纳外劳税。半导体行业需要支付的
数额大约为 450 新币每月。

　　在为外国人设计的就业工作身份体系中，调查时最高
等级的是就业准证，收入需在 3300 新币以上；其次是技术
准证，门槛是 2200 新币；最低的就是工作准证。此类对于
移民劳工的分类往往制造出不承认劳动者个体有超越自身
处境的局面，也就是不管个人的技能和知识具有什么样的
价值或潜力，都注定被限制于一定的社会类别，因而只能
从事受限制的工作。①

　　中国工程师在半导体行业发展之初，都是持有最高
级别的就业准证。随着政策调整则不断被向低一级的技
术准证进行挤压。但在这个趋势之中，也不断有个体通
过各种手段来提升就业地位。虽然政策上工作准证持有

---

① 罗伯特·曼戈贝拉·昂格尔（Roberto Mangabeira Unger）：《重新想象的自
　由贸易：劳动的世界分工与经济学方法》，高健译，北京大学出版社，
　2010，第 164—166 页。

人是没有资格申请永久居民的，但是也有人通过读书、升职、培训等途径从工作准证上升到技术准证，甚至就业准证。

工作准证①（或工作许可，Work Permit，简称WP）针对的是最低层次的外国劳工，并根据来源国进行了限制。分为马来西亚工人与北亚/中国/非传统地区两类：前者在准证批准之前可以留在新加坡，年龄在18—58岁；而后者只有批准之后才能进入新加坡，并且企业必须事先缴纳每人5000新币的保证金，年龄限制在18—50岁。工作准证必须由企业向人力部申请，成功之后才能招聘，而就业准证和技术准证可以先聘用再申请。制造业企业还必须缴纳每月250—550新币的外劳税。晶圆厂里，生产线上的操作工大多持有工作准证，他们的薪水大多在1200新币左右。

与本章开篇罗阳的经历类似，姜伟也是从生产线上的操作工慢慢地做到了工程师，调查时已经是新加坡公民。他1978年生于吉林，在报纸上看到招聘广告之后就去面试，2000年来到新加坡。当时他只有高中学历，也没有半导体行业的工作经验，所以一开始做的工作是操作工，薪水只有1000多新币。本来姜伟没计划在新加坡留下来，就是想赚钱。他当时给自己设定的计划是在新加坡工作四年

① http://www.mom.gov.sg/foreign-manpower/passes-visas/work-permit-fw/before-you-apply/Pages/overview.aspx.

攒 50 万元（人民币），然后回老家开家饭店。后来新加坡的收入没有想象中那么好，而且家乡的变化也很大，50 万元根本实现不了他的梦想，他就继续在半导体行业干了下来。

2001 年开始姜伟就读当地的理工学院，一边读书一边上班。2005 年从理工学院毕业之后，他接着又开始在南洋理工大学读电子电气设备的本科。刚拿到大专学历不久，2006 年他在一位新加坡同事的帮助下跳槽去了另一家公司，实现了从工作准证到技术准证的跨越。在原来的公司，他一直是这位新加坡工程师的助理，两个人关系不错。据姜伟回忆，主要是有时候机台有问题，新加坡人不会半夜回公司加班，就要临时找人去处理。但是别人晚上都把电话关机了，好几次都是他半夜去替这位同事解决问题，几次下来他们的关系就变得比较好。后来这位新加坡同事跳槽去了另一家公司，跟那边推荐姜伟。当时他已经在原来的公司升了两次薪水，但是每个月仍然只有 1450 新币。换公司之后，薪水马上增加到 2300 新币，准证也换成了技术准证。

有了这个身份，再加上新加坡当地的学历，姜伟在入职新公司的第二个月就申请了永久居民，2006 年 7 月正式成为新加坡永久居民。成为永久居民的第二天，他就从这个公司辞职了。2007—2008 年，跟随在第一家公司认识的那位新加坡朋友，他先后换了两份工作，薪水也增加到 3500 新币。正是有了永久居民的身份保障，他才有可能这样频繁地换工作，而不必担心准证问题。2006 年拿到永久居民之后，姜伟先后把自己的父母和大哥接到了新加坡，开始做起了生意。2008 年初，他收到新加坡移民与关卡局的一封信，要求他申请公民，否则永久居民五年到期之后就不能更新。当时他们一家人已经在当地安顿下来，并有了自己的生意，他没有任何犹豫就申请了新加坡公民。

表 4-1　各类型准证占比变化

年份	就业准证 EP		技术准证 SP		工作准证 WP	
	数量（千人）	占比（%）	数量（千人）	占比（%）	数量（千人）	占比（%）
2009	114.3	11	82.8	8	856.3	81
2010	143.3	13	98.7	9	871.2	78
2011	175.4	15	113.9	10	908.6	76
2012	173.8	14	142.4	11	952.1	75
2013	175.1	13	160.9	12	985.6	75

资料来源：Ministry of Manpower, Foreign Workforce Numbers，数据截至 2014 年 3 月 14 日，http://www.mom.gov.sg/statistics-publications/others/statistics/Pages/ForeignWorkforceNumbers.aspx。

总之，如表 4-1 所示，工作准证是外国劳工赴新加坡工作最主要的身份类型，但持有此类准证的劳工比例不断降低，展现了新加坡政府试图提升外来劳动力水平的努力。而原来并不存在的技术准证的签发数量则持续增长，作为中间类型接受了其他两种层次的部分劳工。

与永久居留权最为接近的就业准证在 2011 年之后显示出收紧的势头，而当年正是新加坡的大选年，也是新加坡社会移民政策发生剧变的一年。一方面，政府可能在大选之前，特别是 2008 年、2009 年前后接收了较多的永久居民。部分符合条件的就业准证持有人已经拿到了永久居民，因而此类劳工比重会降低。另一方面，2011 年大选使得执政党认识到了民间的不同声音，开始收紧移民政策，而就业准证持有人就相当于永久居民的蓄水池，必然最先受到影响。

新加坡居民的两重天

根据新加坡政府的政策，永久居民申请者须为下面四种情况：新加坡公民或永久居民的配偶与未婚子女、新加坡公民的老年父母、就业准证或技术准证持有者、投资人或企业家。很多工程师在申请永久居民的时候基本上没有特别的顾虑，因为这就像一个标准动作，留下来的工程师绝大多数按部就班地取得了这一身份。一位 2005 年取得永久居民身份的工程师回忆：

> 当时 PR 还不是申请，是邀请。到了之后半年，我在 2004 年底接到了移民局的邀请，后来在 2005 年初交了材料。当时也没什么概念，只是大家都拿，赶时髦。唯一的好处就是换工作方便，有了 PR 就不用找中介，也不用回国。而且当时对 PR 的限制也少，公民能去的公司，像那些政联企业都能去。而且用了

PR 就可以有 CPF，并能够申请带父母过来。PR 当年更多是新加坡政府吸引人才的手段，不像现在这么多限制，所以也没什么纠结的。办理手续很简单，我当时一共只去了 ICA 两次，就办了下来。

正如上文的案例所显示，很多人申请永久居民也并不是为了留在新加坡，只是为了换取一个更有保障的就业身份。对于工程师来说，永久居民最大的好处就是就业相对自由，有选择工作机会的权力，不用担心准证，更不用担心被老板以取消准证相威胁。外籍劳工的准证是和他在新加坡的工作合同挂钩的，一旦失去工作就得离开新加坡，往往也没有时间找第二份工作。而获得永久居民身份之后，即使失去工作也可以留下来应聘其他机会。不仅省去了来回的折腾，也不必再经过中介，节省了一笔开支。另外，准证持有人必须受限于一定的外籍劳工雇用限额，而永久居民则相对自由。

第二点好处是，永久居民可以享受一定程度的福利保障。比如公司每月会为其缴纳一定额度的公积金（CPF），相当于变相储蓄。根据规定，第一年个人缴纳 5%，公司缴纳 4%；第二年个人增加到 15%，公司为 9%；第三年以后个人为 20%，公司 15%。就缴纳额度而言，薪水部分以 4500 新币为最高限度，但是花红必须严格按照比例缴纳。比如一个工程师申请到永久居民的第一年，月薪 3500 新币，奖金 1000 新币，那么公司就必须每月为他缴纳 180

新币 CPF。这笔钱在注销永久居民身份回国时可以取出来，缴税之后就可以自由支配。

另一个重要的吸引力在于永久居民可以购买二手的政府组屋。一套 40 多万新币的组屋，首付只需要十余万新币，房贷利率也比国内低。一个夫妻双方都有工作的工程师家庭，两年差不多就可以攒够首付。将部分房间出租出去之后，每个月扣去贷款还能有所剩余，基本上不会有多少压力。因而很多人在取得永久居民身份之后的第一件事就是购买组屋。据已购房的工程师解释，这并不能说明他们就决定定居新加坡，更大程度上是一种投资手段。董鹏辉到新加坡刚满一年，2009 年取得了永久居民身份。当时他预计永久居民身份三个月就能批下来，所以提前看好了房子，并交了订金。但是移民与关卡局的信件在公司的人力部门被耽误，过了三个月政府规定组屋必须重新估价，最后房子多支付了一万新币。另一位工程师原计划拿到永久居民身份之后再看房子，但是没想到新加坡政府突然出了一项新规定，要求永久居民购房必须缴纳印花税。他 2013 年 1 月 1 日拿到永久居民之后马上就去交了首付，1 月 10 日新政策开始实施，最终赶在 1 月 9 日签了购房合同。后来才发现这套房子正对高速公路，环境特别嘈杂，但是当时买得匆忙也没发现。即使如此，回想起来，他们也认为这是他们最正确的人生决定。永久居民身份的优势不仅在于就业和购房，还影响到生活中的许多细节。比如可以申请信用卡，而之前

的各种工作签证都不行；去第三地旅行的签证更方便；驾
照永久有效，而不再有期限；还可以为其他人担保申请赴
新加坡的签证。

外国人在新加坡工作生活一段时间之后就可以申请永
久居留权，为期五年。申请人持有的准证不同，标准不一
样，等待的时间也不一样。原来持有就业准证的工程师往
往在新加坡待够2—3年之后就可以开始申请永久居留权，
早期甚至抵达新加坡一年之内就可以拿到。而拿技术准证
的助理工程师就只有耐心等待，或者通过读书、升职、跳
槽来改变就业身份，提升自己在政府列表上的位置。根据
2013年出台的新政策，移民只有在新加坡待够两年之后，
才有资格申请永久居留权。而购买政府组屋必须等到正式
取得永久居留权之后三年。获得永久居民身份后，之前的
工作准证会失效，随后取得一张蓝色的新加坡身份证。至
此才被当地政府作为"居民"，而不仅仅是外国劳工。永
久居留权的有效期是五年，到期必须更新，移民局会根据
新的条件以及过去的表现进行审核。这五年期间，部分
人会收到新加坡政府入籍的邀请信，部分会主动申请公
民身份，其余则可能坚持持有永久居民身份而不转国籍。
新加坡政府开放的永久居民的名额是与当时社会的族群
构成相适应的，因而各族群都有不同的名额，申请难度
也不同。

如果说申请永久居民是一种保障就业自由的策略，那
么转成公民就是跨国迁移的质变，自此就从中国国籍变为

新加坡国籍。在工程师群体的生活中，推动他们做出这一决策的因素大致有以下几种：一是新加坡可以给小孩提供良好的教育和成长环境；二是公民与永久居民之间的福利差距越来越大，成为公民可以拥有更好的社会福利；三是多年之后已经很习惯新加坡的生活方式。

程伟华 1993 年从清华大学毕业，2000 年来到新加坡，调查时他是一名房地产中介人。他讲述了自己申请新加坡公民的经历。

一开始的想法就是过来工作赚钱的，想着干两年合同期满就回国，结果一个两年两个两年就到现在了。2002 年我们第一个孩子在新加坡出生，我也是在那一年申请的 PR，当初没想那么多，因为大家都申请，也没什么原因。2003 年买了房子，主要是小孩出生了，而且老租房也不划算，就相当于给房东还贷款，还不如自己买房子，每月出租出去的租金比贷款还多，而且到时候要回国把房子卖了也能赚一笔。2006 年我第二个小孩出生，后来 2006 年底申请公民，2007 年初就批下来了。主要是考虑着老大该上小学了，公民的话方便点。而且我自己从中国来到新加坡，现在都有认同上的矛盾。即使你加入了新加坡国籍，新加坡人还是把你当中国人看。而你回去中国，别人又觉得你是新加坡人，朋友什么的也没有了联系。我的小孩都是在这边生长的，他的朋友都在这边，对国内也没有什么感情。我不想让他再经受我的问题。他从小在新加坡长大，将来就在这边生活。当时是我带着两个小孩申请了公民，我妻子没有。很多家庭都是这样，有的是丈夫申请，有的是妻子申请，差不多各一半一半，主要是想着回国方便。2009 年我太太也申请了公民身份。当时一变成公民，新加坡政府就给我退税，我们家老二也有各种补贴，就后悔没有早几年申请。

世界上任何国家的移民政策在执行过程中都存在一个"黑箱"。表面上清晰的标准规范在实际执行过程中，会受到移民官员与申请人双方的多重因素影响，也会因为政治周期、经济环境、社会舆论等条件表现出一定的周期性。在新加坡政府设定的身份体系中奋力挣扎的人们也意识到这些灰色地带的存在，并在群体内部形成了相应的知识。他们把猜测的重要因素归纳为两类。

一是家庭背景，申请人父母的婚姻情况、工作收入会影响成功率。如果是家里的独生子女，则有一定的劣势。背后的考量是，新加坡政府需要移民来发展经济，提升生育率，但同时也要限制可能的连锁移民。举例来说，如果申请人的父母没有正式工作或稳定收入，将来依靠子女养老的可能性就比较大。对于中国申请人中较为常见的独生子女现象而言，有兄弟姐妹，或者来自城市地区的案例成功率就会比较高。独生子女为了抚养第三代，或者赡养老人，必然会将父母接到新加坡。即使不是永久居留，也会申请长期社交访问准证。这样一对独生子女夫妻，就有可能一段时间内给当地带来四名老人，这就可能给新加坡的医疗体系增加负担。而新加坡需要的是符合经济发展需求的合格劳动力，以及他们的生育能力，而不是更多的养老负担。

二是就业领域，一定要符合新加坡政府的发展规划。对于以技术经验申请永久居民或者公民的中层移民而言，是否符合上文提到的战略与技术需求列表尤为重要。虽然政策规定中都有最低工资的要求，但是未明说的行业领域远比条文中的收入水平重要。当一个行业符合新加坡政府大力发展的战略时，具有相应专业技能的外国劳动者就更容易获得永久居民或者公民身份。进入成熟期后，便会维持稳定的规模。到了行业发展的末期，就业人员的申请便会格外严格。比如半导体行业和硬盘制造业在 2000 年前后就是政府支持的高端产业，以赌场为代表的综合娱乐城在 2010 年也得到政府支持，但这些行业在新加坡经济社会中的重要性都在下降。在行业之外，公司规模也特别重要，大企业的员工更有优势。因为大企业抵抗风险的能力更强，就能够保证申请人稳定的收入水平，不至于给当地社会保障体系带来压力。所以申请表中的基本收入或固定收入特别重要，那些收入起伏较大的工作，比如做小生意，即使平均收入较高也不占优势。

中国工程师群体在新加坡的工作与生活有明显的阶段

性。初到新加坡的很多人都是持有就业准证。到了 3 年后，也就是第一个合同期满之后，就开始准备申请永久居民。4—5 年以后，许多工程师已经取得了永久居民身份，并结婚买了房子。有了小孩之后 4—5 年，孩子到了上小学的年纪，很多人又转成了新加坡公民。所以整体而言，一个中国工程师从拿着就业准证的外国劳工，转变为新加坡的公民，需要十年以上的时间。当然，这是 2011 年之前的情况，后来政策越来越收紧，不仅申请永久居民和公民的门槛更高，等待的时间也相应地拉长。

上述是工程师群体移民定居的主要步骤，如果没有跟上这样的节奏，则可能面临许多问题。陈欣在 2004 年底接到了移民关卡局的邀请，后来在 2005 年初交了材料。当时也没什么概念，只是周围的同事都拿，他也跟着拿到了。当年永久居民资格更多是新加坡政府吸引人才的手段，不像后来限制这么多，所以他没什么纠结。而且手续也很简单。他们那一批在 2005 年初到年底拿到永久居民的同事中，取得身份之后许多人跳槽去了另一家新成立的晶圆厂。当时他们的薪水是 3000 新币左右，到新公司之后马上就拿到 4000 新币以上，然后先后购买了永久居民和公民才有资格购买的政府组屋。这批人都在淡滨尼、巴西立买了房子，生活也安定下来。许多人都有两套房子、两个孩子，还有一部车。而陈欣没有跳槽就落后了一步，他在耽误几年之后才出手买了一套公寓。这也是他回忆起来后悔的地方，觉得自己晚了一步，生活得没有朋友们轻松。

　　他的公寓虽然在表面上是升值了，但是因为是自己住，没有租出去，每个月要还房贷。如果要买组屋，按照规定就必须把公寓卖出去，30 个月之后才能有资格申请组屋。问题是陈欣的小孩才一岁多，卖掉这个房子，他们一家人就必须租房了住。一家老小，也不可能像以前一个人那样随时搬家。调查时他和太太两个人赚钱，所以还房贷没问题，但是买车暂时没希望。所以他觉得自己的生活陷入一个死循环，虽然具备买组屋的资格，但是因为小孩和家庭，还必须继续住在这里，也不能租出去。回首在新加坡的近十年经历，陈欣觉得自己与 2004 年一起出国的工程师的分水岭出现在 2005 年。他没有抓住永久居民换工作的便利，在同一家公司耽误了太长时间。

　　作为这片土地上的"居民"，永久居民与公民的权利义务主要分为两类：一是政治身份，一是福利身份。公民无疑享有完全的国民资格和政治上的优先权，但是两者在社会福利上的差距一开始并不大。所以早期许多工程师拿到永久居民之后往往不会主动去申请公民，直到政府发出催促信件。但是调查时两者之间的福利鸿沟越拉越大，很多人积极地争取从永久居民转为公民。永久居民的证件为蓝色，而公民的身份证是粉红色，色彩上的区分象征着两者在新加坡身份体系中的巨大距离。

　　政治权利方面，国籍上两者完全不同，永久居民仍然持有来源国的国籍。公民作为与新加坡政府相对应的人民主体，享有完全的政治权利，比如选举权和被选举权。此外还包括政府、国防机构的就业资格，以及政联企业、科研机构就业的优先权。这种政治身份的差异也会传递到第二代身上，公民的小孩自然是公民，且永久有效。而永久居民的孩子要申请才能取得永久居留权，第一次申请为五年有效，此后必须更新才能取得5—10年的延期。差别还体现在为家人争取身份的政策上。永久居民的父母和21岁以上或已婚子女都不能依托他申请永久居留权。一个永久居民只能为自己的配偶以及21岁以下或未婚子女申请。公民的上述亲属则不存在此类限制。

社会福利方面，永久居民被要求与公民遵守同样的公积金缴纳规定，所得税税率也一致，但是社会福利的各个方面都有明显差距。公民享受的购屋津贴、生育津贴、教育津贴、医疗津贴和电杂费津贴都与永久居民无关。公民可以购买新的政府组屋，并享有大额的补贴。永久居民只能在二手市场购买，没有任何资助。以产假为例，就业准证是两个月，永久居民三个月，公民有四个月。其中公司给的带薪产假只有两个月，多出来的假期工资由政府补贴。永久居民与公民之间不断扩大的福利鸿沟表现在移民生活的方方面面，表4-2仅举例说明了住房方面存在的福利差距。

表 4 - 2 住房领域的福利差异

购房与出租		公民	永久居民	外籍
新组屋	已婚	配偶国籍不限	配偶须为新加坡公民	无资格
	单身	非成熟社区,最低年龄 35 岁,最高月收入 5000 新币	无资格	
二手组屋		不限	社区内永久居民比例必须低于 5%（马来西亚籍永久居民除外），双永久居民家庭在获得永久居民身份后必须等待三年	无资格
租屋出租		可整间出租	可出租部分房间,但不能整间出租	
购屋印花税	第一栋房产	0%	5%	15%
	第二栋房产	7%	10%	
	第三栋房产及以上	10%	10%	
组屋翻新		政府补贴	个人承担	无资格

资料来源：新加坡住屋发展局（The Housing & Development Board）网站，http：//www. hdb. gov. sg/，2013 年 10 月 15 日。

　　作为典型的保姆型国家，新加坡政府移民政策的设计深入社会生活的各个领域。但其中存在一种结构性的矛盾，即新加坡因为其自身的人口结构以华人占多数，为维持这种族群结构，对来自中国的新移民的需求是刚性的；但是新移民与当地华人之间的文化差异，以及日趋显性的社会资源竞争，又使得新加坡政府不断提高新移民的门槛，即新加坡政府的政策既希望新移民快速融入当地社会，又持续拉大当地公民与后备者之间的权益差距。①

新加坡政府坚守公民身份的政治和民族边界，将"新加坡人"（Singaporean）作为整个社会的政治内核，外来的新移民都必须整合到这个标签之下。同时，他们将公民身份所附带的福利价值让渡出来，与全球特别是区域内专业劳动力市场上的技术移民进行交换。这种交换行为建立在一套细致的身份体系之上，表现为复杂的治理技术。不同身份的人享受不同的福利条件，而且会随着政治氛围、经济规划不断变化。以平息国民的诉求，吸引新加坡未来发展需要的人才，或者约束不受欢迎人群的移民预期。这套身份体系已深入移民在新加坡生活的各个层面，如就业领域的职业升迁、技能培训、失业保障；教育领域的学费、入学资格、奖学金；购房方面的优先资格、公积金、印花税、政府补贴；医疗领域的门诊费用、报销额度；育儿方面的产假、托儿补贴、返税等。新加坡政府对于外来移民的控制，不仅仅是移民与关卡局（ICA）收紧移民政策，而是购房、签证、税收、教育等不同领域的政策联动，形成一套移民控制体系。维持公民与非公民的福利差距在全世界各国均是如此，但通过系统的身份政治和福利

①　游俊豪：《新加坡与中国新移民融入的境遇》，香港城市大学出版社，2021。

体系操作推动受欢迎的永久居民申请公民身份，则在新加坡表现得尤为明显。新加坡世界闻名的福利制度的另一面，就是大批外籍劳工、永久居民在合法劳动、正常纳税之后不能享受相应的社会福利。有一位永久居民受访者直白地描述道"交钱有份，数钱没份"。

"一家两国"与移民策略

这种等级化的福利体系使得新加坡政府可以通过政策调整，吸纳有价值的"外国人才"，特别是那些既能够提升生育率又能促进经济发展的青年人才。但作为政府政策的对象而言，移民也会主动地适应这套体系，最大化地获取政策利益。工程师群体中就存在一种有意思的现象，即"一家两国"，指的是新移民家庭中夫妻双方拥有两个不同的国籍。因为半导体专业人才市场的存在，丈夫工作的稳定性和收入都相对较好，所以许多"一家两国"的工程师家庭是由丈夫带领小孩申请新加坡公民，而妻子保留中国籍。这种安排主要是出于分散移民风险的考虑：一方面使孩子有机会在新加坡接受良好的英文教育，享受新加坡政府提供的各种福利；另一方面为家庭的将来留条后路，便于再次流动。但是2013年开始"一家两国"的公民申请模式已经很难成功，新加坡政府通过限制此类新移民家庭的福利和便利，推动他们转为双公民家庭。

典型的"一家两国"模式可以用管贤生的例子来说

明，开始他只是为了买房申请了永久居民。后来当第一个孩子在国内养到三岁，他在 2010 年带着孩子申请了公民身份。调查时他太太仍然保持永久居民的身份。他们决定让太太保留中国籍，将来如果他在新加坡的工作做不下去了，还可以把房子卖掉回国。

这种"一家两国"的移民策略，主要是工程师们为了降低跨国移民的风险。在研究过新加坡政府政策之后，他们做出自身利益最大化的选择。新加坡政府规定，公民购买组屋必须在一定的收入水平以内，且不能有海外资产。但是来自南京的郭岩已经在南京买了一套房子，还有他父母的两套住房将来也会由他继承。如果他为了购买组屋而申请新加坡公民，就必须将自己在南京的房子出售。但郭岩认为这并不划算，这些国内的资产正在不断地增值，换成现金放在国内或新加坡又没有更好的投资机会。他还有一些投资在国内，跟原来的同学朋友合伙做生意。一旦申请了公民，这些钱在他看来只能放在银行一天天贬值。所以郭岩一直拖着不申请公民身份，后来结婚之后才由他太太带领小孩出面申请，他自己仍然保持永久居民的身份。他解释说："新加坡的政策调整迅速，好处是这个国家可以不断抓住新的趋势。但是对于个人来说，你根本掌握不了这个国家的政策走向，你只能走一步看一步，你不能为你的人生做任何规划。这也是我为什么不申请公民的原因，我看不清这个国家未来的方向。"

除去小孩教育的因素，男性工程师作为主申请人还有一个考虑就是，希望在职业发展上有所保障。新加坡的公民在世界上的免签国家达到 140 多个。公司安排出差、培训、会议也会考虑这点，新加坡公民比中国人、马来西亚人、印度人的机会要多很多。因为新加坡护照可以随时安排随时出发，其他国家的护照还要申请签证，不仅需要花时间，办签证还有额外的费用。正是因为签证的不确定性，中国国籍的工程师在出差、开会、培训等方面就会受到限制，也有工程师是因为这点办理了新加坡公民。跨国流动的便利性成为一种资本。此外，公民身份在晶圆厂内部的科层体系和办公室政治中有重要作用，有助于稳固其就业地位，这一点在第五章中会做详细讨论。

　　"一家两国"是中国工程师群体普遍的做法，只要家里有一个公民，就能享受有关的福利政策，避免一些限制。同时保留一个人的中国国籍，将来回国也方便。在跨国生活中，这些工程师一方面努力在新加坡的身份体系中向上攀登，但同时也坚守将来回流中国的退路。从这个意义上说，"一家两国"的措施有效地保证了他们的流动性。不是单向地流出到新加坡，而是保证了双向流动的可能性，从而降低了跨国生活的风险。

　　未来回归中国的一个最重要的考虑就是养老问题。首先是父母的养老问题。一位工程师讲：

　　　　对我来说，小孩的成长环境这边肯定好一点，但是父母的养老是一个问题。不仅是移民签证和身份的问题，还有环境、习惯的因素。我父母和岳父母来过这边都不适应，待一段时间就想回去。楼下很多带小孩的中国老人，都打算回去。这也是一个问题，将来他们在国内养老，我们如何照顾。

再就是工程师们对于自己老年生活的规划。调查中多数中国工程师不想在新加坡度过晚年，认为新加坡式的老年生活并不令人向往。新加坡社会的养老金是有专门的账户，个人和企业每月按照工资的一定比例存钱进去。到了退休，账户里边有多少就只能花多少，用完就没有了，政府不会为公民的养老买单。他们认为，新加坡政府对于老人的照顾和补贴往往是一次性的、恩典式的。比如 2013 年新加坡国庆时推出的"建国一代配套"，就只针对 1949 年12 月 31 日之前出生，并在 1986 年 12 月 31 日以前成为新加坡公民的群体，所涉及的奖励与补贴也是一次性的。[1]所以很多新加坡老人六七十岁了还必须出来工作。相较而言，工程师们理解国内的养老保险是政府保障，活得越长领的越多，但是新加坡是活得越长，缺口可能越大。而且早期新加坡建国前后经济落后，所以老人的公积金账户都没存下多少钱，大部分是靠政府资助，或者自己出去打工。在新加坡生活过程中接触到的老年人"悲惨"的生

---

[1]　杨萌：《80 亿元终身照顾建国一代医药费》，《联合早报》2014 年 2 月 22日；何惜薇：《一次性"建国一代"配套将派发》，《联合早报》2014 年1 月 31 日。

活，使得这些工程师对于未来充满了不确定感，因而需要为自己和家人留条后路。一位工程师讲述了他的考虑：

> 一家两国，是标准配置，想往哪里去都可以。家里有老人要照顾，不过现在买组屋的话不能有海外资产。国内我父母的房子将来肯定是我的，就只能卖掉，存在银行里。而且我相信没有人想在这里养老。他们的 CPF 是自己存的，有多少花多少，花完就没有了，所以很多新加坡老人七八十岁了还必须出来工作。中国的是统筹的，活得越长领的越多，但是新加坡是活得越长，缺口可能越大。而且因为新加坡医疗很贵，得一场大病可能 CPF 就用掉好多。所以这边的老人都没什么钱，大部分是靠政府资助，或者自己出去打工。

另一位工程师自己带孩子申请了新加坡公民身份，但他太太仍然保持永久居民身份。他的想法是：

> 很多人的计划是，等到 50 岁左右，小孩读完大学了，新加坡的房子留给小孩，自己回中国去养老。因为新加坡的 CPF 是自己交钱自己花，花完为止。而且医疗保险必须一直交钱，否则之前交的保险就会失效。所以很多人觉得国内的养老会比新加坡安全，预计到 60 岁退休，CPF 里边能够存下 100 万人民币，这样就可以回国养老。也有人计划将来老了，小孩的新加坡公民身份可以以很低的负担购买一个组屋。这样

他们就可以把自己的住房出租出去，然后用这笔租金在中国养老。

马谷民在 2007 年拿到公民身份之后，有一段时间觉得自己买了房子就不需要再存钱了，政府已经替他存了公积金。所以那段时间他和家人经常出国旅行，钱也花得很随意。但是后来他发现食阁里边打扫卫生、清理餐具的都是白发苍苍的老年人。新加坡人可能觉得很正常，94 岁出来工作是自食其力的榜样。[1] 但是对中国工程师来说，这个年纪的老人在国内就应该每天逛公园、打打太极、跳跳舞。所以这对马谷民的冲击很大，他不希望未来自己 60 多岁了还要给别人端盘子。可以说，两个社会的成员对于养老生活的期望是不一样的。新加坡人会认为老年人在身体好的时候就应该自食其力，如果公积金不够花，也不反对出去工作。但是中国人认为老人就应该颐养天年，上了年纪还出来工作是一件很辛酸的事情。

有工程师提出，他觉得新加坡老年人的生活算不上幸福。所谓的高福利都只是针对对社会有贡献的人群，比如年轻人、专业人才，一旦劳动力失去之后，老年生活就只能靠自己。这也是为什么很多中国人即使申请了公民身份，也计划将来回国养老。"一家两国"的方案就是设想夫妻中有一个人保持中国籍，将来利用这个身份再帮助其

---

[1] 洪奕婷：《94 岁婆婆自力更生》，《联合早报》2014 年 3 月 5 日。

他成员迁移回去。

　　新加坡政府注意到了这种现象，调查时作为永久居民的夫妻双方如果只申请一个公民身份的话，基本上很难获批，需要夫妻双方一起申请才可能获批。新加坡政府的目的就是慢慢把"一家两国"这种现象消灭掉。对于已经申请成功的工程师，家庭里边有一个公民，多数福利都能享受到，也就没什么动力去转换国籍。新加坡政府开始收紧政策，推动他们还是永久居民的家庭成员转成公民。比如不加入新加坡国籍，其父母很难长期过来居住。即使双方都是公民，政府在批长期访问签证（long term visit pass）的时候也是有潜规则的，实际上往往只会批准一方父母的签证。有一个工程师家庭，为了照顾年幼的小孩，去申请其父母签证的时候，只批了公民的那方父母。他总结了自己的遭遇，说："年轻人申请就可以过来，但是父母家庭团聚就不行。它扩大移民就是为了抵消生育率下降，但是忘记了中国人还有传统的家庭观念。特别是独生子女政策后，很多人还有老人要赡养。这也是为什么'一家两国'这么普遍，就算现在夫妻两个都是公民，将来还是有人要回去的。"新加坡老龄化严重，开放移民就是想吸引年轻的、有技术的劳动力迁徙进来。但是中国社会传统上习惯跟父母生活在一起。新加坡政府不希望大量老年人口进入，跟国民争抢医疗资源。甚至有工程师猜测，某种程度上，新加坡政府就是推动移民家庭去劳动力市场上雇用家佣，因为每个家佣政府都会抽税。而且家佣的工作生活被限制在家庭内部，不会经常搭地铁挤占公共资源，几年之后就可以取消签证迫使她们回国。

政府通过调整福利政策，持续扩大永久居民与公民之间的福利差距。同时试图提供经济诱因以吸引已经取得永久居民身份的中等收入群体或技术人才，推动他们向公民转变。但是公民身份不仅是经济结果，还包含特殊的政治和情感认同因素。

流动导致人们脱离熟悉的社会和环境，每个人都面临某种程度的不安、焦虑和压力，所以必须关注移出社会与移入社会两个体系之间的风险与机遇带给个人的情感体验。身处其中的人体验到的情感，比如疼痛、仇恨、恐惧、开心、舒适，也与这个过程紧密地联系在一起，正是这些复杂多变的感情决定了人们对于空间感、家的定义、阶级意识、民族归属等自我认识的定位。① 日常生活中所经历的这些普通情感，对于塑造主观认同、指导行为实践发挥了重要作用，有学者提出"情感公民"以阐述产生政治公民身份的社会关系和结构。②

---

① S. Ahmed, *The Cultural Politics of Emotions*, Edinburgh, UK: Edinburgh University Press, 2004; J. Davidson and C. Milligan, "Embodying Emotion Sensing Space: Introducing Emotional Geographies", *Social and Cultural Geography* 5 (2004): 523 – 532. Elaine Lynn-Ee Ho, "Citizenship, Migration and Transnationalism: A Review and Critical Interventions", *Geography Compass* 2/5 (2008): 1286 – 1300.

② Elaine Lynn-Ee Ho, "Constituting Citizenship Through the Emotions: Singaporean Transmigrants in London", *Annals of the Association of American Geographers* 99: 4 (2009): 788 – 804.

一次在几位工程师的家庭聚会中，聊到一位原中国运动员代表他国战胜中国队的新闻。这时候旁边的一位新加坡籍中国工程师插话说"那他会遭到我们的唾弃"。另一位马来西亚华人不解地追问："遭到中国人唾弃？"中国工程师很自然地回答"是啊"。周围的其他四位中国工程师都没有反应，提问的马来西亚华人笑出来，说"你又不是中国人了，你现在是新加坡人了"。这时候那位已入籍的中国工程师才反应过来，补充道"遭到他们的唾弃"，并指向旁边的一位持永久居民身份的中国工程师。

因为生长在中国社会，接受国内的教育，并形成了稳定的社会网络，所以即使将国籍转换为新加坡籍，工程师们短时间还是自动地将自己归类为"中国人"。即使在新加坡已经生活了十年左右，取得公民资格的中国工程师其生活重心还是围绕着晶圆厂的工作，主要的社会网络仍然局限在中国移民的圈子内，并没有与当地社会建立紧密的纽带，更遑论感情上的认同。虽然在调查中不断有人提出新加坡社会相对于国内的优势，比如环境优美、经济发达、教育水平高，等等。但当涉及如何给自己定位时，他们不约而同地都选择了"中国人"。

这种认同反映在心态上，就是大多数移民在十几年之后仍然抱有一种"外来人"的心态。叶永康在新加坡工作生活的前几年，出门逛街总觉得自己是外来的，需要小心谨慎，别人的眼神、语言他都会去留意。但是后来不管别人怎么看，他自己已经没有这种小心翼翼的心态，就觉得自己是新加坡人。这个转变发生在叶永康第二次从国内过来的时候，当时因为他已经决定在新加坡定居，虽然还不是公民，但对这个地方的认同感已经不一样了。在新加坡待了四年之后，2004年他决定放弃新加坡的工作，回国发展。当时主要的考虑是不能融入，总觉得自己在这个地方是外人。他还记得和朋友去巴沙买菜，因为华语发音有儿化音，有个卖菜的新加坡人就学他说话，并不断重复，让他感觉很不舒服。他觉得这不是他的地方，要回去属于自己的社会。但是回到深圳之后，又发生了种种意外的事情，让他决定返回新加坡，并申请了新加坡公民身份。经过这次在两地的往返之后，叶永康的心态就跟之前完全不一样了，那种自卑感和距离感也没有了。

来自中国的工程师在跨国生活中，往往对国内社会抱有一种留恋的情感，从而让他们在心态上自动地与所在地社会保持距离。但这种情感上的认同和想象经不起脱离国内社会再重返新加坡的现实冲击，所以有过多次往返经历的工程师往往比一开始就定居的同伴更容易放下这份情感上的依恋。

沸腾的狮城

尽管受到种种限制，但是外国年轻工程师的涌入还是对新加坡本地人的就业产生了影响。新加坡当地工程师如果不能顺利晋升，或者在半导体行业不景气的时候被裁员，就不得不面临一段很长的失业期。因为其他工厂的管理岗位本来就很紧缺，而即使愿意放低身价，也不得不与一大批更年轻、更拼搏，也更便宜的外国年轻人竞争。

有一位 40 多岁的新加坡当地半导体工程师投书媒体，反映自己在就业竞争中所面临的压力。作为一名经理级工程师，他之前在一家跨国半导体企业工作，已经连续失业达 20 个月。这位新加坡人失业前年薪达到 10 万新币。当时他的老板，以及老板的上司都是外国人。而且他在这个行业已经有 13 年的资历，经验丰富，他的老板只有 4 年的工作经验。在他看来，阻碍他就业的一个重要障碍是，负责招聘的人力经理中有许多也是"外来人才"，这些人更愿意将空缺的工作机会让给他们同种族的人。作为新加坡公民，他必须履行许多义务，比如后备军人回营训练，还需要照顾家庭。而"外来人才"不存在这些生活问题，省去许多义务，所以在就业市场上更有竞争力。这也是他失业的原因之一，外国人不仅更便宜，还愿意为工作牺牲家庭和生活。

到 2010 年 10 月，我已经失业了 20 个月。我是一名半导体电子工程经理，在一家跨国公司工作。我拥有荣誉二等甲级工程学位，由英国一家著名大学颁发。我的年薪大约 10 万新币。我的上司以及上司的上司都是外国人。……对我们这些已经跨过 40 岁的人群而言，都已经没有了工作机会，即使我愿意把薪金减少 20—30 个百分点。另外一个障碍是聘请的经理中多数是"外来人才"。从我个人的体验，他们会更乐意把空缺让给他们的同类（种族）或者另一个"外来人才"……政府必须限制外来人口的数额，公司能够聘用的某国外来人口有一定的配额规定，如 25 个百分点。我们接受跨国公司前来投资是为了给我们工作，而不是为了提供工作给外来人口，或者成为别人的在职训练场。这或许是我的短视，不过，如果我们都没有能力照顾自己的需要，想想看，我们又何必为别国人口的工作与就业操心？……更重要的是，严格限制组屋屋主只能够是新加坡公民。永久居民应该购置私人住宅。如果不这样做的话，新加坡的基本住房费用就会因为来自永久居民的住房需求而提高。组屋原本是为公民的需要而建设的，但现在由于永久居民的购置而价格高涨。面对如此高昂的房价，我们的低收入要如何去应付？我们有 30 年的房债要分期付款去偿还，而现在要找到一份工作是如此的困难，即使我们有学历与经验。[①]

半导体行业同政治运作镶嵌在一起。最为典型的是半

---

① Support Site for the Unemployed：《中年失业工程经理答问》，2010 年 10 月 25 日，新加坡文献馆译，原文来源，http://www.transitioning.org/2010/10/25/engineer-who-used-to-earn-100000-a-year-jobless-for-20-months/。

导体厂商在中国高新区的研究,[1] 还有中国台湾向大陆的半导体产业转移,[2] 也包括最近几年中国台湾、韩国半导体企业在美国的投资。而在新加坡,不仅半导体行业的兴起与政府推动有关,该行业从高科技向制造业的地位下滑也同政治环境联系在一起。大量的外来人口对当地居民的就业、购房与生活产生了影响。正是由于民众日益高涨的反对,从2009年开始新加坡政府对永久居民的审批态度变得严苛起来。2011年是新加坡的大选年,反对党将新加坡民生作为一个重大议题抛给了人民行动党(PAP)。[3] 由于之前几年新加坡引进了大量新移民,间接导致失业率和房价快速上涨,移民问题成为反对党竞选的主要攻击点。当年人民行动党第一次在大选中输掉一个集选区,得票率创下历史新低。新加坡政府也因此摆出了"优先保障新加坡人利益"的姿态,提高了对外国人才引进的门槛。受此影响,很多工程师从2009年下半年开始到2011年申请永久居民身份被拒,而且就业准证的门槛一再提高。

这当然不单是半导体行业的问题,而是新加坡前几年快

① 范淑敏、周志龙:《中国高新区域的政治镶嵌:以长三角半导体为例》,《台湾社会研究季刊》第 73 期,2009 年 3 月,第 77—118 页。

② Michael Klaus, "Red Chips: Implications of the Semiconductor Industry's Relocation to China", *Asian Affairs*, Vol. 29, No. 4 (Winter, 2003): 237 - 253; Ming-Chin Monique Chu, "Controlling the Uncontrollable", *China Perspectives*, 2008/1, http://chinaperspectives. revues. org/3343.

③ 人民行动党(People's Action Party, PAP)是新加坡执政党,1954 年成立,1959 年新加坡第一届选举开始组织政府,目前是新加坡最大党,也是李光耀、李显龙所在政党。

速引进移民的种种后果之一。从表 4-3 中我们不难发现，包括永久居民和持有各种准证的外国劳工在内，外来人口在新加坡社会的比例已经从 1990 年的 14%，上升到 2012 年的 38%。截至 2012 年新加坡的永久居民达到 53.3 万人，准证持有者 149.4 万人。就政府批准的新入籍公民数量来看，2002 年入籍新公民 7100 人；2006 年达到 13900 人，接近 2002 年数据的两倍；2008 年更是增长到历史最高的 22000 人；2011 年因为选举因素才急速降到 15800 人。[①] 快速的人口引进所带来的社会问题，比如公共资源的竞争、消费水平的高涨，以及由此产生的冲突和矛盾，已经在外来移民和当地居民两个群体之间造成了明显的影响。

表 4-3　新加坡人口构成及外籍人口比例

单位：千人，%

| | 总人口 | 新加坡居民 | | 非居民 | 外籍人口比重 |
		公民	永久居民	准证持有者（居留 1 年以上）	
1990 年	3047.1	2623.7	112.1	311.3	14
2000 年	4027.9	2985.9	287.5	754.5	26
2006 年	4401.4	3107.9	418.0	875.5	29
2007 年	4588.6	3133.8	449.2	1005.5	32

① The Immigration & Checkpoints Authority（ICA）：ICA Annuals 2012，p. 62；ICA Annuals 2009，p. 67；ICA Annuals 2006，p. 16；ICA Year Book 2004，p. 25，新加坡移民与关卡局网页，http://www. ica. gov. sg/page. aspx? pageid = 363。

续表

| | 总人口 | 新加坡居民 | | 非居民 | 外籍人口比重 |
		公民	永久居民	准证持有者（居留 1 年以上）	
2008 年	4839. 4	3164. 4	478. 2	1196. 7	35
2009 年	4987. 6	3200. 7	533. 2	1253. 7	36
2010 年	5076. 7	3230. 7	541. 0	1305. 0	36
2011 年	5183. 7	3257. 2	532. 0	1394. 4	37
2012 年	5312. 4	3285. 1	533. 1	1494. 2	38

资料来源：Department of Statistics：3. 1 Population and Growth Rate，in Yearbook of Statistics Singapore，2013，p. 23。

不同于工程师等"外国人才"，新加坡政府为了便于管理，底层的劳工往往集中居住在劳工宿舍。相同文化背景、职业、阶层的外来劳工聚集在狭小的社会空间内，很容易就形成强化的群体特征，进而产生特定的心理认知、社会网络和信息渠道，一旦遇到突发事件，就可能爆发过激的集体行动。

2012 年 11 月，受聘于新加坡公交巴士公司的近百名中国籍司机，因为薪水和加薪比新加坡本地和马来西亚籍司机少而集体请病假。这一事件成为新加坡 20 余年来首次"非法罢工"，在当地社会产生极大影响。[1]事实上这种差别对待普遍存在于新加坡当地的企业。新加坡政府规定，招聘广告必须写明，"新加坡公民优先"，或者"新加坡、

---

① 王慧：《中国巴士司机合法权益须保障》，《人民日报》2012 年 11 月 30 日第 21 版。

马来西亚公民优先"。调查期间另一事件是 2013 年 12 月 8
日在新加坡中心城区印度族群聚集地"小印度"发生的骚
乱，起因是一起交通事故，约有 400 名从事建筑业工作的
外籍劳工参与，系当地 40 余年来首例此类事件。①

　　这些移民劳工所面临的问题是共同的，他们都没有维
护自身权利的渠道和身份。新加坡的劳资纠纷需要通过政
府主导的工会来解决，也只有工会有组织申请罢工的权
力。但是这些外来的底层劳动者永远不可能拿到永久居民
或公民身份，也就没有参与工会的资格。所有集体的抗争
一旦出现，就注定是非法的。此外，这些劳工持有的是限
制最多的工作准证，甚至护照都可能被雇主扣押。所以他
们在新加坡的日常生活、工作和休闲行为被限制在固定的
空间内，没有机会和渠道去了解当地社会解决此类纠纷的
渠道和机制。

　　这些底层劳工的行为，在作为技术移民的中国工程师
看来，是鲁莽且无理的行为，甚至责怪正是这样的行为导
致了新加坡移民政策的收紧。虽然来自相同的社会背景，
但是底层劳工与技术移民之间的阶层差异在这里显现出
来。工程师群体在新加坡社会的身份体系中，相较于"非
自由"的底层劳工显然是较为"自由"的，而且还有向上
取得公民身份的空间和可能。但是底层的劳工不仅没有就

---

① 　韩硕:《新加坡外籍劳工骚乱显社会治理"死角"》,《人民日报》2013
年 12 月 10 日第 21 版。

业自由，连人身自由也受到一定程度的限制，永远处于这套身份体系的底层。因为教育、语言和行业的原因，技术移民能够相对清醒地认识移入地社会，并在此基础上展开自我规训的实践。在技术层面上，工程师们可以学习和了解当地的社会规则，并灵活地运用这些规则保障自身的权利。

此类事件背后，新加坡社会的怨气正在累积。一方面来自新移民和劳工群体，他们对新加坡不断推出的限制性政策日益感到不安。另一方面当地居民因为外来人口的大量涌入，工作生活受到一定程度的冲击，社会氛围日趋紧张。根据新加坡政府所做的一项调查，2010 年有 63% 的受访者对外来移民和工人持消极看法，担心越来越多的移民会削弱原来"一个国家，一个国民"（One Nation One People）的认同局面。而在 1998 年的同类调查中，只有 38% 的人持此类观点。[1] 移民大量流入之后，不同群体所代表的价值体系之间的协商和冲突对于新加坡社会的认同具有变革性的影响，而认同景观背后的民族国家框架也受到一定的冲击。[2] 首当其冲的就是新加坡政府推动国族建构后形成的主体性。

[1] 蔡添成：《政策研究院最新调查研究显示国人对身为新加坡人感自豪》，《联合早报》2010 年 8 月 2 日。

[2] Aaron KOH，"Global Flows of Foreign Talent：Identity Anxieties in Singapore's Ethnoscape"，*Journal of Social Issues in Southeast Asia*，Vol. 18，No. 2（October 2003）：230 – 256.

　　自建国伊始，新加坡政府就致力于将这个原来的移民社会打造成一个具有主体意识的民族国家。这种国家民族的建设贯穿新加坡人的一生。从一个小孩的人生历程来梳理，他如果就读公立幼儿园就只有两个选择，一是执政党人民行动党主办的幼儿园系统，一是全国职工总会幼儿园体系。进入小学后，学生公共活动都需要唱新加坡国歌，宣读《新加坡国家信约》①。学校的教学语言是英文，母语作为第二语言在升学体系内转变为某种意义上的"外语"。到了18岁，男性公民和永久居民都必须服两年兵役，这成为整合国民认同的重要机制。等到他成家之后，购买政府组屋必须服从于一定的种族限额，以确保不会出现种族聚居区。正是通过此类措施，新加坡政府成功地打破了种族和文化边界，建立出一个"新加坡人"的认同。经过这样的国族建构，大多数新加坡当地人首先认同自己是"新加坡人"，其次才是种族属性，这在年轻群体中尤为明显。②

① 新加坡1964年发生严重的种族冲突，1966年建国元勋拉惹勒南（Sinnathamby Rajaratnam）起草了《新加坡国家信约》（*Singapore National Pledge*），李光耀修订后经政府内阁通过。该信约成为新加坡国家认同和国家精神的重要象征，在公共活动中宣读《新加坡国家信约》是新加坡政治仪式的重要活动，特别是学生同军人训练的重要组成部分。该信约内容为："我们是新加坡公民，誓愿不分种族、言语、宗教，团结一致，建设公正平等的民主社会，并为实现国家之幸福、繁荣与进步，共同努力。"参见新加坡国家文物局网站，https://www.nhb.gov.sg/what-we-do/our-work/community-engagement/education/resources/national-symbols/national-pledge。

② Chua, Beng Huat, "Multiracialism in Singapore: An Instrument of Social Control", *Race & Class* 44 (3) 2003: 58–77.

一个外来人口占近四成的社会，在维持其主体性的过程中必然会产生一系列矛盾。当地居民也在尝试通过各种话语、行动和意识形态强化新加坡人的认同，以确保其主体地位。当他们在日常生活中发现巴士、地铁等公共设施越来越拥挤，进而与自身在就业机会、住房市场、教育名额等方面的竞争联系起来，很容易就将外来人口作为各种社会问题的症结。

移民生活习惯与行为方式上的差异被同"落后""不文明"联系起来，相应地，本地则是发达的、卫生的和文明的。这里借由不同地区在世界体系中的阶序位置，塑造出落后的异域、不文明的外国人和现代的本地社会等相对的形象，把"他们"与"我们"之间的界线用一系列语言和行为方面的特征标示出来，以便在日常生活中维持这样的边界。

技术移民、劳工移民在移民政策上被国家抽象为"劳动力"，这里人被化约为不同的性别、年龄、教育和技术指标，力图准确地测量他们所能带来的价值。但不能忽视的是，他们也是民族和社会的一部分，当然更是"人"。所以上述这些存在于社会舆论当中，而不能被移民政策明文规定的标签（比如种族、道德、性别等涉嫌歧视的标准），才更能显示移民在当地所遭受的社会性限制。

移民政策的本质是将居住在民族国家边界内的人们划分为"自己人"和"外来者"，从而使得双方在政治、道义上的地位不同。人数较少的"自己人"站出来就能阻碍或影响政府政策，甚至可能轻易地否决对整个社会有益的移民政策。[1] 2013 年 1 月新加坡政府发表了一份关于人口和社会发展的白皮书，提出为了实现经济增长目标，需要以 2030 年当地人口达到 690 万的容量来规划基础设施和公共资源。计划每年批准 1.5 万—2.5 万名新公民，引进永久居民 3 万名左右。其本意是在利用移民缓解人口老龄化压力的同时，缓解社会资源的竞争，推动经济社会持续发展。但是 690 万人口的数字被民间理解为政府的人口规划，也就是从 2013 年的 530 万增加到 2030 年的 690 万，增长 30%。[2] 这种增速在世界上任何一个国家都是罕见的，更激起了民间的激烈反对。

福柯指出"正常化"是现代权力一种重要的微观技术，其另外一层意义就是"异常化"，将一些行为、观念和活动视为异端，以便制造出需要压制和谴责的对象。[3] 这种话语实践在几次抗议活动中表现尤为明显。此前当地社会已经形成了批判移民政策的氛围，人口白皮书的出台更是一石激起千层浪。2013 年 2 月 16 日在新加坡法定的集会场所芳林公园，2000—4000 人集会抗议政府人口白皮

---

[1]　M. Ugur，"Freedom of Movement vs. Exclusion：A Reinterpretation of the 'Insider' — 'Outsider' Divide in The European Union Immigration Policy"，*International Migration Review*，Vol. 29，No. 4（1995）：964 – 999.

[2]　National Population and Talent Division：A Sustainable Population for a Dynamic Singapore（Population White Paper），January 29，2013.

[3]　Michel Foucault，*The Discipline and Punish：The birth of the Prison*，New York：Vintage，1979.

书中的移民政策。① 在活动现场，有人提出了对于公共交通日益拥堵的不满，也有人从其他方面表示"家的感觉慢慢消失"。

2013 年 5 月 1 日再次爆发了针对人口白皮书的抗议集会，这次演讲者的主题更为分散，涉及新加坡政治、社会不平等等问题，出席的人数也只有两三百人。其中一位从分享他的生活经历出发，表示他最不喜欢的就是别人问他："可以讲华语吗？"他接着说："我为什么要讲华语，这里是新加坡，我们讲英语。"也有人以他在食阁吃粿条的经历为例子，说明外国人如何不懂当地传统食物的制作程序。其他演讲者也大多诉诸此类感性的经验，来说明移民如何使得新加坡的特性不断消失。

劳动力市场上移民的增加，特别是拥有一定竞争力的技术移民的增加，导致当地社会的反移民舆论，并推动了民粹主义以及右翼政治的强化。② 在新加坡这样的移民社会，移民之所以成为一个社会和政治问题，与其自身的政治格局有一定的关系。民众日常生活中所遭遇到的问题被反对党作为一个个议题，而执政党就只能不断地解释、调整政府政策。在这样的互动过程中，移民问题不再是政策或治理问

---

① 林以君：《4000 人大型集会呛人口政策》，《联合早报》2013 年 2 月 18 日；黄伟曼：《千人撑伞出席反人口白皮书和平集会》，联合早报网，http://www.zaobao.com/media/photo/story20130217 - 141008，2013 年 2 月 17 日。

② S. Castles, "The Factors That Make and Unmake Migration Policies", *International Migration Review*, Vol. 38, No. 1 (2004): 852 - 884.

题，而某种程度上成为政治议题。所以说，新移民在新加坡的遭遇，还必须放到该社会的政治变迁框架之下来考虑。

许多新公民对于当地的政治并不感兴趣，有的不去投票，有的会投票给人民行动党。一位 2008 年成为新加坡公民的工程师，2009 年、2011 年参加了两次选举，都是投票给人民行动党。他认为人民行动党有丰富的治国经验，反对党都没有人才，更没有管理国家的经验。新公民普遍支持人民行动党，是因为他们都是该党政策的受益人。而且工程师群体大多受过良好的教育，理解移民对于新加坡经济的重要性。另外，反对党集会都是讲新加坡式英语，突出当地人所熟知的历史文化，新公民也无法参与其中。

也有工程师推测，移民政策收紧不过是周期性的。新加坡政府在 2008 年、2009 年前后批准了太多人成为永久居民，福利差距扩大的目的就是推动这批人转成公民。他认为当时的政策会持续到 2016 年选举之后，到时候政府又会放松移民政策。这就是为什么 2013 年的新政策规定永久居民要三年之后才能买房子，这样再多的永久居民也不会立即影响组屋价格。在他看来，这些都是政府算计好的，新加坡人口老龄化越来越严重，必然需要更多的移民。

新加坡移民政策中复杂的分类体系致力于区分哪些移民是有价值、受欢迎的，而哪些群体是需要拒之国界以外的。这套知识体系在本地社会内部间接地催生了种族主义和阶级主义的意识形态，即有些外国人是不受欢迎的。一个后遗症就是，即使外国人已经通过了政府的移民政策审查，取得了合法的公民身份，他在当地生活的权利仍然不断遭到质疑。[①] 新加坡政府对不同移民的分类不仅是一种身份分类行为，还会沿着这些线索不平衡地分配社会资源，从而把虚的身份做实。制度分类从虚到实，从而影响了人们对于人群分类的认识和操作。可以说，政治身份形塑了文化身份。传统上作为华人移民后来者，可以被归为"华人"的新移民，却被作为"中国人"的族群单独塑造出来。即使他们的政治身份发生变化，取得了新加坡的公民，新的文化身份却仍然固定下来。

那些取得公民资格的中国工程师虽然已经得到了新加坡政府的认可，但是他们还是担心这个身份的贬值。新移民加入新加坡国籍之后，就会拥有一张粉红色的身份证，这是政治身份的凭证。但是上边会注明出生地，有新公民工程师就担心将来公民身份也会像工作签证一样分成三六九等，福利待遇不一样。比如服兵役和没有服兵役的公民，出生在新加坡和出生在外国的公民，在新加坡接受教育和在外国读书的公民，父母是否新加坡人，等等。按照他对新加坡政府"治理逻辑"的理解，即使取得了新加坡政府的认可，成为新加坡公民，新移民还需要取得新加坡社会的认可。这中间的分类可能会不断变化，将来会出现什么情况谁也不知道。

---

① T. Hayter, *Open Borders: The Case Against Immigration Controls*, London: Pluto Press, 2000.

　　一项针对新加坡人对国民服役制度态度的研究表明，"建立独特的新加坡人认同"和"推动不同背景的人们相互了解"，"整合新移民进入新加坡社会"是国民服役重要的作用，其社会意义甚至超过国防保卫本身。[①] 义务兵役制度使得各个族群的年轻人有机会集中地生活在一起，不仅加强了族群之间的相互了解，更加强了对于国家的认同感。据说，服过兵役的青年男子大都学会了用福建话说脏话，形成一种微妙的集体认同感。[②] 新公民工程师们担心的是，他们在经历就业准证—永久居民—公民的层层筛选，从新加坡政治身份体系的底层爬到顶端之后，有可能出现新的分类标准，再次将他们从作为主体的"新加坡人"中推出去。

---

① Leong Chan-Hoong, Yang Wai Wai and Henry Ho Mun Wah: Singaporeans' Attitudes to National Service, Oct 8th, 2013, p. 7, http://lkyspp. nus. edu. sg/ips/wp-content/uploads/sites/2/2013/04/NS-study-8 – Oct – 2013 _ web. pdf, 2014 年 4 月 17 日。

② 梁永佳、阿嘎佐诗：《在种族与国族之间：新加坡多元种族主义政策》，《西北民族研究》2013 年第 2 期。

第五章　并非如此高科技

　　李琼所在的公司每天的工作时间是从早上的 8：15 到下午的 5：35，进出公司都有打卡记录。如果员工迟到或早退，系统里会用红色显示。短期影响不大，只会被老板点名。长期就会影响绩效和年底的考核，成为竞争升职加薪的短板之一。特别是不知道在哪天就被作为培训和裁员的依据。所以李琼每天都是 8：15 按时上班，然后再去公司食堂吃早餐。公司提供的早餐虽然味道不好，但是便宜。而且在公司吃不算时间，她可以慢慢吃，也不算迟到。每天早上她都是先去打卡，再去吃东西，这样就可以晚点起床。中午吃饭时间 45 分钟，也需要打卡。李琼和同事一般去公司外边的食阁吃饭，时间差不多都要 1 个小时。所以她会经常主动加班，实际上也没有具体的工作，就是要把工作时间补回来。

　　时间并不是天然一致的对象，人类对于时间的测量和感知之间有着巨大的差距。即使作为现代科学体系中高科技的代表，高能物理学家对于时间的研究为人类提供了最接近客观的经验，但是在他们的工作中，时间也可以分为可协商和积累的"束流时间"（beam time）和难以控制的、有限的"生命时间"（life time）。前者指的是他们工作中可以利用设备测量控制的时间，而后者主要是科学家的职业生涯、研究项目的周期、仪器设备的有效性等具有社会意义的时间经验。① 当权力和阶层引入时间实践之后，其复杂性远超上述测量和感知之间的关系，成为一种权力互动场域。

晶圆代工业是现代制造业的高峰之一，在纳米级空间中用成百上千道工序加工数以亿计的晶体管，其复杂性不言而喻。生产晶片的设备不仅价值不菲，更是高度自动化，生产过程中的每一个步骤都在系统上留有记录。表现在生产工艺上，测量手段以纳米为单位，甚至对肉眼所不能见的灰尘都有数量要求。所有工作标准极为细致，比如一个动作要花几分钟都有管理规范。但是如果深入工程师们的工作中去，便会发现种种变通策略。高科技生产现场中的这些非标准化的柔软部分由企业和员工两方面共同协商出来，并在现实操作中不断地再生产。高科技的管理手段使得企业可以将员工的工作时间精确到分钟，但人们必然会发明多种策略进行抵抗。本章正是从这个意义上出

---

① 特拉维克（S. Traweek）：《物理与人理：对高能物理学家社区的人类学考察》，刘珺珺、张大川等译，上海科技教育出版社，2003，第185—192页。

发，讨论晶圆企业内高科技生产现场中精细的管理如何遭遇种种模糊化，主要集中于失误、制度、职级等内容。这种模糊化由管理者和工程师双方合作生产出来，表现为一系列科学与人为、精密与粗疏、标准与随意的辩证转化。高科技生产工具所带来的精确化与政治、族群、文化等因素造成的模糊化联系在一起，定义了这些工程师在工作中的遭遇。背后是中国工程师作为移民所处的政治、族群和文化结构。

失误与掩护

"小失误"与"大错误"

所谓无尘室，顾名思义就是近乎完全洁净的生产空间。生产时对晶片上的污染物颗粒数有明确的规定，但是实际操作中工程师也会根据情况灵活掌握。针对每一款产品，每个公司都会根据客户的要求，内部再订一个标准出来。芯片上的污染物数量就成为工程师理解产品的一个直观标志。在符合出厂标准的前提下，有的芯片污染物很少，有的很多，这构成工程师判断自己工作成效的标准之一。技术（科学）上的标准与生产的标准是不一样的，前者追求越少越好，后者要求达到客户标准就可以。一个晶圆厂里有几千道程序，有一些要求特别严格，比如说 10 个污染物就不可以接，但大部分几百个都没关系。而且每一个部门的实际要求又不一样，不同程序的标准也不一样。这样，一个工程师在不同的部门，或者不同的机器上工作，标准和压力都是不一样的。而且不同的产品、不同的客户传导到工程师身上的标准和压力也会不一样。熊途以前参与过一款产品的生产，是给某个山寨机做的芯片。当时工程师之间开玩笑，一个芯片上有 1000 多个脏东西也没有问题，反正山寨机本身质量就不好，用户也不会用很久。

　　工作过程中的失误与处理办法是窥视科学标准与人为工作如何磨合的有效观察点。工作中的失误可以根据后果分为两类，一是"小失误"，二是"大错误"。"小失误"就是工作中能够改正、没有影响到产品的失误；但如果产品损坏或者良率下降，就属于后者。"小失误"还可以在同事之间，或者部门内部掩盖。产品有影响就不能私下隐瞒了，一两片晶圆算是小问题，10 片以上就是大问题，上百片就是百万美元级别的损失，必须有人承担责任。这中间就考验工程师个人的判断，以及同事之间的人际关系。如果失误导致的产品问题可以重新再加工，那就影响不大，可以联系制程部门重新做一遍，这样甚至可以当没发生过。虽然一切系统都是自动化的，任何产品的变化都在系统上有记录，但如果最终产品检查不出来问题，系统上记录的问题就不重要。一旦检查到品质问题而没有报告才麻烦。一位工程师解释说：

　　　　几千个程序同时在跑。能够盯到这么细的只有相关的业务部门，但是他们可以把这个数据抹掉，也可以放上去，就算系统警报，他们也可以讲我后来把这个 issue 给处理了，或者说我把这个机器 reset 过了，这样你从系统上看，也不知道是什么情况。系统只是记录是否有异常，具体的原因只能人工去查，去看指标有什么问题。很多管理上看到的问题，和技术上看到的是不一样的。系统如果报警，信息一定是先去相关部门，他们就可以选择，是抹掉还是怎样，或者把一个重要的问题写得不重要。

有的公司会有一种"warning letter"。比如生产线上要做任何一个修改，都需要两个工程师签字。这两个人属于不同的部门，关注不同的指标，只有这两个人都同意才能执行。如果出问题，两个人就会收到 warning letter，对他们的季度奖金和升等会有影响。很多事情取决于如果出现一个错误，是不是有人追究。如果出了问题，但是没有太大影响，或者没有人去追究工程师个人的责任，那就不会产生太大的影响。

整体而言，晶圆产品的品质问题有三种，分别有不同的检测标准。生产线上针对每道制造程序都有专门的测试，每完成一个生产程序都有检测。如果系统发现产品有问题，该部门就要分析问题出在什么地方。一般这时候问题也简单，因为生产的步骤是有限的。到了产品完成之后，这时候已经有几十成百个工艺在晶圆上了，就要专门的部门去分析问题出在哪里。无尘室的生产线是抽检的，不是每一片都检测，但是到了最后一关，要求每一片都经过测试。客户在拿到代工厂封装好的产品之后，也要先检测，一旦发现有问题就会返还给代工厂的客户工程部，让他们通过查找产品的生产记录，去寻找具体的原因。因为晶圆在生产的每一步都是有记录的，可以在记录中分析查找是人为还是机器的问题，因而能够直接找到对应的生产人员、值班工程师和机台负责人。

　　但是在系统记录中找不到原因的情况也是有的。即使在生产过程中出了问题，也不一定都会记录在系统上。因为每个部门内部都有部门利益的考虑，如果出错记录太多，会让老板觉得工作不认真、技术不过关、管理不好等。所以有些问题也会私下处理，不会体现在系统记录上。各个部门的考核指标不尽相同，制造工程师要的是产量，设备工程师只负责保证机器运转正常，制程工程师主要关注产品是否合格。各个部门的考核标准有差别，所以各有各的考虑。像包如刚所在的设备部，为了保证机器正常，最好是每周、每月固定地进行检查维护。但这就要求停机，会影响到生产的进度，制造部就不会答应。或者制程工程师为了提高工艺，就需要去改进生产流程，肯定要借机器去调试，这时候就不能跑货，也会影响到生产进度。

　　因而对于系统自动记录的出错报告，各部门都会选择性地处理，内部首先会判断这个问题影响大不大。比如说，生产晶圆的时候一定要保证纯净度，进机器之前会扫描一下。假如说一片晶圆上有 10 个脏东西，跑完之后再测，新增的污染物不能超过一定程度。这个指标一般都由部门内部灵活掌控，比如规定是 10 个以内，但是检测发现 11 个，要不要上报就是工程师可以考虑的事情。假如不报，记录上就写 8 个，然后内部改善一下。但如果觉得会影响产品的品质，就要记录下来。对于工程师个人来说，如果由于自己的失误，比如没有按规定维护机器，或操作失误，导致产品出现问题，也会先看如何挽救，肯定不会直接报告给老板。但是有了问题如果没有上报，被后边的流程发现问题，当事的工程师就很被动。而且有时候工程师觉得问题很严重，但是在老板那里可能觉得还能掩盖过去。老板也不希望自己部门的工作失误经常被更高层级注意到。不同层级对问题、风险、压力的承受水平是不一样的，总是在自己的责任与后果之间进行选择。

晶圆厂的生产较为复杂，厂领导能看到产品出了问题，或者生产线受到影响，但往往并不知道具体的原因。具体的原因由各个部门来解释，实际上就是部门内部协商的结果。基层很多事情不能直接写报告，不然会让领导觉得部门领导管理不力，或者基层工程师工作能力有问题。一般来说，比如一个机器出了问题，工程师之间会协商掩盖实际情况，同时向直属老板如实说明发生了什么问题。所以基层的老板一般会了解到最真实的情况，可是再往上的层级就不一定了。

包如刚回忆起来，有一次他和一位助理工程师值夜班，对方因为大意犯了一个错误。

> 原来有一次我和一个助理工程师一起值夜班，小伙子犯了一个错误。他在修理机器的时候直接用手拿了一片晶圆出来，但是没有在系统上修改产品的序号，导致两部机器之间出现了错乱。比如 trick 的机器送了 4 个晶圆过来，这样系统上就显示有 4 片。但因为他手动拿走了一片而没有修改机器参数，不同序列的产品就混在了一起。到最后良测部门在检测时发现晶圆上的图案不一样，才发现了这个错误。后来我们商量了一下，我就让他把机器上的货先跑完，然后检查了机器，才发现是序列错了。还好当时只有三组货，量比较小，我们就把已经印上晶圆的图案洗掉，重新在机器上做了一遍。最后写报告的时候，就只写了机器最初出现的问题，然后把最后的处理方案写了上去，没有写中间出现的人为操作失误。这件事没跟 leader 说，就这样过去了。如果告诉 leader，事情就比较麻烦了，他就会查为什么会出这种事情，是谁的失误等，还要写报告，还要去做宣导告诉别人要避免这种失误等一堆事情。如果不影响产品，不产生报废产品，就能压下来。有的事情太严重了，就必须报上去。有的事情可能是工程师觉得处理不了了，告诉 leader，leader 觉得没什么大不了，或者有的事情部门

领导会压下来，所以工作中大多数问题都在部门内部处理了，真的报上去就是大事件了。

如果不影响产品，或者不报废晶圆，往往内部就能压下来。但有的事情太严重，就必须及时上报。很多情况下，工程师觉得重大的失误，在老板看起来就没什么大不了的，或者报上去之后部门的领导会在内部处理掉。大多数工作失误都停在部门内部的层面，真的报上去就会成为重大事件。总的来说，因为生产程序的复杂性，没有人能懂得所有生产流程。更何况高层领导都不用具体参与到生产程序当中，不会出现在生产现场。所以只要没有导致生产线停转，没有影响产品良率这两个基本指标，很多事情都是在基层消化掉的。

而有些事情却无法如此小事化了，有一位工程师讲了他所经历的一次"大事件"。

我们部门有一个机器，它有好几个反应室。有一次其中一个反应室报警，但是那个小组放过去了，我也不知道隐瞒了什么东西，反正继续跑货了。结果最后产品出现问题，而且是发生在客户那边。关键是，这个东西是跟另外两个一起封装的，而且另外那两个不是我们公司生产的。这三个部件封装好之后，交给客户，做成了一个完整的芯片，也就是不能拆解的。后来在手机用户那里出现了状况，最后发现是我们公司产品的问题。客户要求我们赔钱，因为把别的公司的产品也浪费掉了。但是因为不知道具体的失效原因，不知道其他批次的产品是否也有问题，万一其他批次产品也有问题，几年后问题才暴露出来怎么办？客户也会要我们公司赔偿。事情搞大了，我们公司就查是哪个环节出了问题，后来发现是隐瞒系统报警的那个小组的问题。这就变成一个大事件，当初发现这个问题的人为什么放过去？演变成大问题后，就一定要找一个责任人出来。

可是当工作中的失误已经造成重大损失，就必须向上汇报。这里如何将既有的问题解决掉，同时又不增加新的工作内容，报告的技巧就显得尤为重要。因为晶圆厂内技术方面的分工很细，没有人能兼顾所有领域，所以报告要让大家都听懂。部门内部的报告比较简单，说清楚就行了，虽有格式但很简单。有的报告则要交给领导，或者在厂会上进行报告，就要严格按照固定的格式。这种报告虽然基础是问题出在什么地方，但是写报告要在事实基础上调整好各方面的关系。既要解决问题，又不能给部门带来麻烦，也不能增加工作量。写之前要先问问老板是什么意见，要怎么写。所以报的时候就要小心，不能说是管理上的问题，那就是给老板找麻烦。报了之后要能说服上边的领导，要说得过去。而且上报之后不能给自己或部门领一大堆活回来。比如说，这次交了个报告上去，结果大老板说有几个问题以后要注意预防，那以后工作就多了很多内容，别的同事也会不高兴。一般都是要在部门内部消化，如果内部遮盖不了，就首先要在部门内统一口径，在写之前要去和部门经理沟通一下怎么写。

不管是"小失误"还是"大错误"，工程师内部相互掩护的一个重要考虑是维持他们在工程师圈子内的人际关系和声誉，保障自己将来的流动。一位工程师解释说：

> 因为你只有相互帮忙，才能在公司里混下去。谁没有犯错的时候，大家相互提醒，就能减少不必要的麻烦。而且，有的工程师今天是客户，明天就可能成为你的同事。因为这个行业以 fab 为中心，上下游之间的人员流动很频繁。所以谁也不想得罪别人，因为这个人很可能明天就成为你的上司。而且有时候招人、裁员等信息也通过这个网络传播开来，多个朋友总是比较好的。因为这个行业范围很小，跳来跳去都会见面，大家相互之间总能通过几个人联系起来。比如我给 C 公司做的一个产品中有一个问题，我不清楚，C 公司也没有我比较熟悉的人。那我会去找一个之前在 C 公司，现在跳槽去 B 公司的朋友询问。你未来还要换工作，所以谁也不能得罪。有的同事虽然离开了，但是五六年之后你还是大致知道他在哪里工作，除非他完全脱离这个圈子。之前有一个同事，我们是一个 fab 的供应商，经常受到客户公司某个工程

师的为难。结果后来有一天，他跳去了那家公司，成为那位工程师的上司。刚进入这个行业的人，找工作主要是看自己。四五年之后就是看人脉，口碑不好的人，跳槽会受限制。

庞仁伟有一次要做一个报告给部门领导，说明一次机器故障的原因和处理方案。但是他被告知，必须从如何在事故发生前杜绝的角度来说明。领导从方便管理的角度来说希望一切都是可以控制的，但是对于工程师来说，问题是随时随地可能发生的。机器可能突然就停止运转了，他们只能解决问题。但是因为分工很细，上边的领导可能没有具体干过这一块，一般就是用比较通用的微电子或机械原理来套。但是在现实的工作中，可能根本没办法操作。所以在报告的时候，提出的问题可能就根本没办法回答，这也是为什么写给厂会的报告一定要小心，不要没事惹出事情来。在写报告的同时，就要把他们可能提出的问题想到，并想好应对办法。一般工程师写之前都要和组长沟通好，写完之后要先给直属领导修改，然后给部门领导修改，最后才能交上去。写报告也是一门技术，既要说明问题的原因，又不能把自己或者其他同事的失误暴露出来，还要避免将来这个问题成为别人的把柄。因为有时候处理问题为了赶时间，可能只是暂时解决问题，或者遗留了隐患，这时候就需要避免牵扯到更多的人。总而言之，工程师们在处理"大错误"的时候往往会尽量减少人为因素的内容，更多归结为设备、程序、系统的问题。各种设备和程序问题每天都会发生，但是人为因素就可能影响到工程师的升职和加薪。

一次工作失误的演变

下面就以某公司设备部门一次工作失误的处理，来展开阐述人们如何在"小失误"与"大错误"之间趋利避害。在现实工作中，工程师是依靠机器的情况来判断的，如果机器报警必须维护，需要停机处理；有时候系统没有提醒，就不会有人主动去维护。对于日常的设备清洁，该部门安排了工程师在修理机器的同时进行，这样就能缩短停机时间，5—6 天做一次设备清洁。问题在于机器持续运转，这样的安排总会碰到周末，周末却没有明确安排清洁工作。设备工程师认为这项工作是在帮制程部门的忙，周末值班人手本来就紧张，不可能清洁得太仔细。后来经过两个部门的协商，约定周末不擦设备，并征得了老板同意。

但是有一次恰好周末，维修设备的工程师忘记通知负责清洁的同事，机器也没有及时报警，导致设备故障没能及时解决。最后使一批产品出现了质量问题，生产出来的产品良率很低，造成了几百万美元的损失。而这些产品是公司的重点产品，全厂所有部门都在关注，问题一下子就被放大了。生产部门的经理指责设备部门没有及时清洁机器，并且要求找出责任人。

出事之后，设备部门去找制程部门，但是对方否认答应过周末不擦机器。一般此类合作就是口头说一下，因为每个批次的产品都不一样，变化很大，达成口头方案就行了，没想到这次会产生这么大的影响，而且对方还不承认。这时候当初负责与制程部门谈判的设备工程师就陷入一种很尴尬的境地，结果领导他的组长李胜为了推卸责任，也否认有过这么个方案。最后追查责任人，缩小到两个人身上，一个是该设备的负责工程师张成，再就是当初负责谈判的工程师。后者已经是主任工程师，而前者不过是位普通的高级工程师。在周围的同事看来，老板要上报做替罪羊的人就是张成。

李胜果然把张成的名字报给了部门经理，部门经理决定炒掉这名工程师，给他三个月时间找工作。当初所有人都以为只扣奖金或者延缓升等，没想到结果这么严重。当张成知道自己的危险之后，也准备为自己辩护。而且因为已经加入了新加坡国籍，张成还准备去人力部投诉。他工作上没有直接失误，公司解雇他就需要做出解释。公司当然不会希望看到这种局面，一定会大事化小小事化了，至少也会给予他一定的补偿。张成打算如果自己最终被开除的话，也要把李胜拉下水。

该部门的工程师们大都知道，这位李胜自己在外边开办了一个公司，专门从事他所在部门负责机器的零部件维修业务。根据该晶圆厂的管理流程，设备工程师报修的零件，会交给一个专门的部门，由他们负责找公司维修。李胜利用他在公司内的关系，经常介绍跟自己有关的公司去接维修单。这种维修公司往往并不具备维修能力，只是作为中介，将有问题的配件转给跟供应商有关系的公司，赚取其中的差价。正如本书第三章所涉及，部分已经在新加坡定居，并且拿到公民身份的工程师，会寻找各种机会为将来的人生做准备。其中最为突出的就是各种中介性的事业，可能服务于中国工程师群体，也可能服务于他们所熟悉的半导体行业。这个消息如果被曝光，李胜不仅职业生涯基本结束，还有可能面临法律责任。

但是在处理结果还在领导内部酝酿的时候，事情的发展出乎所有人的预料。这件事情不知道怎么传了出去，由设备部门传到了制程整合部门，又传给了客户工程师，最后居然让客户知道了。除了日常的公司同事之外，工程师们有时候也会接触到客户驻厂代表，或者维修公司、设备厂家等不同公司的人。在这些人中间，消息是互通的，经常有小道消息在这几个群体里边传播。所以才会有上边讲到的，事故原因从工程师传到客户。这个客户派在该公司的客户代表原来就是这个厂的工程师，后来跳槽去了客户公司，又被派回来做驻厂代表，所以他跟有些老工程师的关系不错。因为这批货受影响的量很大，而且是重点产品，客户也很重视。客户在和公司高层沟通过程中直接将设备部门没有按时清洁工作平台，造成产品良率下滑的情况捅了出来。这就成了外部事件，不仅是部门经理的麻烦了，而且是厂长的麻烦。

对无尘室内的工程师来说，根本不知道这件事情在公司内部的等级关系和权力格局下，会发展到什么地步。部门经理就和李胜商量了一个办法，他们把机器的系统时间做了改动。正常生产程序中，每次清洁之后都需要机器跑几个晶圆做测试，观察是否影响了机器的其他参数，所以系统上会有记录。他们私下商量好之后，就找了一个熟悉这台机器软件的工程师操作，他也乐得帮助自己的同事。把系统时间修改之后，就显示出事故的两周都进行了机器清洁。这种技术细节上的问题是工程师可以掌控的，他们有办法把系统上的记录抹去。虽然系统仍然会有修改记录，但是除了个别工程师，别人都不知道如何获得这些数据。

虽然晶圆厂的生产系统十分精密，可以监视生产线上的任何变化，但是实际上同时有几千个程序在运行，非人力所能监控。通过实时数据只显示出了问题，并不能详尽地说明情况。可以深入了解细节的只有具体的业务部门，但是工程师们可以把某个数据抹掉，也可以放上去。系统如果报警，信息首先会发送给相关部门，工程师就可以选择抹掉或者报告，也可以把一个重要的问题报告得不重要。这样部门以外的人从系统上看，也不知道是什么情况。系统只是记录是否有异常，具体的原因只能人工去查，去看指标有什么问题。在他们的工作中，很多管理上看到的问题，和技术上看到的是不一样的。

系统修改完成之后，李胜就把修改之后的记录发给了张成，两人也达成了默契。如果这件事再发展下去，部门就掌握了最有力的武器——系统数据，就有了"证据"。技术高度细分的无尘室里，系统数据的"事实"胜于雄辩，而系统数据掌握在具体的工程师手里。系统数据是公司考核管理工程师的重要指标，但在特殊情况下，操纵修改底层系统也成为工程师们自我保护的工具。

一般机器上如果出了问题，值班工程师就要报告组长，讨论怎么处理。因为机器是不能停的，所以有时候就只能自己在现场马上处理，处理完了再向组长汇报。该公司出了这件事情之后，工程师们内部的默契就被打破了。人们越发小心，机器一有问题就去找组长，由他们来提供解决方案。按照给定的方法不能解决问题，就再回去找。有时候甚至知道组长的方案是错的，或者无效的，也不明说。如果问题处理起来比较麻烦，就推脱说做不了。在基层设备工程师们看来，具体的工作都是他们做的，组长不用上生产线修机器，出了问题还不担责任。但是从组长的角度出发，工程师只需要解决技术问题，轻松得多。组长的主要精力放在如何向上边的领导解释工作中的失误，需要在行政体系中进行沟通与合作，他们认为这要远比技术问题复杂得多。

沟通与合作

"大制度"与"小规则"

在值班的时候，如果机器出现小故障，工程师也会委托熟悉机器的操作工去处理。特别是值夜班的时候，从工作区进到无尘室大概要准备十几分钟，需要换无尘衣，解决完了还要再换掉。如果通过电话沟通是小问题的话，工程师会直接电话告诉在机器旁边的操作工应该怎么处理。操作工每天待在机器旁边，常规的故障也懂得如何去解决。但是公司的生产系统是智能化的，每个部门的权限不一样，处理某些问题一定要用工作号码去登系统。操作工因为没有权限，根本进入不了系统。这时候如果值班工程师不想来回进出无尘室，或者正在处理其他问题走不开，他就会告诉操作工自己的工号、密码，让操作工进系统去处理。一位操作工就说，如果自己负责的机器有问题，首先想到的工程师就是一位关系不错的同乡。但是公司有值班制度，一般是找值班工程师负责，这就要看运气。有的马来西亚籍工程师就会说，"哎呀，不要找我，我很忙"。所以工程师与操作工之间也需要默契，私人关系比较好与公事公办是两种情况。

这里就涉及"大制度"与"小规则"的分离。表面上大家都是同事，遵行公司的规章制度；但是人们为了更经济地完成工作，或者积累个人资本，日常工作中往往存在另一套规则。这两套规则之所以能够并存，且在日常工作中被工程师们灵活运用，是因为这个群体内部存在双层沟通机制。工程师之间的沟通有两个渠道，一是在公司系统上发邮件抄送同事和老板的正式邮件，一是私下的电话或短信、微信、QQ。一位工程师坦言：

图5-1　某半导体公司工作空间布局

注：图片中右侧的圆柱状建筑是办公区，左侧的建筑物为无尘室所在的生产区。工程师需要通过中间的廊桥穿梭于公共区域和生产区域。

　　这种情况很多，每个公司都有。因为工作上我面对的是客户的一个部门，有些东西是必须放在明面上讲的。新加坡这边的工作环境讲究留下证据，所有事情都是邮件往来，并抄送相关的领导和同事，即使已经口头承诺的事情也要进行邮件确认。但是有的事情是私下可以相互帮忙的，比如有个东西我们做错了，他们邮件问我们的解释。这种情况下，我会先跟熟悉的朋友沟通一下，这样写能不能通过。经过这样的了解之后，才把邮件发出去，就可以减少不必要的麻烦。而且这不一定只存在于中国人之间，在其他族群的同事之间也存在这种情况。朋友之间沟通比较容易，如果你跟菲律宾人是朋友，他/她也会帮助你。

在跨部门的工作中，如果遇到问题，工程师们往往找私下关系比较好的人帮忙。特别是在中国人之间，因为语言、观念比较好沟通，表现得更为明显。但是如果涉及白纸黑字的合同、邮件、通知，以及工作内容等规范性的问题，一定会留有证据。这种情况下，中国工程师们还是倾向于找具体的负责人，而不管他是不是中国人，也不考虑对方是不是自己的朋友。像在 B 公司黄光部门有不少中国工程师，有几个跟魏正文关系还不错。如果工作中产生矛盾，魏正文与他的同事拿不准是不是要作为一个投诉放到台面上来，他们就会先通过这些熟悉的工程师，私下了解对方部门的真正意图是什么。当其他部门对他们做出一个新的安排，魏正文也会私下打电话给这些朋友，询问他们核心的要求。

在中国工程师看来，邮件有的时候并不能详尽地说明问题。因为大家本身的母语都不是英语，表达和理解上都有不到位的地方。即使他们工作当中出现了疏漏，也倾向于通过私下的关系先沟通一下，看对方是否可以不作为正式的投诉提出来，以及要如何补救。反过来，当其他同事在工作当中出现了问题或疏忽，但是因为这个人跟魏正文关系比较好，他也会帮忙处理。如果他直接邮件回复过去，告诉对方遗漏或者做错了什么工作，这样对方的老板和同事就都知道了，对方升等和奖金会受到影响。这种情况下，魏正文会私下打电话给他或者单独写邮件给他提醒一下，让对方主动补救。有一次某个朋友本来应该发一系列数据给魏正文，但是他少发了。这时候魏正文就电话通知让他补发，这种情况下对方自己补发，肯定就比直接邮件去催要好。

因为只有相互帮忙，在公司里才能更好地生存下去。每个工程师都有犯错的时候，大家相互提醒，就能减少不必要的麻烦。正如第二章所讨论，这个群体内部存在一张职业网络。中国工程师内部通过各种同学、同事、朋友关系连接起来，工作中相互帮助是这个网络的现实意义之一。另外，这个群体的高流动性决定了工程师们的身份和职级不断变化，今天的同事可能是未来的客户，今天的下属可能是将来的上级。这个行业以无尘室为中心，上下游之间的人员流动频繁，所以谁也不想得罪别人。而且有时候招人、裁员等信息也通过这个网络传播，其意义超越了具体的工作，已经成为这个群体跨国流动的基础设施之一。

但并不是说，日常工作中只有中国工程师这一个网络。另一个隐形的网络是由合作关系发展出来的人际关系，把工程师与各级老板区分开来。在科层制度上区分出"干活的"与"老板"两个群体，前者经过日常工作中的实践形成一个跨越族群、国籍、工种的群体。下面就以一款名为"飞天客"的游戏软件在某公司内部的传播和流行，来展现基层各族群人员之间的关系。

"飞天客"软件的玩法规定，两个安装了这种软件的手机相互扫描二维码，就可以获得一定的积分。当分数积累到一定程度，就可以去银行兑换现金。这个游戏是从马来西亚那边流行到新加坡的，因为公司里的技术员有很多是马来西亚人。他们之间先开始玩，然后其他同事也开始玩。当时一位马来西亚华人把这个软件介绍给了严荷，她又推荐给周围的同事。严荷在新加坡留学之后进入公司，因为对本地的文化习惯比较熟悉，所以她的新加坡籍和马来西亚籍朋友也比直接从国内过去的工程师要多。另一条线索中，一位湖南籍的操作工把这款软件推荐给李琼，由她传播给了另一群中国人。这位操作工来到新加坡已经十几年，认识公司内的很多人。总之，因为工作职责的关系，严荷和李琼都与无尘室内特定的操作工联系密切，并从她们那里接触到这款软件。但是因为两人的背景差异，虽然在同一个部门工作，接收信息的渠道却不一样。

大家一开始都不相信能拿到现金，只是觉得好玩。但是当真的有人拿到钱后，很多人都开始参与。大约在 2012 年 11 月，这个游戏开始在该公司流行起来。本来这个软件的规则是两个人见面，相互扫一下。后来有人发现，可以将二维码截屏发到微信或者 QQ 上进行扫描，这样就不用跑来跑去，而且一次能扫很多人。所以他们建了两个微信群，都是一个公司的同事，但是很多人相互都不认识。这个微信群后来发展成为工作期间大家交流的媒介，不忙的时候也有人在群里聊天，甚至有人在群里征婚。李琼每天上班的时候，手机就放在手边。只要有人在微信群里发二维码图片，她就马上找身后的女生扫描。有个部门在中午吃饭的时候，所有人都把手机放在靠近门口的桌子上，很多人进来时会扫码。吃饭一个小时，大家有半个小时在扫码。这种情况差不多持续了半个月，后来被公司领导批评，才变成私底下玩了。据严荷观察，总体而言新加坡人玩得比较少，但是中国人和马来西亚人玩得很多。虽然这个软件一开始的噱头是它能拿到现金。但是还有一个很重要的因素就是同事之间有话题，聚在一起聊聊天。最流行的那段时间工作也不是特别忙，所以每隔一段时间大家就凑在一起讲讲话。隔几个小时大家就走到一起扫来扫去，聊聊天，这个游戏成为基层员工工作中的一个调剂。慢慢因为软件限制比较多，也失去了给大家偷懒的机会，后来就没人玩了。

一次人事变动的实施

某公司的设备部门下设轨道和扫描仪两个部门，分别负责不同类型的机器。这些机器由不同的厂商生产，在生产线上连在一起，只是为了方便管理才分开。因为承担的生产任务不同，涉及轨道部门的产品问题往往比较多，扫描仪部门则比较少。最后表现出来就是轨道部门这边容易出事，而扫描仪部门表现出来的问题比较少。部门经理因为扫描仪部门的中国台湾籍老板丁伟德管理比较好，而轨道部门的新加坡人领导张仁生表现欠佳，决定让这两边的老板交换位置，希望丁伟德能够把轨道部门管理得更好。

丁伟德一入行就是在这家公司，他在新加坡干了很久。他知道在现在的部门很难升职，如果部门经理不走他没有机会，所以也没有换岗的动力。对丁伟德而言，不换部门是最好的，因为扫描仪部门已经按照他的风格建立了一套管理制度和运行规则。而且因为机器的特点，确实比轨道部门那边的工作要轻松一些。

张仁生是新加坡人，跟手下工程师的关系比较好。工程师主要是新加坡人、马来西亚人，中国人很少，而且因为他们的老板是新加坡人，都习惯了直来直往。张仁生有时候会在周末组织轨道部门的员工骑自行车，中午一起吃饭等活动，跟普通工程师走得近些，部门的氛围相对自由。有的时候快下班时机器出了问题，老板找人去处理，工程师就直接说快下班了明天再说。轨道部门一般都会按时下班，而不像丁伟德领导的扫描仪部门，加班频繁。丁伟德手下的工程师主要是中国人，只有少数几个马来西亚华人工程师。所以扫描仪部门的员工在做事情时要看老板脸色，推崇加班。

这两位部门领导因为其本身的背景，也由于部门工程师族群结构的原因，管理的风格表现出了明显的差异。扫描仪部门经常加班到晚上 8 点钟，还没有加班费。有一次下班时丁伟德还没走，他手下一个新加坡人的小组长到了下班时间就直接下班了，后来又被打电话喊了回来。

丁伟德很注意保持自己的权威，一般不会直接找手下的工程师谈工作，都是通过四个组长进行管理，而且他会跟一线工程师有意地保持距离。他的管理方法是，平时技术上他不管，只需要把握一些重要的规定和程序。比如加班、值班、请假方面，他制定了详细的规则，违反了就会受到惩罚。在他的部门里，李志豪之前因为职等升级跟丁伟德有过争论，得罪了丁伟德。后来李志豪请假回国，后续影响便体现出来。丁伟德的规定是最长只能请两周的假，两个五天加上三个周末，也就是 16 天假期。那次李志豪算好时间，请了 15 天假，但是他回来的那一天是礼拜五，恰逢新加坡的公共假期，公共假期一天再加上周末，虽然不影响上班，但比规定的假期多了三天。丁伟德便以违反请假规定为依据，不予准假，让李志豪改签机票，而且还要求李志豪在改签之后把机票拿来给他看。那时候李志豪已经提前买好了优惠机票，他只好退票再重新买，后续的计划也受到影响。

大的制度公司都有，比如工资等级、职位等，但是不会规定得太严格。这些宽泛的框架在具体实施过程中，成为基层老板的一种管理手段，特别是像值班安排、请假、加班费这样的小事情成为实践他们管理意志的重要手段，表现出来就是"大制度"与"小制度"。像工资升等这样的事情老板一般不会卡，时间到了就可以加工资，因为这涉及工程师个体的直接利益，包括加班费，管理相对比较松。比如工程师周末加班，如果达到 12 个小时，一般老板就给报 12 个小时。但是严格按照公司规定的话，需要把吃饭时间扣除掉。老板知道大家来新加坡是为了挣钱，所以不会在这方面为难工程师。公司规定里有的东西老板一般都不会克扣，但是具体如何操作，就成为一种管理手段。有时候公司不景气，老板卡加班费就会卡得比较紧。即使工作紧张真的加班了，他也会给工程师转成假期，而不是算加班费。具体到不同的部门，加班费是老板管理技巧的体现，老板会通过加班费的松紧来管理工程师。

在中国工程师眼里，丁伟德是典型的中国人管理方式，跟员工保持距离，等级严明。他只会安排工作给组长，由他们去组织工程师完成。而新加坡人张仁生的管理就相对松散，跟工程师的关系也很好。所以张仁生部门里干活的变成了组长，因为他们都指挥不动工程师。比如机器出了问题，工程师就会问组长怎么处理。如果照搬解决不了问题，他们会直接打电话询问下一步怎么办，有时候组长就自己进无尘室干活去了。按照公司的分工，组长只是负责组织工作和协调人手，由基层工程师来解决具体问题。所以张仁生管理的轨道部门在工作中就比较混乱，出问题也比较多。

两边的老板交换之后，扫描仪部门的工程师反应就很好，因为请假、报加班费都变容易了。公司规定的加班补偿方式有两种，一是换成休假时间，二是报加班费，工程师们大多倾向于后者。原来丁伟德规定晚上10点钟之前的加班只能转成休假时间，之后的才能报加班费。但是有时候加班到10点以后的工作很少，这样一来每个月就没有多少加班费。张仁生则不喜欢工程师报休假时间。他觉得都去休假了，一旦工作紧张，会出现人手不够的情况，所以他更倾向于直接报加班费。他的态度就是，只要手下有充足的人手保证工作，加班费不是他要考虑的。

但是丁伟德调到轨道部门后就遇上了麻烦，因为那边的工程师以新加坡人、马来西亚华人为主，阶层观念没有那么明显，工程师有问题了会直接去找老板。所以丁伟德原来行之有效的管理手段在轨道部门就失效了。那些工程师在工作上，会严格按照工作流程和规范，该做的做，不该做的会直接反对。比如丁伟德刚调到轨道部门后就试图把值班模式从"上四休三"改为"上二休二"，白天改为一个人值班。这种模式他已经在原来的部门实行过了，并未收到反对意见，但是在新部门不断地有工程师向他反映这种值班模式不合适。有一些马来西亚华人工程师，向丁伟德反对没用之后，就按部就班地上班。如果机器出了问题他/她也不着急，一个一个处理。这导致机器的停机时间越来越长，公司制定的考核指标无法完成。但是这些工程师根本不着急，等到老板受不了了，就会找其他的人去帮忙，慢慢地，白天一个人值班的制度也就没多大意义了。

升职与裁员

"大等"与"小等"

新加坡晶圆厂里平均薪水最高的是 A 公司，也是中国工程师最为集中的企业。其他的 C 公司、B 公司等基本一个水平，同职等同年资比 A 公司每月少 500 新币。下面就以 A 公司为例，简单介绍一下晶圆厂内部的职位等级，以及相对应的薪水差额。需要说明的是，数字、字母越靠后，表明等级越高。

5 职等，工程师，分为 5a、5b、5c、5d；6 职等，资深工程师，分为 6a、6b、6c、6d；7 职等，主任工程师，分为 7a、7b、7c、7d。一般到了后两个层次就属于部门经理（section manager）级别了。

决定一个新员工职等薪水的标准主要是学历和年资。两年工作经验的工程师，本科毕业的一般定为 5b，每月基本工资 3200 新币起；硕士研究生毕业的定为 5c 以上，薪水 3500 新币起跳。4 年左右工作经验的工程师，本科毕业给的职位等级是 5d 到 6a，薪水在 3700 新币以上；硕士研究生毕业的话给的职位等级是 6a 起，基本工资为 3900 新币以上。5 年以上工作经验的工程师，本科毕业给的职位等级起点就是 6b，每月 4000 新币；硕士则为 6c，每月薪水在 4200 新币以上。当然这都只是根据调查对象的情况，每个工程师的技术、经验和背景差异很大，而且还取决于工程师在面试时的薪资谈判。如果公司特别急需某种工程师，薪水也会有所上扬，因此每个工程师的薪水都有差异。

在 A 公司中，就大的职等来说，6 档是 4000 新币左右。5 档升 6 档相对容易，薪水增加 500 新币。但是 6 档升 7 档就很难，工资要加 1000 新币，如果不满 6000 新币的，工资会补到 6000 新币；每个职等内部又分成四个级别，薪水相差 200 新币左右。如果没有重大失误的话，基本上每年都可以升一级，公司也不会为难。但是升一个职等就比较困难，不仅要看工作表现，还需要老板的推荐。

而在另一家有代表性的企业 B 公司，中国工程师主要集中在 E5、E6 这两个职等，基本薪水为 3000—3500 新币。资深工程师定为 M1，薪水为 3800—4500 新币。主任工程师的职等是 M2，薪水大概在 4500 新币以上。总体而言，B 公司工程师的月薪大都集中在 3500 新币左右，而 A 公司则主要分布在 4000 新币左右。

这个层次的群体既不包括刚出国还在合同期的工程师，也不包括已经位居领导岗位，或者正在规划出路的资深工程师。刚出国还在合同期的工程师，到新加坡的时间一般在三年以内，尽管不同公司的称谓不一样，但都在工程师这个群体的第一档职等以内。他们每年升等加工资都还在小级别层次，不涉及升大等。而已经位居领导岗位，或者正在规划出路的资深工程师，他们在新加坡的工作时间已达 10 年左右，大都已经经历过从第一档到第二档和第二档到第三档的两次大跨越，薪水相对较高，但是再往上升的难度很大。大多数中国工程师处于第一档和第三档之间。他们前面有升大等的诱惑，后面有在新加坡定居的种种压力。

所以说，这个层次的工程师所面临的升职压力，以及他们为此所做的种种努力，是考察升职加薪过程中潜规则的有效突破口。根据调查对象的讨论，新加坡晶圆厂内部升职加薪大致有一个优先次序。由易到难是新加坡人、马来西亚华人、印度人、中国人，其中中国工程师是升得最慢、最困难的。差别在进厂时就产生了，不同国籍工程师的学历、经验被人为分成不同的价值。新加坡人或者新加坡高校毕业的本科生可以直接拿到工程师，而中国本科的教育被等同于当地的大专水平。具有两年左右工作经验的中国工程师在入职时，起薪和新加坡本地的应届生差不多。当然这不仅是针对中国人，新加坡之外国家的工程师大都面临这个问题。

比较明显的是，只要是新加坡国籍，相对就有优势。因为升职主要靠的是绩效，是在年底由老板来打分的。每年底每个老板都会对自己手下表现比较好的工程师进行提名，然后在部门里进行排序，再由主任工程师决定排名。许文川 2012 年本来应该升职的，当时他的绩效是最好的，排名前 5%，部门 30 个人有两个升级名额。但到最后他没有被晋升，老板推荐了一个马来西亚华人。这个人原来就在这个公司工作，中途离开之后又回到了该公司，重新入职还没到一年。一般来说，如果名额很多，不同国籍工程师的机会就差不多；如果名额很少，差别就会体现出来。

这种考核和推荐制度也成为基层管理者的一种工具，用以展示权威或加强管理。

　　有个工程师技术上很好，而且脑子比较活，喜欢在修理机器上寻找新方法。老板会觉得这样有风险，建议这个工程师最好不去动它，等出了问题再去解决问题。几次下来就显得老板水平不行。他因为这个事情跟老板意见不一致，结果到年底打考级的时候，老板给他打了很低的分数，据说是建厂以来最低的分数。这也是老板手上的一个武器，看不惯你的话可以用这个来卡你。一般升小等的时候都不会卡，但是到升大等的时候就比较重要了。就相当于60分以上就没什么事情，就及格了，但是如果打了个50分的话，就有问题了，可能今年就升不了等。最后这个小伙子因为种种原因离开了这家公司。

　　在升大等的诸多标准中，除了老板的作用，培训经历也很重要。管理者对于基层工程师的定位就是劳动力，往往不会有持续的培养和训练。工作中常见的培训，主要目的是让工程师熟悉公司的生产系统，也就是提高工作效率。可能与中国工程师流动性比较高有关，公司的重要培训机会一般都给了新加坡公民或永久居民。中国工程师如果改了国籍也可以享受到，因为这些人大都在当地稳定下来，流动性大大降低了。比如去欧洲母公司的工作机会，一年之内会有各种补助，而且回来之后就能升职，对于将来换工作也是很好的资本。但据说这些机会大都被新加坡人获得。老板会说其他人一堆好话，但最后来一句"英语还是很重要"，这样中国工程师就没有竞争机会了。

英语相对较差是中国工程师群体主要的标签之一，这方面新加坡人或者印度人就比较有优势。以 B 公司为例子，公司内的岗位分为两类，管理类的职位叫作 manager，技术类的叫作 MTS，两个职位不一样，但是在职等上是一样的。担任 manager 职务的人，几乎都是本地人，也有少数马来西亚华人和印度人。因为做管理就需要跟不同的部门进行沟通，语言能力的重要性即凸显出来。而技术类的工作主要负责设备和生产技术，解决生产中的技术问题是重点。用基层工程师的话来说，前者负责报告问题，后者负责解决问题。绝大多数中国人是在技术部门，做管理的很少。一个中国工程师从进入该公司的第一天起，走的就是工程师、资深工程师、主任工程师这个类别的技术路线。访谈中接触到的唯一做到经理层级的中国人，她曾经在英国留学多年，能讲新加坡同事也羡慕的英式英语。

整体上，升迁方面一个重要的因素是工程师的成长背景，而不是国籍或者准证。成长是在中国，那么就永远是中国人，即使在新加坡大学毕业，也不能改变这一点。因为升迁制度往往并不是很明确的规定，还需要管理者的支持、考核、推荐，这里管理者模棱两可的态度就会产生影响。不是因为一个工程师转了国籍，周围的同事就会认为有什么不同。对于老板来说，他还是会将其视为中国人，中国工程师的升等速度相对比较慢。新加坡人在交流方面，比如语言方面是比较有优势的。更多还是沟通的问题，不仅是英语能力，还包括观念、背景或者习惯，以及由此塑造的沟通行为。如果某个员工跟老板的沟通比较顺畅，那么他的工作成果就容易被了解，升职就比较快；如果这个员工跟老板都聊不起来，甚至对方都不知道他在干什么，那他的升等速度肯定就会比别人慢。

就英语的使用来说，工作上的英文很多都是专业术语，日常工作中用到的英语基本上是固定的。差距主要表现在日常交流，比如吃饭、闲聊、开会等方面。中国工程师的英文水平可以满足工作的需要，完成工作任务。因为技术部门华人较多，甚至可以说以英文专业名词为词汇、中文语法结构为基础的混合语言最为常用。但是管理层以纯英语为主要语言，形成另一个场域，无法熟练运用英文的中国工程师就不能跟管理层建立密切联系。所以某种程度上，新加坡人的优势地位不仅因为当地公民的政治身份，还有其语言资本。有的印度工程师也是外国人，却比中国人和马来西亚华人发展得更顺利。在一个存在两种语言圈子的公司，英语因为被管理者所掌握，是基层工程师与其建立良好沟通的必要工具。所以有的中国工程师觉得，自己虽然工作很辛苦，干了大多数脏活累活，在老板那里却不如与他用英语交流更频繁的新加坡人、印度人表现抢眼。

语言的使用还导致了分工的差异。半导体公司内部有很多工作需要写报告，职位越高，写报告的能力越重要。在中国工程师看来，中国人做事情、解决问题能力很强，但是不会讲英语，更写不好报告。不光是因为英语不行，主要还是习惯，没有主动汇报、交流的习惯。而新加坡人、印度人特别善于写报告，调查对象认为这是教育的差异。中国的教育注重结果，但是新加坡当地很注重规范和流程。两种员工各有优势，中国工程师的动手能力很强，而本地工程师在协调和汇报方面有优势。所以新招的中国工程师都被安排进无尘室工作，基本上有明确的分工。中国工程师不会主动去学习，或者改变，因为他们觉得自己就是来这边赚钱的。而且技术性问题，对语言的要求会比较低，对他们而言，工作上的压力也会比较小。因为语言不行，沟通有压力，所以更需要在技术上表现自己。正因为中国工程师大多在解决问题上有优势，所以老板更愿意将技术难题交给他们，这反过来又限制了他们接触其他工作的机会。诸如"报告不是我们的强项"这样的认识，使得中国工程师会主动去逃避一些重要的工作类型，最终导致分工结构的不断固化。

裁员的两种类型

影响全社会的经济危机到来之前，半导体行业一般会提前半年感受到。因为电子芯片从晶圆厂到消费者手里需要四个月到半年时间。终端厂家大都有半年左右的存货，如果它们预感到市场不好，晶圆厂的订单就会大幅下降。危机来临的时候，晶圆厂内许多机台会停下来，生产线无货可跑。这时候公司除了停止招聘之外，也会收紧办公花销。比如经济形势好的时候，每个月公司都会组织员工开展娱乐活动，危机期间就没有了。而且日常工作中也有变化，比如下午茶少了，公司会发邮件给大家，让大家节省开支。对于流动中的中国工程师，经济危机最直观的感受就是公司裁员的风险升高了。

> 每天每个机器都有一个单子，会在系统上显示出来，大概每天需要跑1300—1400片的货。所以如果系统上减少到几百片，大家就知道金融危机来了。这时候我们的工作量肯定是降低了的，因为很多机器停机了。大家这个时候就是喝喝茶，处理之前堆积的报告之类的工作，同时还要担心自己会不会被裁员。

裁员一般不会裁减工程师，裁减对象主要是操作工。这些女工的合同是两年一签，可能到期了公司就不会再续约。B公司在2008年底的时候，一次裁减了将近1000名操作工。她们往往是当天下午收到裁员的消息，第二天就要离职。过了半年公司的经济形势恢复一些后，又把部分人重新召回来了。

经济危机期间，一般薪水不会减少，但花红会受到影响。比如正常时期一个季度发一次奖金，危机期间就变为一年发一次；还会把工作日调成四天，一部分人上周一到周四的班，另一部分上周二到周五的班；或者每天提前一个小时下班，结算工资时每个月去掉这部分薪水；严重的时候基本工资会统一下调一定比例，危机过后再补回去。据庞仁伟回忆，2008年他的工资收入大概减少了10%，而且那段时间没有加班费和奖金，金融危机期间他个人的全部收入大概减少了30%。平时工作中，机器坏了就要马上修好，尽量节省机台空置的时间。金融危机期间，如果机器坏了，今天修不好就明天修，需要零件也不会马上采购。虽然一般裁减工程师的数量不多，但是一旦谣言传播开来，大家都得绷紧神经，尽量避免出现工作失误，以免成为老板裁员的理由。

在庞仁伟等中国工程师小心翼翼地主动配合公司压缩成本政策的时候，新加坡同事则会积极捍卫自身的利益。2008年经济危机的时候，公司强制员工休年假以节约成本。部门老板为了向上级表现自己的管理能力，在执行过程中又增加了几天休假。这时候有一位新加坡同事，就直接告诉老板自己的年假已经安排了出国旅行计划，不需要休假。庞仁伟回想起来，那位新加坡同事告诉主管随便安排，他自己也不知道哪天合适，但是强调会让人力部请老板喝茶，最后他休的假期就比别的同事少。在新加坡人从小到大的环境中，投诉是一种很有效的保护自身权益的手段。而中国人即使加入了新加坡国籍，也不太善于运用这些权利。

裁员有两种目的：一是减少人手，常见于经济危机时期，为了因应危机快速裁员，往往首先受到冲击的是操作工，其次是基层工程师；二是减少支出，常见于公司自主调整，为了裁掉薪水级别很高但岗位不是很重要的人，这时候往往就会裁减老员工。但厂里裁员指标下发之后，最后新加坡人被裁员的比例往往很低。因为收入比较高的往往都是工作时间很久的，即使是中国工程师，他也已经拿到了新加坡的公民身份。这种差异在某公司 2012 年、2013 年两次裁员中表现得特别明显。

2012 年裁员的时候，该公司雇了许多黑衣保安，每栋楼下边都有，工程师们到公司后才知道当天要裁员了。在公布的前一天，部门老板会把下面的负责人召集在一起，公布裁员名单，并签订保密协议。当天早上 9 点就会找被裁的员工去人力资源部开会，商谈赔偿条件并签署协议。出来后就会有黑衣保安伴随，看着被裁员工收拾个人物品，然后开车送其到最近的地铁站。

在裁员的敏感时期，不仅要注意不能犯错，还要避免以前的失误被拿出来做文章。某公司设备部门 80 个工程师被裁掉了 2 人，公司的理由是他们在之前的工作中造成了产品的损失。在工程师们看来，这些事情本来已经处理了，但是在特殊时期就成为公司裁员的理由。其中有一位工程师，为了提升工作效率，在制程测试的过程中出现错误，报废了 100 多片晶圆，使公司损失 40 万美元。出了这个问题之后，他被要求不断写报告，在各个层次的会议上做报告，前前后后持续了一两个月。事情发生在 2012 年初，本来已经过去，但是 2012 年底危机来临时，这件事情就被公司翻出来作为一个裁员理由。这位工程师当时只是永久居民，他认为如果自己是新加坡公民，公司可能就不会裁他，因为新加坡公民有权利去人力部投诉。虽然在新加坡只要是雇员都可以向人力部投诉，但是在中国工程师看来，这只是保护新加坡公民的。而新加坡人因为投诉文化的存在，也更能够充分地利用这些机制。

在接下来的 2013 年，该公司为了调整组织结构，又进行了一次裁员。这次裁员涉及测试部门四名员工，其中三个是新加坡人，一个是已经取得新加坡公民身份的中国人。这四个人中，三位新加坡人都是主动跟公司提出来自愿被裁，因为他们的年资很久，在公司已经没有发展空间，被裁员可以获得一大笔补偿金。其中一位新加坡工程师，再有半年就可以退休，到时候就只能领退休金。如果老板辞掉她，她可以拿到多达 20 个月薪水的补偿。另一位新加坡工程师，在公司工作了 16 年，以前跟自己部门的老板是同一级别，最后差了两等。他很早就觉得半导体这一行不能干一辈子，所以一直在学习中医。2012 年他有了第二个小孩，因为家里没有人带小孩，所以其实他自己也不是很想继续在半导体公司工作了，加上老板跟他的关系不是很好，他就主动提出来要求被裁员。那位中国工程师在新加坡工作了十几年，已经拿到了公民身份。他虽然也获得不菲的补偿，但是并没有主动申请，事先也没有被通知。

2013 年被裁撤的工程师基本上都是已经想走的资深工程师，他们借着裁员，可以拿到一笔补偿款。而 2012 年被裁撤的工程师大都是因为工作中的失误而被动裁员的。所以对于大多处于基层的中国工程师而言，裁员是套在头上的紧箍咒，他们会时刻担心工作中的失误被放大。对于另外一些资深工程师而言，裁员某种程度上则是一种福利。因为中国工程师大多集中在中低层，所以裁员的风险较高，得到的补偿也相对要少。而新加坡人（包括土生新加坡人和获得公民身份的新移民）由于进公司时间久，则可以利用在公司的资历和网络将裁员风险转化为福利。

按照该公司的规定，一个工程师在公司干了16年，裁员时就有16个月的工资作为赔偿金。此外，被裁掉的工程师还有一两个月的工资补偿，以补助他们去找新工作。新入职还在合同期的工程师，辞职必须提前一个月，公司解雇也必须补偿一个月工资。而资深工程师的级别比较高，辞职需要提前两个月。如果马上辞职就需要给公司补偿两个月薪水，而公司炒掉他的话，需要多补偿两个月工资。这个规定在中国工程师内部，就演变成解雇新加坡公民就多补偿两个月工资，其他身份员工只补偿一个月工资。实际上主要是因为在企业工作的时间比较久、比较高等级的员工里，新加坡公民的比例较高。但是中国工程师之所以相信并传播这个误解，是因为大家在工作生活中能感受到政治身份带来的差别和歧视，所以大家就感觉解雇补偿也会因为公民身份而有差异。

新加坡政府奉行一种所谓"任人唯贤"（meritocracy）的治理体系，根据每个人的优点、才能、价值来实施社会分工和财富分配。如果一个人被政府和各种形式的委员会认定具有价值，那么他就理所应当获得国籍、财富和地位，但一个被认为没有价值的人就只能得到政府最低限度的照顾。这种政策取向在入籍标准上表现得尤为明显，有的人可能在新加坡扫了一辈子的马路，把自己的一生用在维护新加坡整洁的环境，却始终是个外国人；而有的人仅仅因为在美国创办了某个网站，新加坡政府就会主动邀请其加入新加坡国籍。

新加坡所谓的"任人唯贤"就是将每一个人都商品化，将个人根据其学历、技术、创造力等条件商品化为一个个单元，并以其在市场上的"价值"来分配工作、机遇、财富和地位。所有的职业根据技术水平被划分为六类，并与教育的层次挂钩。第一类只需要初级教育，第六类则需要大学或研究生教育。[①]

"不患寡而患不均"的文化观念以保证个体在"收获"上的大致平均为理想，即使这种平等是低水平的，比如说不管是否接受高等教育，个人收入上不应有过于悬殊的差异。而面向过程的平等观念更多是保证每个人享有平等的机会，只要机会平等，则不平等的结果就是可以接受的。社会保障的是每个人都有接受高等教育的机会，但是个体日后的发展情况则不是社会的责任。新加坡社会的公平观

---

① Department of Statistics：Singapore Standard Occupational Classification 2010，p. 2.

则更像上述两种观念的糅合，其核心是承认每个人都具有一定的特质（merit），要保证这个特质面前人人平等，但机会的平等是与个体的资质、性格与能力联系起来的。有的人注定更适合某种工作，政府保障的是这种因人而异的发展权利，但机遇本身是有差异性的。新加坡政府保证每个公民都有受教育的权利，但是每个人接受的教育则是不同的。比如有的人被认为值得培养，政府会提供奖学金供其到海外求学，有的人则在高中阶段就开始接受职业训练。这就决定了一个人未来是成为政府官员、科学家、医生，还是维修工人或文秘。

根据一个新员工的学历和年资，晶圆厂内部工程师的职位等级可以达到 10 余层，相对应的薪水和福利差异明显。而且这种差异与新加坡政府的移民政策紧密联系在一起，一定的薪酬水平可以获得一定等级的工作签证，而不同的准证在申请永久居民、新加坡公民时的条件完全不同。在企业内部的管理上，因为生产线 24 小时运转，所以发展出一整套值班、轮班和作息时间体系，并在此基础上形成了对应的休假和报酬制度。这套管理体系的"科学性"还在于公司会根据企业业绩、行业周期进行频繁调整。在这一套制度之下，工程师们也发展出自己的应对策略，并具有明显的族群和文化特点。

第六章　在华人世界做中国人

　　肖青荷是一位工程师的太太，在新加坡一家食品公司工作。因为同新加坡社会的接触比工程师丈夫多，她经历过许多很有趣的事情。某次在他们公司的档口，有一个中国人顾客和售货的新加坡人不知道因为什么发生了口角。警察来了之后，那位中国女生一口英语，而且是流利的美式英语。后来拿出护照一看，她是中国人。肖青荷的老板从警察局回来之后就抱怨，明明是中国人，为什么不讲华语，讲的英语他都听不懂。

　　另外一次，肖青荷的妹妹刚到新加坡工作，英语还不熟练的时候，需要确认对方公司的传真号码和电话号码。她打电话过去先说的是"hello"，然后就讲华语，结果对方不搭理她。后来她只好讲英语，但因为不熟练，是一个单词一个单词往外蹦的。她一打过去对方就说："你不要再打过来了，你们好多骗子，不要再打给我了。"在场的肖青荷接过电话之后就直接用英语沟通，然后就解决了问题。在肖青荷这样经常跟现实的新加坡社会打交道的人看来，一句"hello"的口音就能听出来是不是本地人。

　　新加坡被描述为一个华人社会，但是何为"华人"？何为中国人？华人性是一个什么概念？不能因为具有种族或文化上的联系就认为"我们"天然地都是"中国人"，世界各地华人之间的差异可能大于有的中国人与美国人之间的差异。① 这一点在东南亚地区表现得更为明显。在新加坡 Chinese 是一个种族的概念，与之相对的是马来人、印度人。有学者将华人分为 PRC Chinese，Indonesian Chinese，Singaporean Chinese，Malaysian Chinese，Australian Chinese，American Chinese，Hong Kong Chinese，Taiwan Chinese，other diasporic Chinese。② "华人性"（Chineseness）③ 内含两个层次的内容，既指称一种根据民族国家地域所划分出来的道德实体，也可以象征一种涵盖超国界无疆域的道德经济力量。④ 前者是建立在中国民族国家

---

① 也有学者专门讨论了自己作为不会讲中文的"中国人"在印尼、挪威和澳大利亚生活中的种种遭遇。Ien Ang，*On not Speaking Chinese：Living between Asia and the West*，Routledge，London，2001，pp. 19 – 92。

② Brenda S. A. Yeoh and Katie Willis（edited），*State/Nation/Transnation：Perspectives on Transnationalism in the Asia-Pacific*，Taylor & Francis e – Library，2004，Preface.

③ Ien Ang，*On not Speaking Chinese：Living between Asia and the West*，Routledge，London，2001，pp. 75 – 93.

④ Aihwa Ong，*Flexible Citizenship：The Cultural Logics of Transnationality*，Duke University Press Books，1999，pp. 55 – 56.

的基础上，后者则是在历史中形成的海外中国人离群（di-aspora）的普遍认同。但是当代因为经济和人口的流动，地域和跨区的两套相抵触的观念被同时置于一个时空中，在中国以及东南亚地区（尤其是华人占多数的新加坡）都起着重塑文化意识的作用。① 空间、历史和实践的复杂决定了"做华人"（being Chinese）从来不是一个简单的问题。在世界各地的海外华人中，在地情境会制造出多种多样的地区"华人性"，很难用一种离散认同模式统合起来。②

虽然新加坡是一个多元种族和宗教的社会，但是种族在这个社会中发挥的作用还是显而易见的。③ 华人占据新加坡总人口的多数，但是由于微妙的区域环境，华人的身份与文化一直受到巧妙的管理。直到21世纪以来，由于中国经济的快速发展，"再中国化"（re-sinicize）成为新加坡社会的重要特征。普通话、简体字，而不是闽南语与繁体字成为全社会推广的标准，有学者称之为"重刻华人性"（process of re-engaging Chineseness）。④ 举例来说，即使在

---

① Aihwa Ong, *Flexible Citizenship: The Cultural Logics of Transnationality*, Duke University Press Books, 1999, p. 57.

② Wang Gungwu, "China and Southeast Asia: Myths, Threats, and Culture", *World Scientific*, 1999, p. 123.

③ David Brown, *The State and Ethnic Politics in Southeast Asia*, London: Routledge, 1994, pp. 66 – 111.

④ Eugene K. B. Tan, "Re-Engaging Chineseness: Political, Economic and Cultural Imperatives of Nation-Building in Singapore", *The China Quarterly*, No. 175 (Sep., 2003): 751 – 774.

建筑风格上明显具有中国特征的地理景观，也在不同时期被解释为不同的象征。虎豹别墅作为新加坡"华人性"的标志之一，在建立之初是殖民地中国社区成就的标志；但在新加坡国族建立过程中被当作种族多元的挑战；在中国崛起之际又被当作海外华人企业家精神的象征。[①]

　　上述政策的转变是政府基于经济发展趋势所做出的调整。但是在民间，新加坡社会与外来人口的关系日益紧张。一方面，新加坡社会本身正在发生变化，政治和经济问题促使更多人去反思"父爱式"政府的各项政策。另一方面，外来人口大量涌入带来的交通拥挤、环境维持和治安问题等话题提供了人们讨论的素材。因为新加坡的移民政策对应其现有的族群结构，所以中国人是外来人口中规模最大的群体，引起的社会话题也较多。

　　大多数工程师选择新加坡的时候，都把这个社会想象成一个华人社会，天然地以为中国人在当地可以如鱼得水。但是实际情况远非如此，他们在日常生活中同新加坡社会各族群，特别是公司内部不同的华人族群的交往互动，使得他们"中国人"的身份不断被确认。本章试图集中讨论华人群体内部各个族群之间的互动，以及工程群体如何保持"中国人"的自我认同和外在标签。

---

　　① Jianli Huang and Lysa Hong. "Chinese Diasporic Culture and National Identity: The Taming of the Tiger Balm Gardens in Singapore", *Modern Asian Studies* 41 (2007): 41-76.

工作中的族群

中国工程师视角的华人分类

因为种族、语言和历史的渊源，很多中国人天然地将东南亚的华人视为"自己人"，或者文化上的"中国人"。有的工程师在刚到新加坡的时候，就直接用"我们中国人"来统称中国人、新加坡华人和马来西亚华人。但是那些在新加坡时间比较久的工程师，就会主动使用"华人"来做统称，在访谈中，也会区分上述几种类型。正是因为这种先入为主的观念，混淆了文化上的华人和政治上的中国人，中国工程师才会与本地华人在交往互动中产生落差，觉得他们"不够中国人"，"很多历史知识都不知道"，"看不起中国人"。

《联合早报》一位关注新移民问题的记者分析道：

> 以前的移民是来到新加坡之后，通过同乡会安排生活，再找一份工作谋生。现在是你必须具有一定的学历、技能或资本才能实现跨国移动，找工作也不能通过同乡会，不是说做什么都行，必须得符合企业的要求，就业能力必须得到劳动力市场的认可。以前华侨过来的时候，同乡会、宗亲会具有重要的意义，在移民行为、就业、社会适应等方面都有重要的功能。但是现代的新移民大都是通过中介的个体移民，没有

一个成形的社会组织。传统的移民组织对于新移民不起作用，甚至成为一种障碍，传统组织不断强调先来的社会文化背景，实际上就将新旧移民分割开来。以前来新加坡的就是福建、广东、海南人，往往通过宗亲会或者地缘组织来到新加坡，并定居下来。从地域上说，现在北方的新移民很多，这在传统上是不存在的。而且现在的移民往往是个体行为，没有社会组织可以依靠。新移民社会组织的缺失，是因为许多社会功能是由社会机制来完成的。办理移民、就业、住房等服务都由专门的社会组织来完成，也就没有组织化的必要。新移民中比较重要的华源会、关爱会的覆盖面也很有限。

在新加坡，"新移民"是新近进入新加坡的外国移民的概括称谓。他们将新加坡视为一个移民国家，而不是一个具有自身独立历史文化传统的民族国家。因而，新进者将自身视为新加坡这个移民国家的"后来者"，而非"外来者"。本土居民被视为早期移民，他们与新进者没有本质上的差别，只是来到这个国家的时间有先后。这是新移民群体在新加坡构建自身社会认同的工具，也成为新加坡当地人反对的主要论述。

东南亚生活的华裔更倾向于对"华人"而非"中国人"的认同，因为后者有"中国的人"的含义，"中国人"的称谓同时具有族群和国籍的标识。① 特别是在新中国成立至改革开放，中国和新加坡大规模的人口流动中止了，各自都进行了近三十年的国家民族建设。来自中国的移民进入新加坡之后，"中国人"在狭义上指的就是"中华人民共和国的人"。"华人"与"中国人"的模糊性存在于两者与当地社会其他种族进行交流的情境中。来自中国的华人会使用"中国人"来指称海外华人，但当地华人则更喜欢自称"华人"，并用地名标注，如"马华"指的是马来西亚华人，"菲华"指的是菲律宾华人，"印华"指的是印尼华人。

当地华人对中国的态度，包含文化、种族和政治三个面向，并在不同地区、不同族群环境和不同交往情境表现出差异化的处理，因而态度和认同之间存在复杂的关系。② 有研究者将泛称的"华人"解构为三种类型：一是作为政治身份的"中国人"，二是作为文化身份的"华人"，三是生物意义上的"华裔"。任何人都可能同时拥有这三种身份认同，其中更重要或更突出的一面决定了他对自身的定位。再加上外部的民族国家认同，移民的身份认同往往是一种相互叠合的状态，表现出明显的选择性。

---

① 陈志明：《迁徙、家乡与认同：文化比较视野下的海外华人研究》，商务印书馆，2012，第30页。
② 陈志明：《迁徙、家乡与认同：文化比较视野下的海外华人研究》，商务印书馆，2012，第135—147页。

表 6 - 1　晶圆厂内部的族群称谓与分类

称谓	族群	国籍
马华	华族（Chinese）	马来西亚
新加坡人	华族（Chinese）	新加坡
中国人	华族（Chinese）	中国、新加坡
马来人	马来族（Malays）	新加坡或马来西亚
印度人	印度族（Indians）	新加坡、印度或马来西亚
白人	其他族群（Other Ethnic Groups）	荷兰、英国、美国、新加坡等

图 6 - 1 反映了晶圆厂内中国工程师视角下的族群分类体系。这套族群称谓与分类体系是中国工程师认识周围各群体的知识体系，也是指导他们交往实践的行动指南。不同"称谓"是他们对于各群体的日常称呼，其中"马华"指的是马来西亚华人，一般为马来西亚国籍；"新加坡人"指的是土生新加坡人，以华人为主，不包括后来取得新加坡国籍的移民群体；"中国人"指的是来自中华人民共和国的人，包括持工作签证、永久居民、新加坡公民等不同的移民身份，有些已经取得新加坡公民身份的中国工程师仍被认为属于此类；"马来人"指的是种族意义上的马来人，包括持有新加坡和马来西亚两国国籍的人群；"印度人"指具有印度人种族特征的人群，其国籍可能是新加坡、印度或马来西亚。这些中国工程师口中的不同群体在新加坡政府的人口统计中又分为不同的族群（ethnic group）。"马华""新加坡人""中国人"均是"华族"

（Chinese）；"马来人"为马来族（Malays）；"印度人"为印度族（Indians）。这里需要说明，在官方族类体系中，只有公民和永久居民才能被纳入"族"的类型中，并同购买组屋的族群比例等具体政策联系在一起。如果对大量持工作签证的移民劳工做族群分类的话，其英文称谓背后应该更多的是"人"的意涵。举例来说，政府统计中的"Chinese"如果是新加坡公民，就应该翻译为"华族"；如果他是持工作签证的外国人，更适合的应该是"华人"。

可以看出，白人、印度人、马来人等体质差异明显的人群被归为一类，而忽略了其内部身份、背景和来源地的多样性。华人群体内部的分类不仅更为细致，而且清晰地展现了民族国家的边界。经过多年的积累，有工程师仅凭借外貌、仪态就能分辨出不同的华人群体。下面首先简单梳理一下中国工程师对各种华人群体分类的标准，或者说刻板印象。

在中国工程师看来，新加坡华人有一种特定的发型，他们会将两边剃得很短，上边留得很长。而中国人的发型一般都是平头。即使在同一家理发店修剪，新加坡人和中国人做出来的发型也不一样。中国工程师去理发，如果不特别说明，理发师往往只是给全部剪短，再修一修，并不会直接剪成上述新加坡式样的发型，那是要特别说明的。中国人去理发的要求往往都是剪短一点，或者告诉理发师让他决定。但是新加坡人都有明确的发型要求，会告诉发型师他们想修剪成什么样子。对于年轻女性，新加坡女生或多或少会染头发，而中国人则大多不会。

　　着装方面，中国人跟新加坡人差别明显，有时候从服装上就能看出来。新加坡人喜欢穿宽宽大大的衣服，他们的衣服看起来普普通通，但是都是名牌。中国人的衣服就看不出来牌子。常见的新加坡男士休闲搭配是 T 恤配运动短裤。如果短裤还是格子纹的，据说就一定是新加坡人。但中国人出门会穿得比较正式，衬衫搭配长裤，往往还要把衬衫束进腰带。但是本地人这样穿的一般都是职业人士，比如银行职员、房地产公司职员。他们平时出门不一定穿长裤，鞋子也比较随意。这也存在适应的过程，有位工程师说刚到新加坡的前几年他也是整天衬衫长裤，结果走到哪里别人都能认出他是中国人。生活了十五年后，他出门就穿 T 恤配短裤，不开口说话别人已经认不出他是中国人了。

　　中国工程师觉得出门要穿正式一点的鞋子，而当地人不是太正式的场合，都穿人字拖。皮鞋也不是中国人喜欢的那种偏正式的皮鞋，一般都是没有鞋尖和鞋跟的，而且有的人穿皮鞋也不穿袜子。新加坡女生特别明显，都穿平底鞋，上班也很少穿高跟鞋。调查对象给出的解释是因为当地很热，而且节奏也快，穿高跟鞋很累。穿鞋的差异甚至影响到了体貌特征，据说新加坡人的脚趾头，特别是大脚趾和其他四个脚趾之间分得很开。他们认为这是因为当地人从小到大、一年四季穿人字拖，而中国人只有夏天的时候才穿。中国小饭庄的老板娘以自己在新加坡生长的女儿开玩笑："她长得越来越像新加坡人，黑黑的，脚丫都是分开的。"

背包的选择也不一样。一般女性的手提包都有斜挎和拎提两根带子，中国人用哪根就留哪根，会把另一根摘下收起来。但是新加坡的女性会把两根带子都留在包上，不会摘，经常换来换去。男生的包当地人很喜欢买阿迪达斯、耐克这类运动品牌，出门就背着。中国来的男生很少把这种运动的包背在身上，除非真的是去运动。还有就是双肩包，新加坡很多人背的是双肩包，但是中国工程师总觉得只有学生才背双肩包。

具体到女性感兴趣的细节，新加坡女性喜欢穿紧身裤，还会搭配裙子穿；中国女性一般都是穿丝袜或裤袜。中国女性很少修眉毛，偶尔也会修，但不会像新加坡女性那么频繁；新加坡女性则会把眉毛修得细细弯弯的，变成电脑图片上才有的那种标准眉形。

总体而言，如果面前站有三个华人，分别是新加坡华人、马来西亚华人、中国人，仅依靠外形、服饰和举止，中国工程师们可以清楚地把他们分为东南亚华人与中国人两类。而在当地生活时间比较久，或者与新加坡社会接触比较频繁的人，甚至可以大致将三种人准确区分开来。一个主要的标准就是语言。虽然大家讲的都是华语，但不同族群在遣词造句、语音语调等方面各有不同。

首先立场有差异，因为成长背景和社会网络的关系，大家对于同一事物有不同的概念。以如何称呼中国为例，中国人大都使用"国内"，而其他东南亚华人群体使用"中国"。即使在中国人内部也不一样，初到新加坡的还是习惯使用"国内"，而已经定居十来年的工程师则会用"中国"。具体到不同的情境，中国人之间聊天时往往用"国内"，比如回国订机票会说"回国"。而中国人与其他群体聊天时都是用"中国"，回国会说"回中国"。一位留学新加坡的工程师就反映，讲起中国，他很少用"国内"，都是用"中国"。只有跟他还在中国家乡的父母打电话的时候，才会用到"国内"。平时工作生活中都是用"中国"，别人跟他说"国内"反而会让他感觉很别扭。

其次是语言本身的表达上就有不同。新加坡和马来西亚华人的华语语调相对较平，发音时重音跟中国人不一样。当地人的华语在一句话结束时会加重音，并带有"LOL"之类的尾音。还有就是具体的表达方式也有差异。比如说，在当地的食阁里吃饭，工作人员都会问顾客"吃还是包"，当客人搞不明白是什么意思的时候，对方会换个说法解释"在这里吃还是打包带走"。此外还有"做工"是指"上班"，相应地，"放工"的意思是"下班"；"拜一"说的是"周一"；"这个菜很美"表示蔬菜很新鲜；"这个水很烧"表示水很烫。大致上是语句比较短，而且夹杂一些闽南话、广东话甚至马来语的发音和词汇，对在当地生活时间短的中国工程师来说就不太好理解。

马来西亚华人跟新加坡华人在外貌上比较难分，但是讲话时还是不一样的。因为马来西亚有华校，所以他们讲的华语相对就比较流利，也会用成语之类比较复杂的词语。而新加坡华人的华语都有口音，受到福建话等方言的影响。当地年轻人能顺畅讲华语的不多，喜欢在一句话里边夹杂英语，而且词汇结构也比较简单，比如说"干什么"会说成"做么"。

再次是语言习惯。以名字的英文书写来说，华人的姓名一般都是三段或两段的音节，看名字能够很快就知道这个人是不是华人。中国人的英文名都是汉语拼音式的，通过拼读很容易就能读出来，并且能大致猜到是哪几个汉字。而新加坡和马来西亚华人的拼音形式完全不同，中国工程师会觉得很难发音，并且只有对方用中文说出他的名字之后，才知道如何称呼对方。印尼的华人很多不会讲华语，名字也不是拼音式的，有的只看名字根本看不出来他是华人，跟他们交流就只能用英语。

更为明显的是日常用语，比如开玩笑。李琼有一个关系很好的新加坡同事，一天中午这位同事想要借她的手机去扫"飞天客"软件，但是当时李琼跟其他人去吃午饭了，边吃饭边聊天，回去办公室比较晚。这位同事就说你怎么这么晚，自己等了好久之类。因为她们小组的老板是新加坡人，这位同事还有几个马来西亚华人经常中午一起跟老板去吃饭，他们有时候会开车出去外边吃，而李琼都是和几个中国人一起在公司食堂用餐。于是李琼开玩笑说"谁让你整天拍老板马屁，不跟我们一起吃饭"。这句话在李琼看来是很明显的玩笑话，但是她的新加坡同事却很认真，听后一本正经地解释不是这样的，不能这样讲我，要求李琼为这句话道歉。正是因为这些语言习惯方面的差异，工作中产生的误解也不少，经常需要花两三句来解释中国工程师认为一句话就能说明白的问题。

最后是使用华文背后的知识或材料。在来自中国的工程师看来，引经据典的内容当地很少有人知道，四字成语知道的不多。而且许多故事，比如"黑旋风李逵"等固定用法当地华人并不知道。这带来一个问题，虽然大家讲的华语相互都能听懂，但是没办法深入交流，更无法沟通感受性的话题。所以中国工程师在跟新加坡华人聊天的时候，会尽量用简单一点的语言，说得直白一些，更不能用国内网络上新出现的词语。

工作当中的沟通主要还是使用专业术语，用的都是英文简称，沟通问题不大。但是私底下的交流，或者吃饭聊天时，中国人想表达的笑点有时候当地人不一定了解。特别是冷笑话此类涉及谐音或背景知识的内容，当地人就体会不到。中国一些新兴的网络语言，中国工程师之间经常使用，但是当地同事都不知道。因为他们主要使用的是英文的网站，比如 facebook 等，关注的内容跟中国工程师也不一样。后者经常上的还是一些国内的互联网平台，如QQ、凤凰网、新浪微博等，也会上新加坡的中文网站，比如狮城华人网。但一般都是明确有什么需要的时候，比如找房子、买二手家具、查签证信息和他人经验，才会去上新加坡的网站。

本地华人与中国工程师的语言是相通的，但是运用这套工具背后的语汇，或者说语料是有差异的。关于中国历史的知识，是每个中国人在学校教育中必须接受的。而当地华人的相关知识主要来自影视作品，或者有限的华文教育。现代中国所兴起互联网文化，和中国快速发展的社会状况，是双方背景差异的另一个面向。

工作中的语言选择

语言作为文化资本的重要形式，清晰地展现出社会如何对个体进行筛选和排斥。这里重要的不再是掌握一种作为工具的语言，对于词汇、语法的记忆并不足以表明使用者获得了这项资本。作为社会资本的语言更为突出，强调在不断变化的使用环境中做出及时且恰当地判断，即根据不同的情景能够熟练地生成正确语句的能力。[1]

半导体公司的官方语言都是英语。但是在实际的工作中，除非较正式的会议需要讲英语，或者对方不能讲华语的情况下才会使用。只要对方能讲华语，基本上都是使用华语。这也就形成了英语和华语两个语言场域，当然有的公司更注重前者，而有的台资企业甚至要求必须会讲华语。

---

[1]　P. Bourdieu, "The Economics of Linguistic Exchanges", *Social Science Information*, Vol. 16, No. 6 (1977): 645–668.

表 6 - 2　晶圆厂内专业技术词汇举例

英文	华文	英文	华文
wafer	晶圆	super hot run	最高优先级
die	芯片	lot ID	批次编号
wet	湿法刻蚀	wafer ID	晶圆编号
etch	干法刻蚀	cycletime	生产周期
photo	光刻	move	产量
implant	离子植入	WPH （Wafer Per Hour）	小时芯片产量
issue	问题	passdown	交班
particle	含尘量、脏东西	onduty	值班
datalog	生产数据日志	linedown	停止生产
P Monitor	缺陷监测	highlight	投诉

　　中国工程师在面对非华人同事时需要讲英语。晶圆厂的生产过程中有一整套专业术语，掌握了这些专业术语，中国工程师在工作中就能实现正常沟通。而在平时沟通和私下交流的情境中，英语的适用范围主要集中在中国工程师与非华人群体之间。平时各部门的华人之间交流时都讲华文，不管是新加坡华人、马来西亚华人还是中国人，都用华语沟通，而且领导层也知道下边的工程师平时都讲华语。具体到日常的语言使用，比如跟上司或者其他部门的领导之间，沟通会比较官方，大家都会讲英语。公司高层之间也都使用英语（至少在基层的中国工程师看来如此），但是工程师与直接领导之间还都使用华语。

也有工程师很喜欢在工作中使用英语，他们认为讲英语可以减少很多不必要的工作量。中国人、新加坡人、马来西亚人、印度人讲的英语各有不同，所以平时沟通的时候都是简单直接地说明问题或者工作内容，没有个人化的、情感性的表述。一是大家的词汇量本身可能有限，不能做很细致的表达；二是大家的英语都有口音，所以简单地将专业术语拼在一起描述反倒是最容易理解的。在中国工程师看来，新加坡人的英语虽然发音不标准，但是比较好懂。他们认为新式英语是一个词一个词连起来的，虽然听起来怪怪的，但很好懂，同事之间在沟通时相对简单轻松，很少发生为了部门利益而争吵的情况。

新加坡政府进行了一系列推广英文的努力，在英文的市场价值之外，赋予了英文重要的社会和文化意义。英语成为一种象征资本，代表的是现代的、先进的、高阶的经济活动与社会地位，掌握这门语言的人是文明的、高素质的，熟练程度则标示出一个人在这个天平上的分量。有意思的是，在新加坡人以讲英文来区分本地华人和外来中国人的同时，工程师们也会以这门语言来彰显自身比部分当地人更优越的阶级地位和更高教育水平的专业形象。有一位中国工程师是某公司材料部门的老板，已经加入新加坡国籍，他的英语口语发音很不标准，但是很敢讲。作为领导，他经常要组织一些活动，所有工程师听他讲英语时都很头疼。慢慢地工程师之间就流传有很多他讲英语时闹出的笑话，使得这位老板在基层的工程师圈子里成为知名人物。他自己则解释道：

> 以前语言上只讲中文，现在就是中英混杂。而且
> 你出门的话，对方看到你是华人，如果对方会讲华语
> 的话，就会直接跟你讲华语。而且你再怎么学这边人
> 的说话方式，你的口音还是改不了，别人一听就能分
> 辨出来。之前在国内很少讲英语，我的英语口语都是
> 跟他们本地人学的 Singlish，所以讲英语反倒跟本地人
> 很像，有的印度同事还以为我是新加坡人。

工作场域讲英语一般就是想保持距离，如果不是想刻
意保持距离，一般都会讲华语。比如，一个工程师跟自己
的直接老板讲话时使用华语，跟老板的上司沟通就用英
语，但是这位科经理跟他的直接下属讲话还是用华文。调
查中有一位中国工程师做到了部门老板，也取得了新加坡
国籍，因为曾经在英国留学，她平时工作中讲话都是用英
语，绝对不讲华语。除非她明确知道对方是中国人，才会
开始讲华语，跟其他华人也都是用英语交流。能够熟练使
用英文成为她工作专业的标签，不熟悉的人都将她当作新
加坡人。据说有一次，她在生产线上与一位马来西亚华人
工程师讨论技术问题，那位工程师拿出一本中文的专业书
籍给她查找，她直接说看不懂中文，让对方找来一本英文
的。这里英文的使用就成为一种工具，以在她与基层工程
师之间划清界限。

相反，华语是一种拉近对话者关系的语言，因为它是非官方的。英语是官方语言，所以一般用在开会、报告这样的纯工作场合。而华语主要用于工程师之间的交流，以及私下的沟通，甚而具有了一种民间话语的意涵。在某公司设备部门有一个马来西亚的印度人，因为他从小生活的环境中有很多华人，所以会讲华语，还会说广东话。后来他的部门调来一位新的老板，是印度籍的印度人，管理很严格，工程师们多有不满。有一次开会，这位老板在会上直接点名批评了那位马来西亚籍的印度人工程师。结果他扭过头悄悄地用华语跟周围的华人同事抱怨了一句，大家都忍不住笑出来，那位老板看看也不知道什么情况。辛泰讲了另一位印度工程师的例子：

> 我们部门中午出去吃饭，每次都有一个印度人跟我们一起。聊天的时候，话题如果涉及这个印度人我们就用英语，主要还是用华语，有时候他就会很无聊。但实际上他又是一个很喜欢聊天的人，所以就经常插入进来，慢慢他也学会一点点华语。因为这个行业很多中国人，他以前在别的公司也干了好多年，现在他也会了一些中文，比如会数数，还会"知道""不知道""老师"等词。他以前公司的中国人还教会了他一首中文歌，他会发音但是不知道是什么意思。他经常见到中国工程师就喊"师傅"，因为他算是新人。虽然他之前也在半导体公司工作，但不是同一个

领域，所以他来之后就不是很懂。他经常会问别人一些问题，见了我们就喊"师傅"。他第一次见我的时候，就说我长得像叶问，那时候那部电影正好上映。叶问在新加坡英文叫 IP man，他就叫我 IP man，我又不懂什么意思，别人告诉我才知道。后来他见我就一直喊 IP man。

而更进一步的私密性语言是华语中的不同方言。辛泰的老板是新加坡华人，跟他关系最好的两个人，一个是新加坡华人，另一个是马来西亚华人。他们平时工作上也都是华语掺杂英语，但是私下聊天中就会夹杂很多闽南话。特别像有些食物和饮料，他们叫的名字跟其他人就不一样，所以这两位也比其他人更了解老板的喜好。在另一个公司，许文川老板的家乡在马来西亚怡保，是讲广东话的华人。他们小组有一个工程师也是怡保的华人，他们平时在一起都是用广东话交流。而且周围的同事也能明显发现他们之间的关系更好，平时如果有重要的工作老板会交给这位同事。有时候老板请假，就会安排这位同事暂时代理他的职权。在工程师们看来，这就是很明显地给他的老乡安排机会，因为负责重要的工作，最后的成绩也会比较突出。新加坡华人在一起也会讲方言，一句话里边会夹杂一些福建话或者广东话，很多新来的中国工程师听不懂。时间久了虽然能听懂，但还是觉得参与不进去。

分工与合作

新加坡人主要集中在半导体企业的人力资源、市场、行政等岗位。以某公司为例，人力资源部门全部是新加坡人，只有一个来自马来西亚的永久居民。薪资和财会部也全部是新加坡人。此外，各个部门的秘书也是新加坡人。这首先是因为语言，本地人从小接受英文教育，英文熟练程度普遍较好。在这些需要不同部门之间进行协调，或者与新加坡政府打交道的部门，英语是最重要的沟通工具。而且当地的方言也很重要。

半导体行业开始在新加坡发展的时候，政府在新加坡国立大学和南洋理工大学培养了一批电子工程类人才，但是最后很多人留不下来。半导体行业在本地的热潮过后，这个行业薪资水平成长不高，又需要值班，所以新加坡本地人继续做半导体行业的不多。这些企业在新加坡本地很难找到足够的工程师，而中国每年有大量的理工科学生，又有国内的半导体企业做培训，所以新加坡的半导体公司的生产岗位大多向中国人开放。

一般生产部门中国工程师会比较集中，往往是各个公司中国人比例最高的部门。而且生产部门很少有新加坡人，马来西亚、印度的工程师也有一定数量，他们大多是在新加坡留学之后留下来的。新加坡社会优秀的人才热衷于医学、法律、金融等专业，读工科的相对较少。当地两所主要大学工程类专业的学生也以中国和其他东盟国家的留学生为主。半导体公司招聘员工，技术类的职位很多是通过中介，由新加坡的中介负责，到国内由其合作中介操作；而人力资源之类的行政性工作，往往是直接发布到新加坡本地的媒体、网站上，应聘者直接投简历。

以某公司的测试部门为例，部门经理是新加坡华人。这个部门的特殊性在于中国人做老板的比例比较高，但是他们都是在新加坡取得了博士学位，相较于其他工程师优势明显。这个部门下设三个小部门，部门一的老板是中国人，他在新加坡国立大学取得了博士研究生学位，调查时是新加坡公民。手下有四个小组，总共有30多人。其中两组领导是中国人，都已经取得新加坡公民身份，他们在新加坡读了博士，另两组领导是新加坡华人。这个部门的工程师几乎全部是中国人。部门二的老板是中国人，他也在新加坡取得了博士学位，已成为新加坡公民。下面的20多个工程师分为两个小组，一个小组的领导是印度人，另一个是新加坡华人。部门三的老板是新加坡华人，他下面有两个小组。一组8人，小组领导是新加坡华人。另一组有15名工程师，小组领导也来自中国。这位老板也在新加坡读了博士，已经取得新加坡国籍。表6-3对部门三第二小组的人员构成和基本情况进行了说明。

表 6 - 3 某个部门小组的人员构成

职务	国籍	族群	新加坡身份	学位
助理工程师	缅甸	华人	就业准证	大专
助理工程师	印度	印度人	就业准证	大专
工程师	印度	印度人	就业准证	硕士
工程师	新加坡	华人	公民	本科
主任工程师	新加坡	华人	公民	本科
工程师	马来西亚	华人	永久居民	本科
主任工程师	马来西亚	华人	永久居民	硕士
主任工程师	马来西亚	华人	永久居民	本科
工程师	马来西亚	华人	就业准证	硕士
助理工程师	马来西亚	印度人	永久居民	大专
工程师	印尼	华人	就业准证	本科
工程师	中国	华人	就业准证	本科
工程师	中国	华人	就业准证	本科
工程师	中国	华人	永久居民	本科
主任工程师（部门领导）	新加坡	华人	公民	博士

在一个由多元族群构成的团队中，人们经由工作经验形成了一套相互认识的知识体系，并以此来指导日常的实践。

中国工程师被认为能吃苦，但是不善于沟通。很多人最初去新加坡就是为了赚钱，所以一般都会愿意加班，一件事情没做完，会主动留下来完成。但是因为语言和教育等方面的原因，中国工程师往往不善于总结和汇报自己的工作。许文川就经常被老板批评不善于表现，要求他做完测试之后，写一个详细的报告，把数据画成漂亮的图表，抄送给各个领导。但是他工作中特别是紧急的时候，经常是追求尽快做完测试，然后简单明了地说明关键信息和数据。因为只是类似一个草稿，这时候他就不会抄送给老板。但是他的印度人和新加坡人同事就能写出很漂亮的报告，这些技能也成为中国工程师羡慕的特质。

新加坡工程师的标签是很守规范，严格遵守公司的操作流程，认真负责。中国出来的工程师，接到工作之后一定会做好，一个人加班也要做好。但是新加坡工程师很善于团队合作，积极请周围的同事帮忙。他们不会一个人去那里慢慢研究，一定是找资深的工程师请教，然后找有经验的同事帮忙。但是做工作都是按部就班，不会因为工作紧急就灵活变通，更不会为了工作加班。在中国同事眼里，新加坡工程师都是负责一些很简单的工作，却还容易出错。比如，包如刚需要一个新加坡同事去给系统上添加一个条件，即使在邮件里边清楚地写给他，也可能做错。并且还跟老板说，以后改动之后需要包如刚帮他检查。但是站在新加坡工程师的立场，中国同事大多追求尽快解决问题，有时候却不遵守公司的规章程序。中国工程师为了解决问题，获得领导的好感，以便顺利升职加薪，往往自愿加班。但是新加坡同事会按时下班，未完成的工作就留到第二天上班处理。他们认为中国人给了他们太大的压力，带来了加班的不良风气。

马来西亚华人工程师能力也很强，工作上想法很多，合作也很舒服。在中国工程师看来，马来西亚人做事情不会很计较，不似新加坡同事那样不愿意相互帮助。而且对中国人态度也好些，因为他们在新加坡也是外国人。如果说起中国什么新闻，他们不会特别极端。

印度人是中国工程师羡慕的对象。他们往往很有想法，善于表达和写报告，比较容易得到老板的赏识。他们工作习惯很好，不会为了工作而放弃休息。比如，C公司有一种机器需要每天都进行维护，中国工程师差不多一个小时就能搞定，但是印度工程师就需要一个上午，中间还要出去喝咖啡休息一下。每天下午三点无尘室里的印度工程师会准时休息，工作再忙也会出去喝下午茶。后来中国工程师也学会了这种模式，每天出去喝茶休息。因为语言不通，中国工程师跟他们的交流较少。

调查中，这个行业马来人工程师很少，而且其他族群工程师对于他们也有歧视。马来人工程师被认为在工作中挑轻避重，而且不好沟通，自行其是。

总体而言，中国工程师还是觉得华人之间合作比较舒服。不仅因为语言沟通更方便，而且大家的思维模式是类似的，是在向同一个方向想问题。印度人和马来人工程师与中国工程师群体之间的交流不多，除了工作上的合作之外没多少交集。

在宁力刚这样做到管理层的人看来，中国工程师基础很扎实，很多电子、物理的知识都系统学习过。即使是新的技术或设备，也大概知道去哪里查资料。但是新加坡人基础知识相对较差，虽然他们学过，但是他们的教育不注重去记这些东西。新加坡的教育体系很早就开始给学生分流，学生也很早就找到自己的专业方向，然后集中精力在适合自己的专业上。所以他们在理工科方面的综合能力会差些，知识面比较窄。但是新加坡人的组织能力很强，公司组织集体活动，比如聚会、野餐之类的活动，都是新加坡人在组织。中国人在这种场合一般都不愿意上台去，往往是安排什么就去做什么。宁力刚印象深刻的是，公司有几次组织员工去团队建设，大家分组选队长，每次选出来的都是新加坡人。

潘伟是某公司的主任工程师，如果有工作要安排的话，他首先想到的是交给中国工程师。因为交给中国人能很快解决，而交给新加坡人和马来西亚华人的话，很可能他们还是要再回来找自己确认如何处理。举例来说，如果一个设备出了问题，中国工程师拿到任务之后就会尝试用各种方法去处理，如果实在处理不好再跟同事商量。在中国工程师看来，遇到问题解决不了，或者有问题就去问别人是没有能力的表现。而为了解决问题，中国工程师往往会想出一些灵活的变通方法，却不一定符合标准的规定。但是新加坡人处理时，如果没有明确的程序，他就会直接问老板这个问题要怎么做，然后按照老板的方法去处理。如果问题解决不了会告诉老板这个办法不行，并询问接下来的处理方法。在中国工程师自己的角度，中国人有责任心，交代给他的工作一定会负责到底，但是往往没有严格遵守公司的制度。新加坡工程师很注意工作规范，可是解决问题的效率较低。马来西亚华人工程师的情况介于中国人和新加坡人之间。

上边是从管理者的角度去讨论工作分配中的族群差异，但是对于基层的中国工程师而言，自己往往是"软柿子"。一些比较辛苦，或者需要加班的工作，很多时候会给新来的中国工程师干，但是本地人和马来西亚华人可以有各种借口和手段躲掉。分配工作，必然就涉及简单工作和复杂工作。比如每天跑货 1000 片晶圆的机器上边，有一两片有问题，要查找原因就是比较麻烦的工作，因为不知道问题出在哪里，需要做各种测试。可能只是某个部件松动了，但工程师需要逐个检查。如果这台机器上跑几片，几片都有问题，那就很好去查找原因。很多时候就是机器的某个部件坏了，直接更换就可以。在分配工作的时候，新加坡人和马来西亚华人被认为总有各种办法来躲掉那些麻烦的工作，而中国人想着老板安排了就不好意思去拒绝。这些话语显示，中国工程师们会利用他们从当地华人那里学来的道德话语，特别是工作伦理来强化族群界线。这里他们一面学习当地华人的族群知识和偏见，以求融入当地社会；另一面也细化和填充这套知识，以在工作中应对其他族群工程师的竞争。

即使一个中国工程师已成为新加坡公民，但是其他同事还是会把他当作中国人。在这些同事看来，拿了新加坡公民身份，只是能够享受到政府的政治权利和福利。然而日常的工作中，周围的人还是把他当中国人。就公司内部的升职机会来说，如果中国人、新加坡人、马来西亚人、印度人在同一个水平上竞争，主要取决于跟领导的关系。跟领导关系比较好，平时交流比较多的工程师就有优势。如果领导是中国人，那么中国工程师的晋升就比较占便宜；如果领导是新加坡人，那么新加坡工程师就有优势。这和国籍关系不大，跟人际关系联系比较紧密。在工作能力、业绩差不多的情况下，主要就看工程师跟领导的关系。核心是语言、习惯、爱好是不是相似，跟领导沟通的越通畅就越容易被认可。所以同一族群的同事之间相互帮助的现象，归根结底是沟通的问题。虽然大家都能讲英语，或者华语，但是词汇、表达、口音上还是有所不同。所以在职业发展方面，新加坡公民身份并不是唯一重要的。在一个员工多元化的部门，能够借用语言、文化和成长背景等因素与领导建立有效的沟通渠道尤为关键。

"拜拜"：高科技生产过程中的民俗活动

农历七月在华人文化圈的传统民俗中被称为"鬼月"，又以农历七月十五的中元节为标志，新加坡社会将相关民俗活动称为"拜拜"。每到农历七月，组屋楼下的草地上就插满了香火，还有零零散散的祭品。这种习俗也影响到了当地的晶圆厂，并在厂内形成了集体祭拜的习惯。另有

　　一种说法是，晶圆厂的这种习惯源自中国台湾。因为台资企业在这个行业扮演着重要的角色，台湾工程师是这个行业劳动者重要的组成部分，他们将祭拜、祈福的观念和行为带到了各地的晶圆厂。下面就以两个企业的材料来说明这一活动如何组织起来，以及华人各个族群如何参与进去。

　　第一个晶圆厂有专门的部门负责组织这项活动。这家企业是完全的台资企业，员工也以华人为主，所以农历七月的"拜拜"成为一种公司官方的仪式。在这个企业里，农历新年开工会组织一次，每个月也会组织小规模的（月初第一个工作日）活动。农历七月会在初一、十五、三十（不一定在当天，以工作日为准）举行三次，其中农历七月十五的规模最大，祭品丰盛，公司领导也会参加。组织工作都是由公司人力资源部的员工服务部门负责，会提前通过工作邮件系统向全厂员工发邮件。

Dear all,

There will be a Seventh Month 15 day Prayer on Tuesday, 24th August, outside CUB at 4:00pm. Prayer for Dormitory will start from 4:30pm. Please feel free to attend the prayer.

Best Regards,

Adam

图6-1　农历七月十五"拜拜"活动的通知邮件

这份邮件通知的是农历七月十五的"拜拜"活动，是一年之中规模最大的一次。一般选择在公司停车场旁边的开阔地带，远离无尘室。人力资源部门出面组织，具体准备工作由承包公司食堂的私人老板负责。活动现场会有一张桌子，提供烤猪、烧鸡、鱼之类的祭品，旁边有铁桶供员工燃香烧纸。农历七月十五那天，厂长等公司高层也会去参加，这是该公司的一项重要活动。一般都是公司领导组织开个头，然后各个部门的员工就先后下去烧香。2013年此次活动参加的员工有两三百人。各部门专门有人去买祭品，一般就是烤猪、面包、饼干、水果、麦片、咖啡、米、香烛和黄纸，都是从公司旁边购物中心的祭品店购买。这些祭品分成十几堆，每个上边有个小旗子，写着部门的名称。每个部门也不会集体参加，几个人有时间了就一起过去，大家去到那里找到自己部门的旗子，烧香然后拜拜。仪式活动结束后，工作人员就会把祭品拿去办公区域，大家分着吃掉。

分部门来看，厂务部门最相信这类活动。该部门员工基本上每个月都去拜，因为他们部门的工作涉及整个工厂的供水供电，一有问题全厂就得停产。接下来就是设备部门，这个部门的意外风险也比较高，相信此类民俗的人就比较多。这跟族群构成有很大关系，新加坡华人和马来西亚华人更相信这项民俗活动，这两类华人多的部门参加活动的人就多。中国工程师参加的不多，参加的也只是抱着"拜总比不拜好"的心态去的。他们大多只是因为同事都去就过去参与一下，虽然知道并没有什么用，就求一个心理安慰。有的新加坡华人很虔诚，还会跪下烧香，中国工程师都只是去烧香。

而在另一家公司，七月的"拜拜"更多的是一种华人内部自发组织的活动。公司里有人组织这项活动，愿意参加的华人就凑份子。该公司之前有一个新加坡华人，一直都是他在组织，他辞职之后就换了另外一个新加坡华人负责组织。因为不是所有人都参加，七月之前会有人拿单子逐一询问，参加的人大概收 20 新币。在华人集中的部门，他们一般是发邮件给秘书，由各个部门的秘书去联系。该公司从建厂一开始就有这项民俗活动，参与者基本上都是华人。主要组织者多是新加坡华人，或者马来西亚华人，他们对这些事情比较感兴趣。热心的组织者一般都来自动力部门，设备部门跟他们的工作关系比较大，所以参加的人也会比较多。

国内过去的工程师一般都不相信这种活动真的有效。像宁力刚在公司工作 14 年，一次也没参加过，但是每年他都会交钱。他现在已是领导，不在乎那一点钱，不交似乎又不太好。有一个部门的老板是新加坡人，他自己相信这些，所以他所在部门的工程师参与的就比较多。洛桂之前都不知道公司有这样的活动，因为他们部门的老板是个荷兰人，所以部门同事好像没有人参加。2013 年农历七月十五她在实验室，突然很多人都往外走。那些同事跟她开玩笑"你一个人在这里不害怕吗"，她就问大家出去干什么，了解后就跟他们一起下去参加了。

在上边提及的两个公司，主要都是厂务部门、动力部门和设备部门的员工参与此类活动。这些部门，特别是中国工程师集中的设备部门，同晶圆厂二十四小时运转的生产系统直接相关，工作中的意外最多。生产系统运转的意外决定了人们工作中的加班、熬夜以及产品瑕疵等工作压力。传统民俗中的祈福驱凶活动成为工程师们减轻工作压力、降低风险的一种手段，为高度自动化的晶圆生产增添了非科技的色彩。主要参与者背后除了生产过程中的分工差异，另一个重要的特点就是华人内部的群体差异，来自马来西亚、新加坡以及中国台湾的工程师对于此类活动的热情较高。

午餐与饮食政治

食物的谱系

虽然都可以称为中餐，但是新加坡当地的食物跟中国工程师们所熟悉的口味还是有很大差异。比如当地的煎蛋就是把蛋白煎熟，中间蛋黄还是液体的。很多中国工程师就吃不惯，一定要吃全部煎熟的。有的公司提供的早餐中，煎蛋就分为两种，熟的和不熟的，很多中国人就只吃熟的。那些在新加坡读过书的工程师，已经习惯了吃不熟的煎蛋。如果在外边的食阁就餐，煎蛋一般是不熟的，要特别跟店家说明才行。

北方人喜欢的面食在新加坡也不太好找。当地经常吃的是板面或碱面，样子有点像方便面，煮好了吃起来也是硬的，中国人吃起来会觉得不舒服。这种面是明黄色的，吃起来有一种特殊的味道。

吴卫的午餐地点主要是公司旁边的食阁，调查时他已经能接受当地的大部分食物，比如海南鸡饭、杂菜饭，基本上华人的食物他都吃。他已经没有明显的饮食偏向，通常是到食阁再选食物，而不是提前想好吃什么。刚到新加坡的时候他很难接受新加坡的饮食，但是仅有的几种东西吃腻了之后，就不得不去尝试其他食物，慢慢也就能接受一些当地饮食了。这么多年下来，吴卫已经接受了印度菜、马来菜。主要是因为选择不多，就必须去做尝试，不可能每天吃同样的东西。而且新加坡的杂菜饭，形式上虽然跟国内的快餐很像，但实际上也不一样。菜品不一样，调料也不一样，有很多江鱼仔之类的当地配料。当在新加坡生活的时间久了之后，口味就慢慢改变了，也顺理成章可以接受其他差异更大的食物了。

刚到新加坡一两年的年轻人大都喜欢去吃张东、口福老太太这样的中国菜；来了五六年的，就会去吃杂菜饭；像吴卫这样来了十年的，westplaza 食阁里边的东西他都能吃了。在吴卫看来，如果没有附近晶圆厂的中国人的话，张东小饭庄的食物新加坡人是不会吃的，他们喜欢吃的是杂菜饭、鸡饭。不过，吴卫基本上很少去吃张东小饭庄那种国内口味鲜明的食物，他的第一选择是得利的杂菜饭。

如果要将工程师们口味本地化的程度排个顺序，中国小饭庄→杂菜饭→碱面或鸡饭是他们味蕾本地化的一个图谱，大致对应着人们在本地生活的时间，以及对新加坡饮食的适应程度。对于在当地长大的中国工程师子女来说，他们会觉得中国小饭庄的食物是无法接受的，宁愿去吃印度飞饼。

午餐作为仪式

正如第三章所提到的，午餐是工程师工作日最重要的休息和社交活动之一。午餐时间是一日当中最长的休息时间，而且可以名正言顺地走出公司，暂时性地脱离生产空间。工程师们下班后同事之间往往很少联络，午餐就成为他们非工作场合交流的主要形式，是否一起吃午餐也成为工程师们判断人际关系的重要标准。一位工程师分析了两者之间的联系。

> 我们部门的老板很喜欢手下的两个女同事，一个是新加坡人，一个是马华，老板自己是新加坡人。这两个人能力比较强，平时经常跟老板一起吃饭，他们之间关系比较好。其他人给她们两个起了外号，大的叫"皇后"，小的叫"公主"。大家对他们都有意见，因为老板在工作、奖金、升等对她们都有照顾。有时候吃饭，大家正在聊一个事情，她们一过来大家就停下来，还是比较明显的，我估计她们也知道。有的时候特别重点的货出了问题，分析结果就很重要。老板

就会把他信任的"皇后"或"公主"叫过去，说她有这方面的经验，但可能实际上她根本不熟悉这个领域。公司在新加坡有7个fab，所有的失效分析都是由我们部门负责。部门分为好几个小组，每个小组负责专门的几个fab。实际上具体的工作还是下边的工程师在做，这个"皇后"只是参加一下会议。每次向上边汇报的时候，老板就会同时把邮件抄送给"皇后"。她虽然没有做什么，但是给领导的印象就是每次重大的问题她都有参与。这样她每年升职就很容易，但这也让其他人对她们很不爽。

许文川很少跟新加坡同事一起吃午餐，但是同马来西亚、中国同事在一起的时间较多。当时他刚到新加坡的第一周，这些同事主动找他一起吃饭，他们慢慢就形成了一个圈子。他中午吃饭的这个圈子差不多是固定的，有一个马来西亚华人同事，一个偶尔一起的新加坡华人同事，其他几个都是中国工程师。其中有几个人到了中午吃饭时间会专门叫一下这几个人，大家每天吃饭的时候都会相互喊一下。而那个新加坡本地人他们不会主动去叫，如果他正好在旁边就一起，不然不会主动喊他。

每天大家一块下楼，从公司侧门出来，走过教堂。到了停车场那里就会决定是去哪里吃，是左转还是右转。左边是KOPITIAM，一家号称"真正新加坡口味"的食阁，提供华人、马来人、印度人等多个族群的食物；右边前进是口福，以华人食物为主。往往走到这个地方就是最纠结的，两个地方都吃腻了，但又只能在这两个地方选择。这时候就看大家的意见，如果有人坚持就听他的。

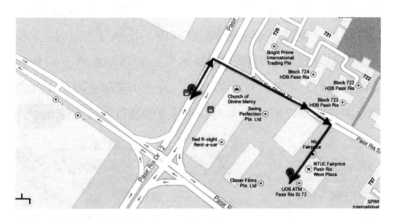

图 6 - 2　许文川与同事的午餐路线

westplaza 社区中心有三个吃饭的地方，马来西亚华人和本地人同事比较喜欢 KOPITIAM，这里主要售卖本地食物，他们基本上不会去吃中国小饭庄，那里的食物只适合中国人。对于许文川他们这个小群体来说，能照顾到所有人的最好的地方就是口福，什么口味都能满足，所以他们去口福的频率最高。

进入口福之后，他们会先占个位置，然后大家各自去买东西。口福东南角有一家以牛蛙为特色的铺头，有当地口味的面。马来西亚华人一般去吃这家，在新加坡时间久的中国工程师也会去这家。新加坡人多会去吃杂菜饭，还会去一家有广东汤水的铺头。中国人多去吃一家名为"四川美食"的铺头，这是由两位河北老人经营的。他们早先跟随儿子来到新加坡，后来孙子开始读书之后，便出来开饭庄。这家店的食物以中国北方口味为主，有杂菜饭，也有面食、米线。各自买好食物之后就集中坐到一起，大家边吃边聊。往往是轮流买饮料，由一个人去给其他人购买。但是点饮料也有讲究，新加坡人和马华喜欢点那种很当地的饮料，不是咖啡也不是茶，许文川至调查时仍不知道它是由什么做成的。中国人一般都点的是可乐或者柠檬茶。

图 6-3　午餐用餐场景

如果去 KOPITIAM，许文川一般都是去得利。这里最受欢迎的是得利杂菜饭。每家的杂菜饭都差不多，只是可能具体的菜色上有差异。还有一个面店专卖碱面，新加坡人同事会专门去吃，即使排很长队也愿意，但是许文川接受不了。除了杂菜饭，他还会选择肉骨茶，再到旁边的印

度铺头加个印度飞饼。但是这个店的马来西亚、印度食物
他四年来都没有吃过一次。

中午同事一起的话，很少去张东的中国小饭庄。因为
这个铺头以中国口味为主，对马来西亚华人和新加坡人同
事来说选择比较少。大致来说，杂菜饭是一个"公约数"，
大家都能接受。在这个食物谱系的一端，是代表中国风味
的食物，比如中国西北或四川美食；另一端是以碱面为代
表的当地食物。在他们这个小群体内，大家的食物选择可
以大致置于这样的谱系上。

在另一个公司，午餐不是将华人联系在一起，而是将
大家分割开来。邓平所在的部门，吃中饭的时候中国人会
喊上附近的中国人一起。他们部门一共有 8 个人，中国人
5 个，马来西亚华人 2 个，新加坡华人 1 个。中午吃饭的
时候就会分为两组，一组是中国人，另一组是马来西亚华
人，每个圈子都有人在吃饭时间组织大家。两组人去的地
方也不一样，中国人都是坐公司的厂车去附近的食阁吃
饭，另一组则是自己开车出去。其余那个新加坡人大部分
时间是跟中国人一起的，因为他们吃饭的时候会叫上这位
同事，马来西亚华人那一组则很少主动去喊他。邓平第一
天上班的时候，老板向同事们介绍过之后，就有中国工程
师过来问他是哪里人，之前在哪里工作。到中午吃饭的时
候，他就专门过来叫邓平一起。当时邓平刚进公司，很希
望多了解情况，就经常跟他们一起。一周之后，他发现整
个部门的同事大家都有不同的圈子。平时吃饭的时候，中

国工程师会相互喊一下，商量中午去哪里吃饭。这时候新加坡人和马来西亚华人也会主动联系他们相熟的同事。每次邓平这边四五个人准备吃饭的时候，对方那边也已经是几个人聚在一起了。大家下班之后往往都是各自回家，同事之间的联系比较少。所以午餐成为同事之间重要的社交活动，不同族群的界线相当分明。工作上大家合作都很好，主要是饮食习惯、语言上的差异在起作用。几个中国工程师中午吃饭聊天，可能会讨论北京、上海的房价，大家都很激动，但是当地人就插不上话。所以如果是中国人、马来西亚华人、新加坡人偶尔一起吃饭的话，能聊的就是什么东西好吃、去外国旅行的见闻之类，相互之间难有很深入的交流。

在吃午餐的安排中，也有等级的差别。基本上老板很少跟工程师们一起吃饭，而比较低阶的老板会找跟他熟悉的同事。辛泰每天中午吃饭的圈子大概会有 6 个人，中国人、新加坡人、马华都有。大家都是工程师，比较聊得来，经常在午餐的时候开开老板玩笑。而他所在部门的新加坡老板经常同两位下属一起吃午餐，一位是新加坡人，一位是马来西亚华人。这两位偶尔也参加辛泰他们圈子的午间聚餐，但如果这两位同事在场，其他人一般就不会讲自己工作中遇到的问题，或者对老板的意见。辛泰和同事都担心随意说的东西会传到老板那里，所以这时候就基本不会谈工作。大家都是聊一些国际新闻，或者某个同事找到了女朋友之类的八卦，这些话题能让大家都参与进来。

但是如果涉及中国家乡比较细节的事情，跟中国工程师的成长环境有关的话题，就只有中国人有反应。

　　对于留学时就在新加坡生活的中国工程师而言，午餐也是整合社会关系的重要活动。他们往往有中国人和当地人两个圈子，平时交集不多，但是在午餐过程中却能短暂地联系在一起。午餐使得他们的两个圈子得以统一，而不是分裂地一个时间内专注一个圈子的社会关系。严荷所在公司有三个食堂，但是只有一个中餐档口可选。食堂员工以马来西亚人为主，主要提供海南鸡饭、炸鸡、西餐，还有其他印度和马来西亚食物。食堂选择比较少，所以中午很多人都会去公司外边的食阁用餐。严荷虽然在新加坡生活的时间比较久，但还是喜欢吃中餐，比如鱼头米粉、面食，或者杂菜饭，偶尔会去吃酿豆腐、鸡饭。她经常跟另外两位同事一起吃饭，这两个人是坐在她工位旁边的中国同事。还有一个是她在留学期间就认识的师姐，跟她在同一个部门。她的师姐是马来西亚华人，因为华语不是很好，她们在一起习惯用英语交流。如果有其他人在的话，就中英文混杂。以前她的师姐华语不好，所以她们几个中国人聊天的时候她只能闷头吃饭。后来这位师姐跟她们待得久了，华语越来越好，也能参与到她们的聊天当中。但是如果有其他族群的同事，或者有不熟悉华语的同事在场，大家一般都是用英语交流。

　　大致可以看出，族群比较多元的部门，基本上就是各族群同事一起吃饭。而以华人为主的部门，很明显地形成了不同族群的圈子，华人之间的差异性被强调出来。这里发生作用的不仅是食物本身，还受到人们在社交时成长背景、语言、话题的影响。

中国小饭庄的经营

张东 2000 年来到新加坡，之前他一直在西安的一家研究所工作。因为薪水不高，后来在报纸上看到新加坡电子厂招工的信息，他就报了名。到新加坡之后，他一直在 C 公司工作，直到 2009 年经济危机。当时公司裁员节流，他失去了工作，就开了这家"中国小饭庄"。

早在张东被裁员之前，他的父母就在家里做中国口味的食物给 C 公司的中国工程师。一开始是老两口去新加坡给张东带孩子，后来张东父亲比较闲一些，想找个工作做。他父亲曾经有一段时间在一家 24 小时麦当劳值夜班，但是太辛苦。后来孩子长大了些，他的母亲就打算在家里开个小餐厅，想着反正每天都要做饭，就多做些卖给张东公司的同事。那时候 C 公司附近还没有中国口味的餐厅，中餐都是新加坡本地人做的广东或福建口味的食物，很多工程师是北方人，吃不习惯。张东的父母开始在家里做水饺、面食、米饭等食物。张东先是把几个熟悉的中国工程师带去家里吃，后来在同事之间发小卡片，送外卖。几个月之后用餐的人越来越多，周围其他公司的中国人也会去他家里吃饭。当时他已经买了组屋，中午的时候就在客厅支起三张桌子，招呼前来吃饭的人。2008 年 1 月开始，他们整整在家里做了一年，每个月差不多有 6000 新币的收入，比张东上班工资还高。但是因为人很多，来来往往特别嘈杂，他的邻居向建屋局、环境署投诉了他。

2009 年张东离职之后，一度考虑回国或者找其他工作。但是想到周围两个晶圆厂，几百个中国工程师却没有一家正宗的中国口味的饭店。在父母的建议下，他决定自己来做食阁生意。于是他在公司旁边的社区中心租了一个铺头，专门做起了餐饮生意。一开始是全家上阵，张东和妻子每天在食阁准备食物，接待顾客，他的父母则在家中准备馒头、水饺、拉面等。后来顾客越来越多，特别是中午高峰的时候，店里忙不过来。张东先请了一个来自印尼的佣人照顾小孩，后来又雇了一个人在家里帮忙准备食材。在食阁他请了一位已经拿到新加坡永久居民身份的中国人做厨师，还雇有一些兼职员工。这些做兼职的也都是中国工程师的家人，他们最初是到新加坡帮忙带小孩，小孩长大之后，有人就出来工作。他们一般工作半天，只在午餐或晚餐的时候去工作。

蔬菜方面，张东每天晚上 8 点之前打电话给一个蔬菜批发商，预定自己第二天需要的蔬菜品种和数量。这个批发商每天早上 5 点去港口接菜，8 点开始将菜分别送到全岛各地的中国餐厅。蔬菜批发商家以前在新加坡是种菜的，前两代人在新加坡种菜，后来没地了，就开始做蔬菜进口的生意。如果没有及时给这个批发商打电话，张东就需要骑自行车去附近的巴沙买。巴沙不仅价格比较贵，而且主要客户是新加坡当地人，张东需要的有些蔬菜，比如韭菜、花椰菜等巴沙里都没有。

虽然张东的小饭庄名叫"中国小饭庄"，但实际上只是一间铺头。两米多宽的档口外边是一个玻璃柜子，放有各种做好的食物。顾客选好食物后告诉张东妻子，她就打到一个碟子里。玻璃柜子后边是一个厨房，有10平方米左右，放有各种食材和厨具。一般都是张东和厨师在厨房准备，他妻子和其他兼职的人在外边打饭收钱。顾客买好食物之后，自行找地方坐下来，桌椅都是公用的。吃完饭也不用收拾餐具，有专门的服务人员进行清洁。这些服务人员有两类，一类是当地的老年人，为了赚取养老费用而出来工作；另一类是来自孟加拉国、中国的外劳，他们拿的是工作准证，收入不高。

小饭庄所在的食阁也属于 KOPITIAM 集团，是该集团的一个清真品牌。新加坡的食阁遍布全岛各地，特别是社区内的食阁成为人们日常餐饮的主要场地。这些食阁往往由大型连锁集团统一经营，然后分成一个个摊位租给店家。相当于这个公司长期地租了这个地方，做成一个个档口，再出租给不同的人。一个食阁内同时有针对华人、马来人、印度人等新加坡主要族群的食物。食阁制度在某种程度上得到新加坡政府的支持和鼓励，这样就可以将妇女从家庭工作中解放出来，参与到劳动力市场中。新加坡政府鼓励夫妻双方参与工作，所以支持外食的社会机制，既能创造消费，又可以增加劳动力供应。食阁也是新加坡社会各族群交往的公共场域，人们可以在同一个空间中享用不同族群的食物，了解不同族群的饮食文化。在这样的环境中长大的小孩，自然对各族群有基本的了解，能够接受各族群的饮食，从而在饮食方面塑造了具有共同饮食习惯的"新加坡人"。

食阁里的摊位在收钱时要通过食阁统一的收银系统，也可使用食阁所在集团的美食卡。每天营业结束后会由这间食阁的负责人，往往就是卖饮料的人来收走今天的营业所得，月底再返还给各个档口的店家。原来这间食阁不是清真的，后来 KOPITIAM 集团要求这里的食物都必须是清真的，这间食阁便成了该集团旗下的清真品牌。张东家是来自新疆的回族，所以他的小饭庄本来就没有猪肉。但是因为炒菜的时候使用了料酒，迟迟不能通过该公司的审核，后来完全放弃了使用料酒才通过审核。

小饭庄的顾客基本都是附近两座晶圆厂的中国人。生意最好的时候是中午，很多工程师会过去吃饭，人多的时候有二十多人在排队。因为有部分值班的工程师晚上 8 点左右才下班，所以张东小饭庄的晚餐会持续到晚上 9 点左右，是整个食阁关门最晚的一家。小饭庄旁边的海南鸡饭、素食、印度餐、马来餐以居住在周围社区的当地人为主要顾客。下午住在附近的居民下班后陆续来到食阁吃饭，这些铺面没有很明显的用餐高峰时段，晚餐的生意较好，但也不会像张东小饭庄营业到那么晚。

中餐馆相当于母国在移居地的飞地，它的存在使得移民可以暂时回归故乡的生活方式，从而与当地的生活保持距离。中餐馆作为一种媒介，移民在其中可以根据自身习惯的方式来与外部社会进行交往。[①] 2009 年中国小饭庄开办之前，附近都没有中国口味的饭店，很多工程师多数时间是在公司食堂吃饭，一周出去吃一两次中国食物。后来张东办了这家饭庄之后，大家出来吃饭的次数才多起来，很多中国工程师每天中午都会出去吃饭。本来这个社区只有张东这一家中国口味的档口，后来对面口福开了一家"四川美食"，分流了不少顾客。一般情况下，如果一群工程师中有多个华人族群，大家都是去口福用餐，因为那里的食物覆盖了多种华人的口味。如果有马来西亚或者印度同事，则会倾向于去 KOPITIAM 用餐，因为那里的食物比较多元，大家都能找到各自习惯的饮食。如果一群同事都是中国人的话，张东的中国小饭庄是最受欢迎的选择。

消费习惯与族群体验

购房与生活规划

尚未取得永久居民资格的工程师，在调查时收紧的移民政策环境下，受限制较多的他们在未来的人生规划方面

---

① J. L. Watson, *Emigration and the Chinese Lineage: The Mans in Hong Kong and London*, Berkeley: University of California Press, 1975, p. 127.

反而选择的空间相对较大：他们可以选择留在新加坡继续
申请永久居民资格，也可以选择回国。但是那些已经取得
了永久居民资格，在新加坡有了住房的工程师，很多人的
工作目标就是尽快还完贷款，然后买第一套公寓。作为他
们的榜样，那些在新加坡工作、生活了十几年的工程师家
庭，大多拥有两套住房。一套是当初拿到永久居民时购买
的政府组屋，或者拿到公民之后换购的政府组屋；另一套
是私人公寓，根据新加坡政府的规定，在政府组屋之外有
且只能有一套公寓。

　　移民人口被差异化为"内部的他者"或"非公民"，
通常包含国家和移民两个方面。国家通过一系列的政策、
规定和管理确定移民人口的从属或次等地位。但这不是一
个由国家完全操作的单向进程，移民也会通过消费等行为
来提升其在现有社会分类中的地位，并重新改造所在地社
会施加的意识形态。[①] 对于这些工程师来说，最明显的就
是购房行为。2000 年前后来到新加坡的这批中国人里，很
多人是当年就买了组屋或者托管公寓，先在新加坡安顿下
来。生活逐步稳定、有了更多积蓄之后，他们开始考虑买
第二套房子。根据新加坡的住房政策，第二套房子只能是
公寓。付了首付之后，他们可以将公寓租出去，用租金来
支付房贷。

---

① 　张鹂：《城市里的陌生人：中国流动人口的空间、权力与社会网络的重
　　构》，袁长庚译，江苏人民出版社，2014，第 24—50 页。

这种情况在中国人集中的公司最为明显，大家信息沟通较多，所以行为上的一致性也较为明显。A 公司因为中国人特别多，所以"赚钱的门路"也特别多。2013 年有一些人就把已有的组屋卖掉，夫妻双方分开买两套公寓，这样就可以少出印花税。有的人是前些年买的组屋，赚了30% 差价后，又转去买公寓。工程师们建立起来的社会网络与生活方式形成了一种分离的生活风格，与新加坡的主流生活方式分离开来。

但是相对的，他们的新加坡同事一般都只有一套住房。因为房子对他们而言不构成问题。新加坡人成家之后可以去买一手的政府组屋，首付 20%。其中 CPF 能支付15%，再加上政府的补贴，最后自己只需要出两三万新币就能有房子住。而一个大学刚毕业的毕业生一个月薪水就能有 3000 多新币，如果夫妻双方一起承担的话，基本没有还贷压力。

而中国工程师只要经济实力许可，都会购买两套房子。这主要源于消费观念的差异。新加坡工程师因为有稳定的养老和医疗保险，所以没有很强的储蓄意愿，有闲钱就会安排投资或者旅行。但是中国工程师因为在国内生活时形成的习惯，倾向于为未来攒钱。即使自己当下的生活过得紧张，能多买套房子就会觉得未来有保障。

韩高民当初购买现在的住房时，跟几个新加坡同事咨询当地购房的渠道和信息。当地的同事告诉他如果有 8 万新币就可以买组屋，有 10 万新币就可买托管公寓。他认为没有10万新币就没法买房子，可是在新加坡同事看来，有10万现金是很了不起的一件事情。当地人的观念是能从银行贷到的钱越多越好，把自己的现金投进去越多越不合适。韩高民的观念跟许多中国工程师一样，就是不要背太多的债务，尽早还清贷款。如果国内或者欧美有工作机会，债务会影响他们追求更好的工作。

中国工程师内部也不一样，20世纪70年代出生的人一般的想法是多买套房子，攒钱以备未来不时之需。他们出门买东西也经常不断比较，总希望性价比能高一点。但是20世纪80年代出生的中国工程师就不一样，有了房子之后会马上准备买车，也会经常出国旅行。比起他们的前辈，这些人喜欢某样东西就会去买，不会说慢慢比较。年轻一些的中国工程师的消费观念跟当地新加坡人越来越接近。公司有时候过年发两个月的花红，很多年轻人就会安排家人出国旅游，而收入更高的那一批中国工程师反倒倾向于把这笔钱存起来。相较于高年资的中国工程师将新加坡作为生活的地方，年轻人更倾向于把这当作工作的地点。当然也可能是因为政策变化较大，年轻人留在新加坡越来越难，所以很多年轻人反倒不去想以后几十年的打算。

一是经验知识的不同，影响了人们对于房地产投资的判断。最早有炒房概念的，是那些从北京、上海过去的工程师。那时候这些城市的房价开始出现上涨的苗头，他们在国内的时候就已经见识到了房地产市场的威力。有的人当年为了赚钱来到新加坡，一开始的收入要比国内的朋友高出五六倍。但是慢慢发现，他们的薪水增长速度开始变慢。但是那些留在北京、上海买了房子的朋友，资产的增长远超过他们在新加坡的所得。他们将这些来自国内的经验运用到在新加坡的生活中，改造了自身的生活和投资规划。指导他们购房投资的逻辑来自国内的房地产市场，而不是新加坡社会。

新加坡人对于买第二套房子，会比中国人谨慎，这是源于不同背景的人们对于房价认知的差别。一位中国工程师家庭 2013 年卖掉组屋，夫妻俩同时买了两套公寓。因为该工程师妻子的收入比较低，贷款额度有限，他们自己的现金不够，就跟周围同事借了 10 万新币，才买下来第二套公寓。调查时他们家每个月收入有 9000 新币，但是两套房子的贷款接近 7000 新币，生活压力很大。按照计划，等第二套房子交房之后出租出去，租金就可以基本抵掉第二套房子的贷款。不过他还是很乐观，认定新加坡的房价还会持续上涨。相比之下，他的一个新加坡同事，夫妻双方的月收入有 15000 新币，但他们还是住在组屋里边，也没有换房子的计划。当地工程师认为新加坡的房价上涨是因为外国移民的大量涌入，将来房价是涨是跌还不一定。

这种认知差别跟新加坡人的经历有关，新加坡经历过1997 年的经济危机，很多人破产，所以他们在房产投资方面很谨慎，认为房价肯定会有起伏。而中国工程师在国内的生活过程中没有经历过严重的经济危机，觉得房价会一直涨下去，所以比较大胆。特别是与他们留在北京、上海的旧同事相比较，觉得新加坡的房地产还有很大的增值空间。

二是因为生活风险的感知不同，对于未来生活的规划有差异。在中国工程师的规划中，如果将来父母年纪大了，就要有一个人辞职回去照顾老人，必须事先做好准备。而且他们这一代人，将来也可能回中国养老。但是新加坡的医疗和养老保障在国内不一定能用，那就需要额外准备一笔储蓄，才能让未来的老年生活更有保障。所以很多中国工程师买房子实际上不是为了投资，主要是为了给自己或父母的养老做准备。但是新加坡人就觉得这样太累，以后有CPF就够了。一个更深层的原因是，新移民并不能完全地融入新加坡社会，这个群体对这个国家普遍缺乏认同感和安全感。因而需要限制消费、积累资金，以为将来可能的流动做准备。

而新加坡人抵御未来生活风险的一个重要举措就是买商业保险。一位新加坡工程师购买了好几家保险公司的产品，占她月收入的30%。她的主要考虑是分散风险，万一爆发金融危机，某个保险公司倒闭，还有其他家可以用。在公司购买的医疗保险之外，她还买了人寿保险、住院保险、妇科疾病保险、意外保险。很多中国工程师认为医疗有CPF和公司的保险就足够了。但是这位新加坡工程师的看法是，CPF肯定不够，而公司的那份保险如果辞职或者被裁员，就没有了。所以她的保险有三套：一是CPF，二是公司提供的保险，三是商业保险。CPF 只能买住院保险，这里边有多个选项，她交了最高额度的保险，这样生病时就能去住私人医院。相较于新加坡同事借助政府社保体系或商业保险来为未来做准备，中国工程师更倾向于投资房地产、做生意等能够快速兑换现金的投资方式。对于流动中或者计划流动的中国工程师，现金当然是更好的选择。

有些定居的工程师对于他们未来的计划是，等到 50 岁前后孩子大学毕业，就将新加坡的房子留给孩子居住，自己回中国养老。因为新加坡的 CPF 是自己交钱自己花，也就是花完为止。而且医疗保险必须一直交钱，否则之前交的保险就会失效。所以很多人觉得回中国养老会比在新加坡安全，预计到 60 岁他们退休的时候，CPF 里边能够存下大约 100 万人民币，他们可以带着这笔钱回到中国养老。也有人计划将来老了，用孩子的新加坡公民身份以很低比例的首付贷款购买一手组屋。这样他们就可以把自己的住房出租出去，然后用这笔租金在中国养老。一位已经在新加坡定居的工程师自嘲道，自己已经没有什么宏大的事业规划，只要公司不裁掉他，每个月他就有固定的收入。工作的压力不大，可以在外边赚点外快。

购房当然只是一个方面，中国工程师与当地同等收入的同事的消费习惯在其他方面也有很大差别。中国工程师宁愿把钱攒下来买房子，生活很节俭。他们平时主要是在家里自己煮饭吃，偶尔才会去外边的饭店吃饭。他们在新加坡的朋友主要是同事，所以交际活动比较少。在中国工程师看来，最好的朋友聚会就是请朋友来自己家里做客，一边做熟悉的中国口味食物，一边聊聊天、打打牌。而新加坡工程师因为生长在当地，社会网络比较复杂。特别是年轻的新加坡工程师往往一周之内每天晚上都有朋友聚会，开销自然大些。他们会把周末的一天定为"家庭日"，安排一家人的聚会，专门去吃平时在食阁吃不到的美食。具体到旅行的习惯，中国人很多的旅行都是安排在周边的东南亚地区，最远也就是去澳大利亚或新西兰。所以几年下来，周边的国家他们都走遍了，出去玩的兴致不高。新加坡人每年会有一次出国旅游，而且热衷于欧洲游、北美游等长途旅行。旅行经历也成为晶圆厂各个族群的员工之间为数不多可以交流的话题。

　　生活习惯和观念的差异，决定了来自中国的工程师即使获得公民身份也无法融入当地。他们的社会网络仍然局限于工程师的圈子。调查时，一位定居新加坡13年的前工程师，他虽然已经不再从事半导体工作，但仍会感叹自己人际网络的缺失。

　　　　我在新加坡生活了13年，是1999年12月27号来新加坡的。我目前在新加坡没有最好的朋友，只能说有比较熟的。我最好的朋友都在国内，是以前的同学。在这边的朋友基本上都是同事，以前大家一起工作，而且中国人比较多，同在异乡为异客。我觉得还是因为文化上存在差异。比如去新加坡朋友家里，他招待你进门之后，陪你聊几句就会去招呼其他客人，或者处理自己的事情。他可能的考虑是让你不要拘谨，但是中国人的感觉就是他们不够热情，会有些尴尬。有的新加坡朋友，他对中国的文化和历史比较感兴趣，大家聊得来，关系也就不错。但是这些朋友都是同事，以前的或者现在的，基本上是通过工作认识的。成为新加坡公民之后，为了融入新加坡，我有一段时间也积极参加社区的活动，参加民众俱乐部的讲座之类。通过这些活动认识了一些本地人，但是最后维持下来且关系相处得比较好的一个都没有。当然这也可能跟我的性格有关系，我有一个朋友，他就跟新加坡人相处得不错。

类似情况也存在于移居加拿大的中国技术移民，移民融合被当作一系列资本使用与资本转换的过程。① 这其中并不存在一套清晰的标准，用以判断怎样才算是恰当地融入移居地社会，可以说在各种资本的转换过程中，没有明确的终点。以语言为例，即使掌握了规定的语法和词汇，还有当地化的习语、口音需要学习。当移民努力模仿当地人的用语习惯之后，可能又会发现自己缺少一些当地社会共享的、习得的、默认的语感。

---

① 朱红：《转换·融合：中国技术移民在加拿大》，社会科学文献出版社，2008。

在海外淘中国货

宁力刚虽然已经成为部门经理，但还是觉得自己不会在晶圆厂长久干下去。在对未来的规划中，他有一个想法是开设一间小礼品店，专门从淘宝进货，主要服务于这些晶圆厂员工活动时分发的小礼物。像 C 公司的年度活动，一个人的预算虽说只有十几块新币，但 1000 多名员工就是一笔数额不小的开支。他想利用自己在半导体行业的人脉，专做这些大公司的礼品生意。实际上他的这个设想不是凭空臆造的，已经有工程师在做这样的生意，宁力刚也已经亲自试验过。宁力刚新房子的家具、灯饰都是他从国内淘宝上购买，然后通过海运寄到新加坡的。整套房子装修下来，他发现国内的商品不仅种类多样，而且价格便宜。这促使他萌生了把这一行做成生意的想法。

在另一个公司，已经有工程师在工作之余将这一想法投入了实践。中国工程师到新加坡之后，特别是随着家庭生活慢慢扩展，对于日常用品的需求也日益多样化。这时候他们发现新加坡的商品并不能满足自身需求。比如原来设想家庭生活中应该有一种商品来实现某个功能，但是在新加坡根本找不到。因为自然环境和生活习惯的差异，新加坡市场上出售的日用商品是与该社会习以为常的生活形态相对应的，而有些中国工程师在新加坡过的还是一种中国式的生活。拿豆浆机来说，新加坡很少有这种机器出售。当地类似价位的小家电是果汁机，但是有煮豆浆功能的就很贵，而且不能直接煮好。豆浆在新加坡是一种饮料，经由店家做成各种口味出售，而不是家庭日常的食品，所以就有人回中国时买了带回新加坡。很多中国工程师家庭都是从国内把这些生活用品带去新加坡。慢慢地，这些商品也被有的新加坡同事接受了。

不仅如此，新加坡人也热衷于通过网络购买中国商品，只不过他们更多地是出于价格因素。李琼2013年8月开始通过中国网站为公司同事提供代购服务，且不收取额外的费用。起因是中国同事都想从国内买东西，因为大家觉得新加坡的东西可供选择的种类太少，而且同样功能的产品定价普遍远高于国内。以电饭煲为例，新加坡市面上售卖的都是几十新币的，不像国内几十人民币的都有，而且外形、颜色、功能的选择也更多。最主要还是因为价格，就算加上运费和关税，也比在新加坡买便宜。某中国品牌的一款电饭煲在国内只卖一百多人民币，而类似功能的产品在新加坡卖上百新币。

因为海运的最低单位是一个立方，所以经常是同事之间相互联系，把要买的东西凑在一起海运以节省费用。一开始是其他部门有个中国同事在做这项服务，她已经取得了公民身份，经常在淘宝上买东西，为了凑海运，她通过朋友认识了李琼。2013年8月，这位同事调去了该公司在美国的工厂。但是大家还是要买东西，李琼就接手做了联系人。2013年9月是她接手后做的第一单。此后几乎每个月都有一箱东西从中国寄到李琼手中。

通常是公司里一个人买了一样东西，反馈说好用，那么周围的人就会跟着购买。比如马来西亚华人同事买某样东西带回马来西亚，新加坡同事帮自己的亲戚购买。参与购物的主要是女同事，以中国工程师居多。但是就数量来说，新加坡人买得最多。中国人会买家具、窗帘、童装、手机壳，或者小饰品。而新加坡同事最爱买的就是小家电。之前在该公司买得最多、几乎人手一款的就是某品牌的豆浆机。豆浆机通过海运到达新加坡之后，一台的价格差不多100新币，在新加坡超市或商店卖150多新币。此外，他们还会购买面包机、酸奶机、果汁机、空气炸锅等小家电。

一开始接手的时候，李琼担心购买的商品凑不够一立方海运，就跟很多同事宣传，后来基本形成了稳定的购物人群。有的新加坡、马来西亚同事没有支付宝，或者中国的信用卡，而直接用新加坡信用卡会有3%的手续费，所以都是李琼帮他们支付。而大部分中国工程师都是自己买，自己付钱，买好之后邮寄到李琼给的地址，然后由海运公司统一装箱寄到新加坡。货物一般是快递到李琼的家里，小物件她就直接带去公司分发，大件商品则由购买者下班之后上门取货。因为是在中国的网站上购买，所以购物的节奏也跟国内一致。2013年淘宝网"双11"促销的时候，李琼所在公司的同事们买了两个立方的商品。

同样一件商品，不同群体的使用感受也不一样。中国人如果用了发现效果不好，会觉得很正常，一分钱一分

货。但是新加坡同事就会因此觉得所有中国商品都是劣质
产品。所以李琼一般都会给新加坡同事推荐一些稍微贵一
点的大品牌产品。但这样的话当地同事就会嫌贵，虽然算
下来还是比在新加坡买要便宜。李琼总结，新加坡同事买
中国商品的预期就是要花最少的钱，哪怕买到一个用几次
就丢掉的东西，但一定要便宜。

有一位甘肃籍工程师，从中国返回新加坡时，给部门
的同事带了一些牦牛干之类的特产做礼物。一位新加坡同
事接到该礼物之后当面说了谢谢，背后却悄悄丢进了垃圾
桶。他们两个之间的关系还算不错，平时工作上合作也很
愉快。这位中国工程师很委屈，但也无奈，她认为这位新
加坡同事的行为并不是针对她的，主要是因为当时中国的
食品安全问题经过新加坡媒体的报道和渲染，已经给新加
坡人留下了不好的印象。

总之，中国工程师的消费行为一方面是在降低开销，
抵抗收入的相对降低，保障将来拥有更多的流动资本。也
是在维护一种故国的生活方式，维持他们与故国社会的联
系。中国工程师在新加坡通过网络购买需要的中国商品，
以维持或重建一种中国风格的生活。这套知识和典范源于
他们在国内的生活经验，也构成在新加坡生活的指南。所
以在他们的生活中，中国商品不仅能满足文化规定的特殊
功能，也已经附带有一种象征意义，目的是保持自己熟悉
的环境或习惯。另一方面，新加坡人因为价格等因素购买
中国商品，但只是在寻找一种廉价的替代品，其背后是新

加坡社会对于中国商品的种种刻板印象。两者结合起来，就会有中国工程师推荐更好用的中国商品时，新加坡人实际上想找的只是更便宜的。双方对于中国商品，乃至中国社会的认知差异和摩擦，使得中国工程师的他者意识不断被强化。

第七章 流动的家

刘涛 2013 年的时候 28 岁，当时他已经在新加坡一家半导体企业工作了 3 年。出国之前，他在武汉一家国内知名的企业工作，后来在一位朋友的推荐下，没经过中介就直接进入了现在的公司。调查时刘涛和同为半导体工程师的女友一起租住公司附近的组屋。他的家乡在湖北一个县城，直到后来读大学才离开，父母还生活在那里。来到新加坡之后，每年他只有一两次回国与父母团聚的机会，最长也不过两周时间。

这并不是刘涛理想的生活，因为他一开始出国就不是为了移民定居，所以也就没有在新加坡安家的计划。在 2013 年 8 月，刘涛的准证被从就业准证降为技术准证，回国的想法就更强烈了。他也知道自己永远不可能回去生长的县城了。在未来的人生规划中，刘涛希望能在武汉找一份不错的工作，然后把父母接到武汉一起生活。经过 3 年的异国生活之后，再想起家乡，刘涛首先想到的就是和家人、亲戚、朋友生活在一起。他心目中的理想家庭是父母还有妻子、小孩生活在一起,有自己的房子和车子,每天下班回家能跟家人一起吃晚饭,周末可以全家出门游玩。

大概每个中国人都有这样的乡愁,各人现实中的家庭生活可能千差万别,但是家给人的稳定和幸福的想象却是一致的。人们对于确定性、安全感的眷恋与变幻莫测的社会环境之间的张力构成现代生活的重要问题之一,这种张力在跨国移民的家庭生活中表现得尤为明显。移民家庭的研究一直是移民研究的重要领域,家庭为移民提供了经济、情感、网络等方面的社会支持。① 作为人类社会的基本单位,家庭是个体和社会之间的中观层次,经由它将外部的结构性与个体的自主性连接起来。移民策略正是立足于这个集团的结构位置,在不同时空的情境中被家庭内部的成员协商出来。但是移民家庭不仅具有研究方法上的重要性,更是华人重要的文化传统。讨论到华人的移民实践,一个不可忽视的因素就是家观念作为一种文化理想,或者说文化惯性的存在。② 儒家传统所规定的理想家庭是

① Monica Boyd, "Family and Personal Networks in International Migration: Recent Developments and New Agendas", *International Migration Review* 23 (1989): 638 - 670; L. Perez, "Immigrant Economic Adjustment and Family Organization: The Cuban Success Story Reexamined", *International Migration Review* 20 (1986): 4 - 20; M. S. Kamiar, & H. F. Ismail, "Family Ties and Economic Stability Concerns of Migrant Labour Families in Jordan", *International Migration* 29 (1991): 561 - 570.

② Jianfa Shen and Lan-Hung Nora Chiang, "Chinese Migrants and Circular Mobility: Introduction", *The China Review* 11 (2011): 1 - 10.

在父系家族的组织下，父母、兄弟、子女共同生活在一起的同居共财模式。① 这套理想也许从来没有被完整地实践过，却不能否认它对于人们现实生活的指导意义。家观念构成华人生活中一种普遍共享的文化意识形态。

方法上的便利性与家文化在华人社会的特殊性联系在一起，使得在华人华侨研究中，"家"的重要性一直被不同的研究重申。较早开拓海外华人研究的陈达指出存在"两头家"的现象，他分析了移民的家族制度及其社会习俗如何影响到资源的管理和个体的生活。② 而田汝康在沙捞越的研究中发现华人宗族发挥着重要的社会和经济作用，揭示了经济资源在宗族重组中的重要意义。③ 在这样的传统中，家庭被作为移民生活的基本单位，家庭生活史成为展现华人跨国生活的重要方法。④ 而以家观念为基础的虚拟血缘和地缘关系，则被用来解释移民社会的整合，比如宗亲会、同乡会、同业会的运作。有研究就以香港新田和伦敦之间的移民为例，讨论了宗族作为传统

① 麻国庆：《家与中国社会结构》，文物出版社，1999，第 21—36 页。

② 陈达：《南洋华侨与闽粤社会》，商务印书馆，1939，第 126—161 页；Chen Ta, "The Family", in Chen Ta, *Emigrant Communities in South China: A Study of Overseas Migration and Its Influence on Standards of Living and Social Change*, New York: AMS Press, 1978, pp. 118 - 148.

③ Tien Ju-kang, "Clanship", in Tien Ju-kang, *The Chinese of Sarawak: A Study of Social Structure*, London: London School of Economics and Political Science, Dept. of Anthropology, 1953, pp. 21 - 35.

④ Haiming Liu, *The Transnational History of A Chinese Family: Immigrant Letters, Family Business, and Reverse Migration*, Rutgers University Press, 2005.

社会组织在海外生活、侨乡变迁等方面的作用。① 上述研究是学者们为了认识一时一地的社会现实而建构出来的解释类型，对于建立一种华人移民研究的范式起到了基础性的作用。但是后继的研究日益表现出本质主义的倾向，将"家"具象化为文化上的母国、组织上的纽带、生活中的单位等僵硬的对象，而忽视了中国文化中家观念本身的复杂性，以及其根据社会结合条件不断调整的流变性。

　　具体到华人移民的家庭研究中，学者们在某种程度上继承了人类学、社会学对于本土家庭的解释框架，只是为了说明作为理想类型的"华人家庭"如何流动，却忽视了跨国生活过程中，这个"家庭"从形式、象征，乃至功能上都必然发生变化，既有本土家庭的特点，也体现出移民生活的在地性。现实中的各种移民家庭形式总是由其自身从母国带来的文化意义和社会技术，在与移入地的政治、经济、文化力量的互动中塑造出来。② 如何认识这种流动的家庭，特别是其再造的过程和逻辑，正是本章所试图理解的问题。也就是说，移民家庭的研究如何从"家的流动"走向"流动的家"。

　　在"家"的流动与重构过程中，需要注意到家观念包

---

① James L. Watson, *Emigration and the Chinese Lineage: The Mans in Hong Kong and London*, Berkeley: University of California Press, 1975.

② Nancy Foner, "The Immigrant Family: Cultural Legacies and Cultural Changes", *International Migration Review*, Vol. 31, No. 4, 1997, pp. 961 – 974.

含两个层次：作为文化理想的"家"和作为技术策略的
"家"。① 第一层是指观念中的理想家庭模式，包括人们关
于幸福家庭的种种想象，习得的规范与责任。第二层次是
具体实践中的各种技术、组织，乃至实践中的斗争和妥
协。日常的家庭生活就是由此类活动构成，体现出具体的
时空特征。华人移民的家庭实践，可以看成是在第一层文
化理想的指导下，不断地利用和改造第二层技术和知识的
过程。个体利用自身所掌握的家庭文化知识在跨国流动的
自由与结构之间不断地自我定位，生产出情境化的家庭形
态。通过这样持续"做家"的实践，移民最终在象征意义
与现实条件两方面，重构出一个"流动的家"。

　　费孝通先生用三角形结构来表示家庭结构的特质和演
变，丈夫、妻子、孩子构成一个核心家庭结构关系的三个
支点，父子关系、夫妻关系构成核心家庭内部的基本关
系。② 在独生子女政策和家庭核心化的作用下，夫妻一体
成为家庭关系的核心。父子一体则体现为两个阶段，一是
在子女尚未成年之前父母有义务给予照顾，二是在父母年
老之后子女有赡养责任。下面的讨论就是将家庭内部的代
际、性别和权力关系，以跨国流动的男性半导体工程师为
中心，划分为夫与妻、父与幼和子与老三个方面，男性占

---

① 麻国庆：《永远的家：传统惯性与社会结合》，北京大学出版社，2009，
　第 93 页。
② 费孝通：《乡土中国·生育制度》，北京大学出版社，1998，第 163、
　215—216 页。

这个群体的绝大多数。以 B 公司为例，4000 多人的员工中来自中国的达到约 40%，在生产性的部门中中国工程师占比更是高达 60%，男女比例约为八比二。因而下文主要讨论的是男性半导体工程师的跨国家庭生活，为方便论述，下文涉及的"中国工程师"均指男性。"流动的家"是跨国就业结构性限制在他们再生产领域所塑造出来的景观，背后的家庭策略是中国工程师们在该领域发挥自身能动性的体现。

工程师的罗曼史

讨论中国来新的工程师，就不得不提中国本身社会经济的变迁。正是高等教育的大规模扩招，与房屋价格高涨导致的生活、婚姻成本上升共同作用，推动了那些向上流动而不得的青年人形成一个跨国流动群体。处于初婚年龄段的青年科技劳工的跨国移动，与其母国的社会文化背景紧密相关，某种程度上正是当地婚姻市场的结果。与本书中的半导体工程师类似，印度 IT 工程师的生产和流动也与来源地社会的婚姻制度联系在一起。[①] 中国社会一个男性成年独立的标志不是满 18 周岁，也不是大学毕业，而是成立家庭。这种习惯以及由此而生的舆论使得结婚成为就业

---

① 项飚：《全球"猎身"：世界信息产业和印度的技术劳工》，王迪译，北京大学出版社，2012，第 51—57 页。

之后的头等大事。在经过持续的社会变迁与婚育政策调整之后，以夫妇为主体的核心家庭在中国社会的比例大幅上升，成为青年一代的理想家庭类型的代表。[①] 从传统的世代同堂型的大家庭到目前日益普遍的核心化、独居化家庭，家庭结构的转变反映的是青年一代居住方式的变化。城市未婚青年对婚后的居住意愿以小家单独居住为主，其比例高达85%以上，而已婚青年实际单独居住的比例则在50%—60%。[②] 与青年一代家庭居住方式核心化的趋势联系在一起，房子已经成为当代中国城市社会缔结婚姻的重要资本。男性的经济条件对初婚的影响作用逐渐加强，其中最有代表性意义的就是是否拥有住房。根据调查中的简单统计，大多数工程师来新加坡的原因有三点：一是"新加坡工资高，赚钱回国消费"；二是"国内房子太贵，趁年轻出来攒点钱"；三是"来新加坡学习积累技术和经验"。相对而言，把移民定居作为首要目标的并不多见。

包如刚去新加坡的直接原因就是国内的房价太高。当时在武汉，他每个月的收入有5000元人民币左右，加班也不会增加多少。每月的工资构成为2400元基本工资，加800元岗位补贴，加季度奖，再加加班费。6月和12月有双薪，另有四次季度奖，这样就相当于多了6个月工资，

---

① 王跃生：《当代中国家庭结构变动分析》，《中国社会科学》2006年第1期。

② 风笑天：《家安何处：当代城市青年的居住理想与居住现实》，《南京大学学报》（哲学人文科学社会科学版）2011年第1期。

公司对外宣称一年是 18 个月工资。后来调整了一次，6 月和 12 月的双薪以及季度奖平分到每个月，相当于基本工资增加了。2009 年，武汉市政府又给了一笔地方补贴，每个月多了 300 多元。这样就算没有加班费，扣除五险一金 1000 多元，包如刚每个月到手的工资大概有 5000 元。

他每个月的开销差不多要 1000 元，包括房租 300 元，还有网费、电话费等。早餐自己出钱，但是中餐和晚餐在公司食堂有补贴，餐费标准是 7 元，公司出 4 元自己出 3 元。当时因为是单身，也不会有多大花销。而且那时候因为武汉是新厂，需要买的机器很多，卖机器的厂商经常请设备工程师吃饭，自己出钱改善伙食的消费也不多。但即使这样，在武汉两年他也只攒下 4 万元。按当时的情况，如果不用买房，其实生活条件也还不错，但是如果要买房，压力就大很多。工作两三年后，当时和他同一批进公司的差不多都走了，不少人去了新加坡。去新加坡工作对那时候的他们而言，是一个常见的选择。新加坡每个月的薪水很高，再乘以五倍的汇率就更有吸引力了。包如刚那时候在武汉每个月的收入大约 5000 元人民币，而刚进到新加坡的新公司就能拿到 3500 新币，相当于 17500 元人民币。当时大家出国的计划都是趁年轻出来赚点钱。包如刚正是随着这股潮流来到了新加坡，调查时他已经在老家省会城市买了自己的房子，当初出国的目标已经完成得差不多了。

新加坡作为工作空间向生活空间的转变，第一步就是在地谈恋爱。但是因为半导体行业工程师以男性为主，而且日常活动的范围也就局限在公司周围，接触异性的机会被限制在狭小的社会空间内。在公司内部，晶圆厂二元化的劳动力分工表现在这里，不仅是职位和收入差异，也是一种性别分工。生产线上的操作员以女性为主，多来自中国和马来西亚，主要是华人。但是跨国婚姻的类型也限制了中国工程师的选择，马来西亚女工一般会选择嫁给马来西亚人、新加坡人，中国女工一般会选择嫁给中国人和新加坡人，中国男性和新加坡女性的结合在笔者的调查中只有一例。利用工作上的便利，有人就借着进无尘室的机会接触，或者值夜班的时候聊天，慢慢地发展成男女朋友。男性工程师与线上操作员的结合是这个行业的一个特色，因为工程师的薪水是操作员的两倍以上，所以在操作员中还是很受欢迎的。也有人通过网络世界交朋友，新加坡著名的新移民网络空间"狮城华人网"就有专门的婚恋板块，为来自中国的年轻人牵线搭桥。感情世界的发展对工程师们的流动会产生重要的影响。没有女朋友的人很多在三年合同结束之后就选择回国，而有了伴侣的则会续约。

调查时 29 岁的李志豪已经在新加坡工作 6 年，出国之前他在国内某半导体公司工作。他跟妻子相识是在 2009 年底，他妻子当时在某公司做会计，两人经过朋友介绍认识。那也是十分偶然的机会，几个不同工作的中国人通过网络组织游玩，然后经由朋友的介绍慢慢发展成男女朋友。那段时间李志豪的部门实行做三休四的值班安排，连续工作三天就有四天可以休息。他妻子是正常的工作时间，所以一周只能见两三次。他们主要的活动就是一起去找各种食物，或者去岛上不同的购物中心逛街。因为女方在新加坡留学，对这个地方比他熟悉得多，所以基本上都是他妻子带着他去认识新加坡。

但实际上，在认识他妻子之前，李志豪已经订好了回国的机票，准备春节前辞职回国。2008年金融危机开始，他有一年多没加薪，也没有花红，于是动了回国的念头。后来感情发展得很顺利，他妻子提出让李志豪陪她回家过年，他才退掉了回国的机票。见过岳父岳母之后，因为妻子希望留在新加坡发展，他便打消了马上回国的念头。半年之后两人在中国大使馆注册结婚。2011年，他们在新加坡购买了一套公寓，一年后他拿到永久居民身份。

并不是每段罗曼史都会如此顺利。因为合约、准证等限制因素的存在，许多人没有机会发展恋情，又或者被迫中断已有的感情关系。因为轮班制的存在，工程师的时间被工厂的生产活动所操控。即使认识了异性朋友，但时间上往往合不来。特别是设备等部门的工程师还需要值夜班，休息日就必须睡觉调整生物钟。好不容易休息时间安排在周末，又要洗衣服、打扫卫生，经常忙完后就不想出门了。这样的结果就是与朋友面对面的聚会交流越来越少，往往都是依靠QQ、微信等网络工具，交往范围进一步缩小。而且因为许多人在新加坡的目的是工作赚钱，几年之后就会各奔东西，生活在不同的城市。所以即使发展为男女朋友，或者相互有了好感，但是因为未来的不确定性，所以感情关系的进展也受到限制。虽然内心渴望稳定的感情和伴侣的依靠，但是身体却处于跨国流动的洪流中。"孤单""闷""无聊"便成为单身生活的主题。

还有一种情况是，有的工程师在国内已经有了女朋友，或者是回国结婚之后再次来新加坡，他们会选择利用移民政策把国内的配偶接过来。在 2013 年 6 月之前，工程师的就业准证可以为配偶申请家属签证（Dependent Pass）。家属签证针对就业准证（EP）持有者，包括持有人的配偶、21 周岁以下子女或养子女。月固定收入在 2800 新币以上的技术准证（SP）持有者，也可申请家属签证。但是就业准证持有者的家属可以在新加坡工作，而技术准证持有者的家属则不能。

有的人在工作稳定下来之后，就开始尝试为配偶办理来新手续，落地后再慢慢找工作。一般有两种途径：一是通过中介，把结婚证、学历证书等材料交给中介并支付一定的费用，中介就会处理后续的事情；二是通过工程师所在公司的人力资源部门，但并不是每个公司都有这样的服务。办理成功之后将文件邮寄回国内，一般 14 天左右就能过来新加坡。在新加坡海关入境的时候，移民局官员通常只会批准逗留 30 天。这段时间内要去体检，然后到人力部办理作为身份标示的 IC 卡。工程师配偶的亲属准证是与工程师的就业准证联系在一起的，有效期也一致。一旦工程师辞职或者被裁员，那么在就业准证失效的同时，配偶的签证也会失效。配偶来新的渠道相对清晰且通畅，问题是过来之后如何就业。因为跨国认证机制的存在，移民在母国所获得的教育培训和技术经验并不能保证他们在移居地劳动力市场取得优势，地位的损失更为常见。[①]

一位工程师的妻子出国之前在某个省会城市财政局做公务员，后来为了来新加坡与家人团聚，放弃了国内的工作。她在找工作过程中多次碰壁，后来她丈夫托当地同事找了一份在辅导中心做前台的工作，但是因为语言的问题做不下去。这些辅导机构的客户很多是新加坡当地人，经常需要讲英语。但是她一开始并不适应，别人打电话进来她也听不懂。工作失误几次之后就被老板批评，如此简单的工作做不好她自己也很受挫折，后来做了几天就做不下去了。第二份工作是在补习班教当地华人的孩子华文写作，但这毕竟不是全职工作。几经周折之后，她在家附近的加油站找到一份工作。虽然每个月收入只有800多新币，但是只需要简单的计算收费，也没什么语言要求。2003年到2006年，她一直在这个加油站工作。

后来，她辞掉了这份工作，因为一位顾客加完油直接开车跑了，当时正好她值班，就需要从自己的工资里赔偿损失的油费。2006年，她开始在一个私人庙宇做文员，主

---

① X. F. Liu, "A Case Study of the Labour Market Status of Recent Mainland Chinese Immigrants in Metropolitan Toronto", *International Migration* 34 (1994): 583 – 595, 584.

要工作是负责管理香火钱。这个庙供奉的是"大伯公"，由几个私人老板创办。庙里每天只有两个人值班，一个在外边接待香客，收香油钱。她在后堂做会计，整理账目、报税、准备庆典活动。这份工作反倒要求会华文，因为该庙的信众文化程度都不高，很多是新加坡本地的老人家，他们也不会英文。虽然每月工资只有1200新币，但是人际关系简单，工作时间也自由，所以她对当时的工作还挺满意。其间，她去读了ACCA认证会计师的课程，但是后来因为家里有小孩需要照顾，就没有刻意去找会计师的工作。

当地的招聘广告规定必须明确优先考虑新加坡公民和永久居民，甚至马来西亚公民身份也更有优势。在此基础上，新加坡政府又推出"公平雇佣框架"政策（Fair Consideration Framework），强制雇主在提出新的就业准证申请前，必须在为本地人开放的工作信息库中刊登至少14天的招聘广告，没有新加坡公民和永久居民求职者被录用才能聘请外籍人士。① 有的工程师配偶在国内是医生或教师，来新之后从事的却是幼儿园教师等工作。很多在他们看起来比较低等的服务性工作反而更不容易适应，因为这些工作需要更多的沟通交流，而主要语言必须是英语。而且亲属准证的就业必须经过人力部批准，流程相对比较复杂。

---

① 何惜薇：《协助国人取得平等就业机会，新专业人士雇佣框架明年实施》，《联合早报》2013年9月24日。

工程师配偶来新后如果能在半年内找到一份工作，已经算是比较顺利的了。部分配偶会选择在新加坡本地读书，以获得新加坡社会认可的教育背景。

2013年6月开始，陆续有工程师在更新就业准证时失败，被降为技术准证。这是新加坡政府收紧移民政策的一部分，虽然他们的薪水高于政府规定的就业准证标准，但是许多人还是被拒绝了。比如一位工程师的月收入在4200新币以上，高于政府为就业准证设定的3300新币的门槛，但还是在2013年6月更新准证时被降级。新加坡人力部近年来多次调高就业准证的底薪和学历要求，以保证本地人在专业工作市场的优势。[1] 一个直接的后果就是，工程师的工作签证再也不能为配偶申请亲属准证。调查中有一个个案正展现了移民政策的突然变化给工程师夫妻的生活造成的影响。

陈靖的女朋友因为换工作，面临失去工作准证的风险。2013年的时候他们还是男女朋友，女生的工作准证到期，但是她所在的公司受制于每雇用6个新加坡人才能聘1个中国人的指标限制而无法帮助她更新签证。虽然公司也在不断努力争取，她自己也不愿意离开当时的公司，但为了能够继续待在新加坡她不得不换工作。其实如果陈靖在他刚到新加坡还持有就业准证时，两人快速去中国大使

① 杨丹旭：《就业准证薪水门槛调高 改申请S准证外籍员工大增》，《联合早报》2013年10月7日。

馆注册结婚，就可以帮女方申请亲属准证。亲属准证是新加坡人力局专门为收入等达到一定条件的高级人才亲属所设计的，在就业的时候不占企业的准证名额。如果可以获得这个准证，女生就可以不用换工作。但是陈靖在三年之后重新申请准证时被降为技术准证，虽然听起来"高级"，但实际上比专门为外国职业人士、经理、高管和专家所设计的就业准证要低一个等级。无奈之下，他研究了新加坡人力局的政策，咨询了一些朋友，发现即使帮妻子申请到亲属准证，找工作还是要看名额。最后他们判断，无论如何都要先找份新工作，有了新工作就有新准证。等他妻子找到了新的工作，开始了新准证的申请流程，却发现新准证下来之前旧的准证就要过期了。所以他们不得不考虑出境一趟，比如去马来西亚或者附近的什么地方，然后再以旅游签证回到新加坡。但是据旅游公司专门办理签证的人介绍，这种情况被拒的可能性非常高，因为她已经在新加坡待了6年，而且又是年轻的女性，新加坡政府为了防止从事非法性工作的移民，对于年轻女性的签证管理特别严格。后来他们和公司商量，通过中介公司申请准证，但是要支付1500新币的中介费，相当于她一个月工资。他们也不清楚这个中介通过什么方式，交钱的时候就打包票可以办好，最后居然就顺利地办下来了。那个时候距离她准证的有效期只剩下一天了。

表 7 - 1　各类型准证工程师家庭成员签证情况

准证类型	分类	家庭成员签证	对象
就业准证	月薪 8000 新币以上	亲属准证	配偶、子女
			21 岁以下的非婚生子女（或收养）
		长期访问准证	伴侣
			21 岁以上的未婚残疾子女
			21 岁以下的未婚继子女
			父母
	月薪 4000—8000 新币	亲属准证	配偶、子女
			21 岁以下的非婚生子女（或收养）
			伴侣
		长期访问准证	21 岁以上的未婚残疾子女
			21 岁以下的未婚继子女
技术准证	月薪 4000 新币以上	亲属准证	配偶、子女
		长期访问准证	无资格
	月薪 2200—4000 新币	亲属准证	无资格
		长期访问准证	无资格
工作准证		亲属准证	无资格
		长期访问准证	无资格

资料来源：原表见 http://www. mom. gov. sg/foreign-manpower/passes-visas/employment-pass/before-you-apply/Pages/default. aspx，2013 年 10 月 13 日。

　　以工程师和操作工女友常见的居住模式而言，婚前工程师一般独立租住公司附近的组屋，而操作工则住在公司宿舍，或 2—4 个人合租一间房子。确立了稳定的感情关系之后，为了节省房租，有的人会选择住在一起。这样他们在新加坡的住处才有了家的意义，而不再是"宿舍"。双方在新加坡工作了几年之后，很多人会产生长久在新加坡生活的打算。这里有意思的是，男性工程师与他们的女朋友或者妻子，对新加坡的印象差别很大。

陈靖还是希望回国发展，他认为："简单说，你在这边你每个月4000，在这边你只能当4000块钱用，那你回国4000新币就变两万元人民币了。虽然回国之后不一定能找到相当于4000新币的工作，但是我前期在这边赚的钱，相当于我在国内少工作多少年呢？而且还有个圈子的问题，这边又没有几个朋友，认识的人也都是工厂里边的同事，以后想发展也没什么选择。"与此相反，他的妻子则觉得："是女生的话，肯定是想，这边生活比较安定，双方父母不会吵来吵去，也没有一大堆亲戚之类的。现在没有PR（永久居民），回去了再过来也麻烦，现在这样就觉得省事。两个人相依为命，所以彼此对对方都很好，感情也不会出问题。所以只要在这边活得下来，就很想留下。"陈靖的着眼点在于工作机会和社会网络，背后是他对未来发展和个人选择的焦虑。而他妻子则能够坦然接受跨国生活和新加坡社会施加的束缚，关注夫妻关系和家庭生活的质量。这里既有两人跨国流动能力的差异，也不免存在性别视角的区别。

如果有计划在新加坡购房，或者已经拥有住房，现有的工作就变得特别重要。因为每个月必须按期偿还购房贷款，换工作变得比较冒险，生活的重心就是保住工作。如果已经有了小孩，生活就更得精打细算。工作中的压力、矛盾也不敢表现出来，如果经济突然不景气，就可能有被裁员的风险。还有另外一种方法减轻经济压力，就是把自己的房子出租出去。有的工程师买的房子就在公司旁边，自己住一间，租出去两间房子给其他同事或朋友，这样每个月可以保证额外的 1500 新币左右的收入。对房客而言，大家生活习惯差不多，也不用担心房东中途终止合同，是比较受欢迎的合租模式。

除了移民目的明确的家庭，也有一些工程师即使结婚了也不急于在新加坡买房。因为根据最新规定，不论是政府组屋还是私人公寓都必须购买 5 年后才能转售，也就大大限制了他们可能的流动。许多人选择积累资金以增强自己在未来流动的资本。有的工程师选择把钱存起来，等到汇率划算的时候换成人民币再汇到自己国内的账户。有的人选择在国内购买住房、店铺，或者参与朋友的其他投资。也有人会与几个朋友合伙在新加坡寻找生意机会，比如投资食阁的小饭庄。按照访谈对象的说法，现在的工作看不到未来，必须为自己 40 岁以后的生活做打算，如果买房就等于把自己绑在新加坡，到时候离开半导体公司又不知道能干什么。回到国内还有同事、朋友、同学之类的社会关系，攒的钱换算成人民币也算一笔巨款，这样自己的选择就多些。

虽然从中国来到新加坡，但是这些年轻人的家庭模式并没有变。与在国内的生活一样，他们就像空中的风筝，线还是牵在父母手里。许多人是从全国各地流进位于北京、上海、武汉、无锡等地的半导体企业，作为核心家庭的一员，他们的家庭关系早就跨越了地理上的空间。只是从国内的城市到新加坡，这个纽带进一步跨越了民族国家的疆界，完成了家庭关系在国境空间上的流动。婚姻的缔结是移民过程中的第一个节点，从此新加坡由工作空间转变为生活空间。已经结婚的工程师就会倾向于继续在新加坡工作，而不是合同结束马上回国。他们在这个社会的嵌入也从单纯的就业，发展为情感的依恋。那些选择留下来生活的夫妻，已经是新加坡永久居民甚至公民，或者已经在这边买了房子。这个群体的流动性就明显降低，新加坡已经成为他们的家。特别是买了房子之后，上述"风筝型"的家庭模式就转变为两代核心家庭之间的联盟。

为了下一代

子女的出现使得家庭中原来的夫妻关系转变为夫、妻、子（女）三角关系，自此进入稳定的核心家庭结构，成为真正意义上的"家"。其中父亲与子女的关系在中国社会具有特殊的意义，它象征了血脉的延续。在父子一体的传统观念里，父亲与子女的关系实际上表示的是所有的祖先和所有的子孙存在着一体的关系。所以对子女的养育和照顾不仅是出于延续血脉的需要，也是对祖先的责任。①

对中国工程师们的访谈显示，婚姻和生小孩是影响他们流动决策的两个重要节点。已经结婚的工程师会倾向于继续在新加坡工作，而不是合同结束马上回国。后一个节点的存在与否直接决定了他们是否要在新加坡定居，抚育第二代在跨国流动过程中发挥了重要的影响。②

新加坡当地居民与中国新移民的生育观念存在明显的差异。正是因为新加坡人口自然生育率极低，政府在推出一系列鼓励生育措施的同时，鼓励外来移民。但是在当地的四大种族当中，又以华人的生育率最低，而马来人最高。一位中国工程师自己已经有两个孩子，还计划再生一个。而他同一个部门的同事中，两个印度人各有 3 个孩子，3 个新加坡华人都只有 1 个孩子，1 个新加坡华人家庭有 2 个孩子。他认为："主要是人生观不一样，他们会比较希望自己这一代能够过得舒适，不希望有小孩牵绊，他们对生活水平要求比较高。"在当地人看来，养育小孩子需要付出额外的时间和精力，将来的教育费用也日益昂贵。但是中国工程师则不这样考虑，新加坡政府对于公民生育小孩的补贴在他们看来是一笔额外的福利。他们许多人在生育第一个小孩时都还不是公民，所以要通过生育第二、三

---

① 麻国庆：《借女生子》，《读书》2000 年第 2 期。

② M. F. Orellana, B. Thorne, A. Chee and W. S. E. Lam, "Transnational Child-hoods: The Participation of Children in Processes of Family Migration", *Social Problems* 48 (2001): 572–591.

胎来享受这些补贴。而且工程师们可以将国内的父母接过来帮忙抚养，而不需要像当地人那样雇用家佣，开支也小很多。

表 7-2　新加坡公民生育补贴概况

生育补贴（新币）	税收折扣	母亲收入税额减免	现金奖励	儿童发展账户	抚育补贴
第一个	5000	15%	6000	6000	18 个月到 7 岁儿童，根据家庭收入水平可享受每月 300—740 新币的补贴
第二个	10000	20%	6000	6000	2—18 个月婴儿，根据家庭收入水平可享受每月 600—1140 新币的补贴
第三个	20000	25%	8000	12000	
第四个	20000	25%	8000	12000	
第五个	20000	25%	8000	18000	

资料来源：整理自新加坡生育促进网站，http://www.heybaby.sg/mppackage.html，2013 年 10 月 13 日。

育儿数量的差异，更多反映的是新移民的心理状态。有个工程师家庭育有三个儿女：其中老大 12 岁，在中国长到 4 岁才来到新加坡；老二 9 岁，在新加坡出生；最小的两岁，与老大相差 10 岁。谈到为什么要生三个小孩，他的解释是因为自己的经历。他一个人来到新加坡，当时朋友也不多，慢慢又跟国内的亲友失去了联系。有时候逢年过节，或者心情不好的时候，连个说话的人都没有。正是因为这份孤单让他决定要第三个孩子，他希望自己的孩子将来在新加坡能多个伴，相互之间有个照应。

决定要孩子之后，工程师家庭就不得不考虑在新加坡买房子，可以说小孩在他出生之前就影响了父母的人生。以一个三口之家为例，每月要支付房租、餐饮、水电费、网络电话费、小孩学费等。不仅是生活成本的压力，还有一些生活习惯导致有小孩的家庭不愿继续租房。根据一位曾经是半导体工程师，2012年辞职做房屋中介的调查对象介绍，很多新加坡人不喜欢房客吵闹，有小孩的家庭不受欢迎；租住的房间做饭往往受限制；来新帮忙带小孩的父母没地方居住；等等。因为身份的限制，没有申请到永久居民就没有资格购买政府组屋，而根据最新政策，永久居民也要等上三年才有资格。这位中介讲述了另一位工程师的经历：

> 我有一个同事，他太太已经怀孕三个月了，最近正在看房子，准备买政府组屋。结果上周新政策出来，永久居民要待在新加坡满三年才能买。这样他的所有计划都打乱了，手上的钱又不够买公寓，现在就打算让他太太回国去生小孩。

许多工程师的第一套房子都是在公司附近。以B公司

所在地的兀兰为例，四房式组屋①在 40 万新币左右，首付
20% 加上简单的装修和家电，一般需要 10 万新币。而一个
五年年资的工程师月收入在 5000 新币左右，负担不会很
重，而且他们还可以通过出租来缓解贷款的压力。半导体
工厂分布的工业园周边，因为大量外国劳工的需求，单个
房间租金往往要比一般水平高出 100—200 新币。在本地扎
稳脚跟之后，有人也会因为家庭生活的质量而迁移，其中
最重要的因素就是小孩的成长与教育。当他们掌握了当地
社会的空间知识之后，便会让自己的生活整合进这个社会
的肌理中去，在不同地点展开家庭生活。

　　高延康和妻子有一个四岁的女儿，2012 年刚拿到永久
居民。之前申请了两次都被拒绝，为了准备结婚就买了一
套公寓。三室一厅的房子，他们自己住一间，租出去两间
给妻子的同事，每个月房租有 2000 新币。房屋贷款减去公
积金和租金，每个月还能净赚 1000 多新币。但是后来岳母
过去帮忙照顾小孩，房子就不够住了。而且他家所在那一
带都是工业区，有时候带孩子下楼都没有地方去。后来他
就把自己的房子整套出租出去，又在海滨公园附近租了别
人的两房式组屋。新的住处虽然距离他的公司远了一些，
每个月还要贴进去 500 多新币，但是住的地方旁边就是环
境优美的海滨公园，也有小孩子玩的游乐场。调查时他的
岳母就经常带小孩去海边散步，周边还有适合儿童的各式

---

①　四房式组屋，即国内俗称的"三室一厅"，实用面积 80—105 平方米。

玩具，虽然经济上不划算，为了女儿的成长他认为还是值得的。

人们首先面临的是幼儿抚育和工作生活的安排问题。一位已经是永久居民的工程师父亲讲述了他的麻烦。

> 现在我妈妈在这边帮忙带孩子，但是也比较难，因为父母在这边最多只能待三个月，所以就得轮着来。现在就我妻子辞职，在家带孩子。我们在想要不要去上那种托儿所，就是有护士、有早教，一个人带两个孩子那种。主要是排队太久了，从你想去到正式能上得等 3 个月。因为它托儿所的名额是有限的，很多人在排，没有空位。我们也想等小孩大一点再说。其实有时候想，年轻父母也是新手啊，如果父母没在身边，我们也不懂啊，可能还不如人家那些专业的护士。现在就是这样，父母还没退休，就算过来也只能待三个月，所以很多家庭是妻子辞职在家带孩子。也有人就是带回国，在国内带，等到大一点了再接过来。我知道也有生下来两月就送去托儿所的，现在在这边有小孩的工程师也挺多，都面临这种情况。以前 PR 的父母可以申请那种长期的，就是 5 年的 Dependant Pass，现在卡得紧了，很难申请下来。大多数以前都是父母过来带孩子，妻子就继续上班，现在会麻烦些。

随着孩子年龄的增长，教育的问题便显现出来。传统文化对于教育的重视，使得对教育资本的追逐成为人们跨国迁移的重要目的，整个家庭的安排也不断受到影响。[①]相比国内，新加坡能提供中国工程师所羡慕的全英文教学环境和国际化的视野。所以很多家庭在持有永久居民多年以后，选择加入新加坡国籍的时间点大致都在小孩就读小学之前，主要考虑的因素正是为了小孩接受优质的教育。这源于新加坡最近几年越来越收紧福利，一切资源优先本国公民的政策趋势。参照表7-3可以发现，永久居民的小孩在小学阶段每个月必须比公民多缴纳90新币，到初级学院阶段更高，每月多152新币。为了减少这种教育支出，以及避免孩子在学校遭到不可预期的歧视，申请公民成为这个人生阶段工程师的必然选择。

表7-3 不同身份类型家庭的子女教育费用

（单位：新币）

每月学费	公民	永久居民	东盟国籍	其他外籍
小学 Primary	免费	90	350	500
中学 Secondary	5	120	450	650
大学预科 Pre-University	6	160	700	1000

---

① J. L. Waters, "Transnational FamilyStrategies and Education in the Contemporary Chinese Diaspora", *Global Networks* 5 (2005): 359 - 377. S. Huang, and B. S. A. Yeoh, "Transnational Families and Their Children's Education: China's 'Study Mothers' in Singapore", *Global Networks* 5 (2005): 379 - 400.

续表

每月学费	公民	永久居民	东盟国籍	其他外籍
大学 University （以新加坡国立大学为例）	7650 起	10700 起	15300 起	15300 起

资料来源：新加坡教育部网站，http://www. moe. gov. sg/media/press/2012/06/adjustments-in-school-fees-2013. php，2012 年 6 月 26 日。陈能端：《四所大学和新科院学费全面上调》，《联合早报》2013 年 3 月 29 日。

这种差异存在于抚育幼儿的各个阶段。新加坡公民 18 个月以上的幼儿就可以交付给当地儿童托管中心照料，享有政府津贴，最高可达 740 新币。到了 3 岁进入幼儿园的年纪，大多数小孩就读于由政府主办的幼儿教育机构，学费也各不相同，差异则与地域有关。在申请小学学额的时候，当某个学校的报名人数超过学校名额，就要进行抽签。新加坡公民有两次机会，而永久居民只有一次，外籍学生只有学额剩余才能有资格申请。

这种身份差异在学校生活中也会体现出来。牛立刚的大女儿在成为新加坡公民的时候已经 10 岁，并在新加坡上了 4 年学。在成为公民前的就读过程中，新加坡公民的小孩有政府提供的教育账户，可直接支付某些费用，而她的女儿每次必须拿支票或现金现场办理。所以每当学校收取某些费用时，老师都会特别提醒他女儿。这让孩子印象深刻，并曾经向他提出"我们到底是什么人"的问题。虽然老师的行为并不一定有什么特殊意义，但是身份的差异还是不经意体现出来，并在小孩的认知中留下了印记。牛立刚申请公民身份的一个重要考虑就是希望避免孩子在成长过程中经受此类困扰。他分析了新加坡政府的教育政策：

> 新加坡政府的政策主要集中于小孩，也就是所谓的 "go after the kids"。通过调整小孩的教育、福利政策，促使家长申请新加坡公民。因为小孩的适应能力很强，在这边成长就必然会融入新加坡社会，我们这一代基本就很难融入这个社会。而且小孩对于提升新加坡的生育率十分重要，从而就不断有所谓"新加坡人"被教育出来，而我们这一代就永远是"新移民"。

在"一家两国"的家庭中，许多小孩在加入新加坡国籍时一般只有三四岁。他们从幼儿园开始在新加坡接受教育，自然也就受到当地国民教育的影响。小孩在幼儿园需要认识新加坡国旗，并背诵新加坡宪章。凡此种种，这些孩子天然地接受了他们是新加坡人的概念和认同。调查中了解到一个有趣的故事，一位中国工程师带家人去参加公司同事组织的公园烧烤。一起参加活动的同事问道："你们是中国人吗？"他生长在新加坡的小儿子回答说："我是新加坡人，他们是中国人。"实际上他们全家都已经加入了新加坡国籍，只是老大在国内读过几年小学。在小儿子的眼里，他们都是中国过来的新移民，而自己则是土生土长的新加坡人。这就是"一家两国"的策略在家庭内部国家认同上的投射。

"一家两国"的安排使得工程师们的孩子满足了小学入学筛选的政治身份，但是还必须面对其他社会性的条件限制。在小学入学筛选中，重要的决定性因素包括：祖父母、父母或其他近亲曾经在该校就读；孩子已有哥哥或姐姐在该校就读；父母是不是该学校所属社会组织（如教会）的成员；父母是不是该校的义工，并参与了足够长时间的义工活动；家庭居住地与学校的直线距离。这些条件背后实际上考量的是家长在新加坡社会中的嵌入程度，生长在这个体系之外的中国工程师们恰恰缺乏这些社会资本。马谷民讲述了他的考虑：

> 我现在有两个女儿，大的四岁，小的两岁。本来我觉得小孩教育没什么特别，看她们自己的发展就好了。但是后来跟小孩已经读书的中国朋友交流，发现名校在这边社会的影响还是很大的。名校的升学率比较好，而且将来读大学、工作，名校出来的也比较受认可。原来我的想法就是让他在附近的社区小学上学就可以了，现在看起来还得重视这件事情。所以现在看第二套房子的时候，我们就要选一个教育条件好的。如果我们老大能进名校，将来她妹妹也自然可以进去。一次选择会影响到两个孩子的未来，还是要慎重考虑的。这个社区有一个小学，但是在教育部全国小学的排名里边排得不好。还有一个天主教的幼儿

园，我太太为了方便，要把小孩接过来送去那里读书，我不同意。因为我自己是回族，虽然我的信仰来这边之后坚持得不是很好，但还是不想送她们去这种幼儿园。最好是找一个政府公立的学校，让她们接受科学教育。我们看好了一个小学，也计划让我太太去那里做义工。一般是在小孩入学前一年，家长进去做义工就会有加分。但是中国过来的新移民往往因为英文之类的问题，比较难获得做义工的机会。所以很多人为了小孩的教育，会搬到学校附近的地方住。

新加坡教育体系奉行严苛的胜负排名与分流筛选机制，小孩的教育从一开始就必然面临激烈竞争，各种形式的家教和补习班遍布全岛各地。中国工程师们沿袭了从国内习得的"不要让孩子输在起跑线上"的观念，想尽各种方法让自己的小孩进入好一点的学校。对这些新移民而言，简单的方法就是住到名校附近，虽然不一定能够保证学额，但至少成功的希望大大增加。

董鹏辉和太太在同一家晶圆厂上班，当初为了工作方便，便在公司旁边买了房子。那一带是许多同事居住的区域，中国人之间经常聚会，所以住得很开心。每天带小孩在楼下散步，经常会遇到自己的同事以及他们的家人。他母亲帮忙带小孩的那段时间也很习惯，因为楼下有来自中国各地的老人在带孩子。老人们在一起聊各种国内的事情，也就不觉得孤单。但是当他们家大儿子长到4岁的时候，就发现了问题。那一带只有社区小学，教学水平很一般。董鹏辉和太太都是浙江大学的硕士，自然不希望自己的小孩在读书上吃亏。而且根据新加坡学校的规定，一家几个孩子中老大就读某个学校之后，其余就享有优先入学资格。也就是说，大儿子读哪个学校不仅是一个孩子的安排，而且决定了家里其他孩子的教育安排。新加坡实行就近入学，只要住在名校周围一公里范围之内，进名校读书的机会就大很多。为了让孩子读一个好一点的小学，董鹏辉把自己的组屋卖掉，在新加坡国立大学附近买了一套小一点的公寓。从卖房子、选房子，到最后住进去，折腾了差不多大半年时间。虽然搬家后他由原来每天步行上班，变为需要开车40多分钟，但是那套房子旁边有一所小学，是专门为新加坡国立大学的教职工子女服务的。董鹏辉希望自己的小孩能够进入这所小学，这样他们以后求学就占优势。

就居住空间而言，很多工程师的房子一开始都是买在公司附近。但是随着家庭生活的扩展，他们在新加坡也有一个迁移的过程。第一次买房只是为了在本地落脚，之后为了小孩的成长和教育，他们会在本地的地理空间内流动，让自己逐步嵌入新加坡的社会脉络中。小家庭与父母的家庭构成联邦式的关系，双方靠通信维持感情，父母会来新加坡短期居住，他们自己也会回国探望。但是在第三代诞生之后，工程师家庭与父母之间的联邦式关系，转变为以第三代为中心的"同心圆"。这反映在移动模式上：在没有小孩之前主要是回中国老家过年；而有小孩的家庭则倾向于父母来新加坡团聚。为了照顾第三代的成长，父母也会长期居住在新加坡，这样两代家庭的重心都从国内移动到了新加坡。在这种"同心圆"的格局下，父母在签证、经济、情感上依附于工程师的核心家庭，子女的公民身份构成他们跨国迁移的合法性基础。

工程师与父母

上文讨论的父与子（女）的关系，在家庭生命周期中属于再生产的阶段。当子女长大成人，与父母家庭的经济、文化地位逆转之后，就是家庭三角关系的分裂。子女家庭与父母家庭的联邦关系也可以大致分为两个阶段，早期是父母家庭提供给子女家庭的经济和劳动支援，如子女初婚阶段的经济帮助，第三代抚养过程中的劳动支持；进入后期便是子女家庭赡养老人，反哺的阶段。[1] 当涉及融入、适应和发展等问题时，移民往往倾向于所在地的主流家庭观念。但是一旦涉及孝顺、赡养老人等本文化规定的义务，则会转向传统的家庭组织和知识。这两种策略都是在所在地的生活中将已有的（母国和移入地的）家庭知识进行再生产的结果。[2]

---

[1]　王跃生：《中国家庭代际关系的理论分析》，《人口研究》2008 年第 4 期。

[2]　K. Pyke, "'The Normal American Family' as an Interpretive Structure of Family Life among Grown Children of Korean and Vietnamese Immigrants", *Journal of Marriage and Family* 62（2000）: 240 – 255.

因为跨国政治、经济边界的存在，两代家庭之间的关系与国内又有不同，特别是在经济关系方面。在调查过程中发现，许多工程师即使结婚之后仍然坚持固定地汇钱给国内的父母，而反方向地，父母从国内向子女汇钱则较为少见。当然，这存在一定的收入层次差异，有的工程师并不需要给父母汇钱。表面上看是因为从国内汇钱出国需要经过复杂的程序，且存在手续费和汇率的损失。而新加坡因为外国劳工多达120多万人，发展出了专业的国际金融服务。更深层次的原因是，这些工程师家庭的跨国生活建立在中新两个社会体系之上。他们可以灵活地利用这种跨国的优势，来打破中国或者新加坡单个社会所赋予的限制。

以买房子为例，一方面他们与国内的同龄人一样，需要购买独立的住房作为婚姻和家庭生活的基础。另一方面，新加坡住房制度对于青年人购房的经济要求低于国内，所以国内常见的父母为子女家庭购房提供经济支持的模式也就不存在。而且这些同在新加坡的工程师之间发展出了具有互助意义的经济合作，为了购房相互提供资金支持是常见的情况，很多工程师也把在新的朋友作为寻求资金支持的首选。

如果说买房子的案例是这些工程师利用身处新加坡的优势解决了自身所面对的"中国问题"，那么他们也会利用中国社会中的资源来解决在新生活的问题。新加坡社会最为普遍的育儿方式是请家佣，据统计每6个新加坡家庭就有 1 户聘请了女佣。① 或者是将孩子送去政府设立的幼儿中心，18 个月的小孩就可以全日托，每月 400 新币到超过 1200 新币不等。不同的是雇请女佣照料孩子要缴税，但把孩子放在幼儿中心却可以享受政府津贴。在这些社会机制的影响下，新加坡本地人的父母较少参与第三代的抚养。与此相反，祖辈帮助照顾婴幼儿却是中国家庭常见的情况。这种育婴模式也被新移民带入了新加坡，并与本地的做法形成鲜明的对比。有的人将小孩放在国内，由（岳）父母抚养，等到孩子长大点再接过来；也有人为父母申请签证，让他们来新照顾，这样既能分担压力，也能保证小孩在自己身边成长。在调查过程中发现，社区楼下来自中国的老年人推着自己的（外）孙子（女）散步，和他们玩耍的是由女佣照顾的新加坡小孩。

随着新加坡政府不断收紧针对新移民父母的签证，跨越两个社会体系所带来的双重性不仅是一种可以利用的资源，同时也限制了他们的行为。新加坡政府正是为了抵消本地日益严重的人口老龄化，才在过去对移民持开放态度。移民亲属迁移的便利是吸引人才的重要措施，而在来源地中国，独生子女政策导致老年人伴随子女迁移成为一种家庭模式。② 两种现象作用在一起，使得大量老年人伴随新移民进入新加坡。这些老年亲属大多持长期社交访问

① 数据截至 2006 年 12 月，"Ministry of Manpower"，《聘请外籍女佣指南》，第 1 页。

② 吴要武：《独生子女政策与老年人迁移》，《社会学研究》2013 年第 4 期。

准证,① 最长居留时间是五年。但是随着政策的变化,调查时永久居民为父母申请这种准证已经很困难。针对上文提到的"一家两国"的新移民家庭,有公民身份一方的父母可以申请到长期社交访问准证,而永久居民一方父母的申请就会被拒绝。也就是说,如果一对夫妻中丈夫是公民的话,自己的母亲就可以拿到五年的长期社交访问准证,而岳母就不行。因为一般来新带小孩的都是女性,婆婆与岳母这些中国家庭关系中最为微妙的角色在准证政策的操弄下,直接后果就是家庭矛盾的增加。

一位工程师坦言:

> 婆媳关系不好弄,我妈过来帮我带了一段时间孩子,孩子大些就回去了。现在年轻人都比较独立,而且生活习惯也不一样。其实父母过来是好,但最好是她妈妈过来带。因为她跟婆婆有矛盾又不好说,自己妈妈就能支使来支使去,我就觉得,最好就是她妈来带。而且我妈一个人在这边太辛苦,也没人能换。我岳母还生气我们不让她过来,经常说想孙子。但是这是人家新加坡政府的政策,跟老人家也解释不清楚。

这些老人在新加坡的生活不仅受到政策层面的限制,

---

① 长期社交访问准证（Long Term Social Visit Pass）针对 P1 或 P2 准证持有者的父母、岳父母、继子女、合法配偶、残障儿童和/或 21 周岁以上未婚女儿,是老年人来新照顾孙子（女）的主要身份。

活动空间也受到生活环境、饮食习惯、语言习俗等社会文化条件的制约。一位搬家不久的工程师讲道：

> 最近我爸妈回去了，现在两个孩子都上幼儿园，早7点到晚7点，我们的工作就能照顾得过来。以前小孩太小，还不能上幼儿园。这边18个月以前的幼儿园很贵，一个月要1000多新币，所以他们就过来帮我带孩子。现在我小的儿子2岁多，可以上幼儿园。而且我爸妈在这边待了三年左右，也是想回去了。其实主要是他们也不适应，而且我原来住在兀兰那边，住在那一片的大部分都在B公司工作。小区里中国人很多，都是同事，很多人的父母也在这边帮忙带孩子，他们老人家在一起可以聊聊天、散散步。因为是同事，小孩、老人也都认识，所以他们还经常一起带孩子，也热闹些。后来我为了大的上小学，搬到金文泰，小区里中国人比较少。老二也上幼儿园了，他们就有点无聊，后来就决定回国了。老人家身体上总是有一些小毛病，再加上气候不适应，经常会有头疼脑热，但是这边医疗特别贵，又没有医保。回国的话有社保，费用就低很多。

很多老人的日常生活局限在居住的社区，只有周末全家才能去公园之类的户外空间。因为无法适应新加坡的气候，加之老年人身体本来就虚弱，疾病成为他们生活中重要的风险。这时候医疗问题就成为工程师家庭关注的焦点。

表7-4　不同身份医疗补贴比例与收费标准

医疗补贴	公民	永久居民	外籍
B2 级病房	50%—65%	25%—40%	全价
C 级病房	65%—80%	32.5%—55%	
专科门诊	50%	25%	
日间手术	65%	40%	
综合医院	视情况而定	同等情况较公民低 10 个百分点	

资料来源:新加坡卫生部（Ministry of Health）网站，http://www.moh.gov.sg/content/moh_web/home/costs_and_financing.html，2013 年 10 月 13 日。

　　虽然工程师已成为新加坡公民，但这并不能让他们的父母享受到当地的社会福利。一旦患病，新加坡的医疗成本就是一笔很大的支出。同时国内的医保制度不能支付在国外的医疗费用，而且因为年纪大，也很难购买商业保险。身处两种制度之间的缝隙地带，让这些老人跨国生活的风险特别突出。

　　黄先伦的母亲曾经在当地因病住院，当时主要是发烧，住院观察一夜之后，花了 1200 新币。他还听说有人给父母看病一次花了 8000 新币。新加坡的医疗费用昂贵，特别是对于没有任何补贴和折扣的外籍老人来说，一住院就花费不菲。所以黄先伦后来就跟其他同事借鉴经验，每次回国的时候集中带母亲检查身体、治疗疾病，然后请医生开一些有针对性的药品，或者去药店买一些常用药带过来。要是老人在新加坡身体不舒服，就用这些药品顶一顶。如果不是大病，就等回国再去治疗。他母亲在国内有医保，许多药品都能报销，国内外医疗费用差额较大。而且在国内他母亲可以直接跟医生沟通，说出自己的病情，这样治疗就有针对性。但是在新加坡，医生有的只会讲英语，有些会讲华语，但表述也不容易让人明白。因此，父母就没有办法在新加坡常住，日后母亲的身体变差，黄先伦还是计划回国照顾。

这就涉及另一种跨国生活的策略，很多人将回国作为父母养老的首选。因为老人更为适应国内的环境和习惯，而且在国内养老还可以利用医疗保险，获得传统社会网络的支持，从而明显降低赡养老人的压力。所以普遍存在的是"一家两国"的模式，保留中国国籍可以让这些子女在父母年迈的时候回国照料，而不必受到中国居留政策的限制。

还有一个细节，有人在向中国驻新加坡大使馆办理退籍手续之前，会提前回国挂失自己的身份证，等新身份证办理下来之后再去退籍。因为大使馆只是收回护照，并不收缴身份证，这样他们就可以保留一个有效期长达十年甚至更久的新身份证。在回国居住、旅行的时候，这个身份证就可以让他们暂时享有中国公民的便利。也就是说，他们在申请加入新加坡国籍的时刻就已经为将来的回流做好了准备。所以在将来的某个时刻，小家庭的一位成员就要在国内与父母常住，而另一半则带着小孩继续生活在新加坡。

　　但不能忽视这个群体内部的多样性。来自农村地区的工程师更倾向于回国赡养老人。他们的父母因为生活习惯的原因，不容易适应新加坡的生活。这背后不仅跨越了国界，还包含乡村与城市生活方式的差异。牛亮的母亲在新加坡就一直小病不断，身上长出的湿疹总也治不好，但是回国一个月就康复了。身体的调适只是表征，对这些老人来说，饮食、习惯、休闲、心理等方面才是跨国生活更深层次的挑战。此外，在农村地区的养老市场还不成熟，人们将儿女在身边养老送终作为"孝道"的主要标准。而来自城市背景的工程师则没有这种压力，他们的父母有自己的医保和养老金，而且住养老院也不是让人羞愧的事情。对他们的父母而言，在新加坡生活与在国内城市生活本质上没有区别，只是从一个城市到了另一个城市，因而这些老人在当地适应得也更好。

　　另一种重要因素在于是否独生子女。有工程师总结道，他周围申请公民定居下来的人大多不是独生子女，而那些没有兄弟姐妹的人们工作几年之后就离开了新加坡。牛亮调查时已经在新加坡居住了 13 年，并育有三个儿女，回国对他已经是遥不可及了。早年孩子还小的时候，父母在新加坡每次还能住一年左右。后来小孩上了幼儿园，最久的一次只待了半年，那也是三年前的事情了。他还有一个妹妹，父母由妹妹在家乡的城市照顾。但是因为十几年没有共同生活经历，兄妹之间的感情也变淡了，每次打电话都不知道聊什么话题。打给父母也只能问候身体状况，或者交流其他亲友的信息，这种淡漠让牛亮很不安。他甚至产生了是否自己太自私，为了在新加坡的工作生活而放弃了家人团聚的自责。愧疚感笼罩在他的心头，却又无计可施。

"这是我们的责任"的想法来自工程师们的访谈，包含两个方面。一是在新加坡帮助抚养第三代的工程师父母认为帮助子女照顾小孩是他们的义务。二是在父母年老之后，返回故乡赡养老人是第一代移民的责任。或许正是出于赡养老人的考虑，"一家两国"的模式下许多案例都是由丈夫带着小孩转换国籍，而妻子则保留永久居民的身份。当然也是因为工程师家庭中，丈夫因为工作、收入因素申请公民身份的成功率更高。这又与中国传统家庭中的性别分工观念联系起来。"一家两国"的策略会让他们将核心家庭的另外两个支点——丈夫与孩子留在新加坡，由妻子回国承担父母的照料工作。所以，年老父母的赡养为移居他国的人们指明了回家的路。在未来可能呈现出一种"菱形"的家庭形态：工程师夫妻作为家庭的主干，一方面需要养育生活在新加坡的子女，另一方面还要照顾身在国内的父母。

总而言之，本章所讨论的三类基本关系不仅是家庭生活的基本关系，同时标志了工程师在不同流动阶段的生活重点，也体现了跨国就业的自由与限制对于他们家庭生活的塑造。流动中移民家庭的形成、维持和解体均由不同的策略实践出来，基本家庭关系以及关于这些关系的意识形态被不断再造，在时间和空间上铭刻出某种形态的家庭生活。不同的家庭形态在跨国流动的环境变化中，大致可分为图7－1的四种安排。这当然不是一个规范性的模式，并不是所有工程师的移民生活都符合这四个阶段和模式。有的人会因为家庭变故、工作机会、个人因素而中途回国。只是这四种家庭形态所反映出的"做家"过程，清晰地表现了人们在跨国流动中如何不断调整家庭关系、角色分工和居住模式，以保证自身在跨国生活中的流动性。

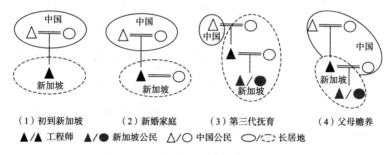

（1）初到新加坡　　（2）新婚家庭　　（3）第三代抚育　　（4）父母赡养

▲/△ 工程师　▲/● 新加坡公民　△/○ 中国公民　○/◌ 长居地

图7－1　移民人生历程中的家庭形态

家观念作为一套"意义之网"，被跨国迁移的人们在实践中不断地重新编织，展现出文化惯性与社会结合的复杂关系。[1] 移民的家庭生活作为一幕幕戏剧，[2] 上演的舞台

---

① 克利福德·格尔茨：《文化的解释》，韩莉译，译林出版社，1999，第5页。
② Chan Kwok-bun and Seet Chia Sing，"The Politics of Migrant Family Drama：Mainland Chinese Immigrants in Singapore"，in Chan Kwok-bun（eds），*International Handbook of Chinese Families*，New York：Springer，2013，pp. 37–51.

本身是结构化的。要理解移民在某一位置上的生活，离不开人们如何在外部结构和文化资源之间自我定位的实践活动。迁移过程中的流动定位包含空间和时间两个面向，不仅是空间上的不断"做家"（home making），也是生命周期意义上的持续"做家"（family making）。

就前者而言，有学者把家庭视为一种文化建构和空间生产，展示了移民如何在多重的社会空间认知下，造就出一个跨地域的社会空间。① 他们的生活世界就是不同空间结构碰撞的结果，标记着移民于该社会空间中的存在状态。但是跨国的社会空间实践并不是一蹴而就的，家庭是流动的，且根据时空环境不断地被重构。② 所以也就不能以流动过程中的某一处空间上的"家"来指代一个"做家"的过程。这就涉及时间意义上的家庭在不同的生命周期阶段，怎样以各种形式和内容被创造出来。家庭在其生命历程中表现为不同的形式，不同阶段的家庭具有不同的任务和需求。③ 其性质和形态受到外部社会变迁和内部生命周期的共同影响，反映出来的家庭策略取决于内部权力关系和外部社会条件的连接。④ 个体的移民策略立足于不

---

① 林蔼云：《漂泊的家：晋江——香港移民研究》，《社会学研究》2006 年第 2 期。
② E. Kofman, "Family-related Migration: A Critical Review of European Studies", *Journal of Ethnic and Migration Studies* 30 (2004): 243 – 262.
③ Paul C. Glick, "The Family Cycle", *American Sociological Review* 2 (1947).
④ 樊欢欢：《家庭策略研究的方法论——中国城乡家庭的一个分析框架》，《社会学研究》2000 年第 5 期。

同时间整个集团的结构位置和内部的分工关系，对家庭生活中的资源配置、成员关系、组织形态都进行着持续的改造。

流动中的移民家庭建立在成员跨国移动的空间轴和生命历程的时间轴之上，表现为各种家庭关系的不同排列组合。因而在移民家庭的研究中，发挥中介作用的家庭不能被固化为客观的单位或纽带，而应该深入跨国、代际、性别、权力等家庭关系的多样性中。① "做家"的基本逻辑就是在文化惯性和社会条件的双重作用下，不断地对一些核心的家庭关系进行重组。家庭关系化约为几个对立关系，这些基本关系在流动的生活世界之变动中随机组合，在不同情境中表现为不同的形态，因而家庭的面貌也多种多样。跨国当然不过是一个更为极端的例子，但是现代家庭生活所面对的流动性冲击是一致的。

---

① Louise Ryan, Rosemary Sales, Mary Tilki, Bernadetta Siara, "Family Strategies and Transnational Migration: Recent Polish Migrants in London", *Journal of Ethnic and Migration Studies* 35 (2009).

第八章　结语

　　作为本书主角的工程师们通过一条专业人才市场的运河进入新加坡。半导体行业这样的专业领域经由跨国企业的全球生产网络、标准化的技术规范、发达的中介系统、持续的人员流动形成了跨越国界的专业劳动力市场。就像一条连接各国生产地点的人工运河，将各国劳动力市场内特定的专业群体联系起来。工程师们可以通过这些渠道在全球（至少是区域）内的专业劳动力市场进行流动。但是在这条运河之外，政治、社会障碍像连绵的山脉一样将不同国家的劳动力市场分割开来。

　　半导体行业的工作技能、劳动制度、职业发展打造出一个个市场化的劳动主体，他们可以用高度商品化的应对策略在市场上自由流动。但这种个体的自由建立在技术标准化、职业中介、行业渠道等多种机制之上，这些运河一样的基础设施帮助他们在不同企业和国家之间流动起来。而这些基础设施的结构性是由企业内部的劳动力结构与整体的经济周期所决定的，他们看似可以自由流动，却脱离不了这种流动渠道所施加的限制。与全球化时代的其他技术职业一样，他们的困难是结构性的，他们会发现自己被限制在一个超出自身控制的结构中。主体性本身就是被结构化的，跳出这个结构，他们的教育、资历和技术，这些保证其轻松流动的资本便面临严重的贬值。

半导体工程师这样的技术移民在跨国就业过程中面临持续的结构性限制。移民作为一种来自当地社会之外的力量，国家可以通过多种分类活动将之转化为管理的对象，从而将其纳入治理范围并加以控制。但切不可过度夸大民族国家在技术移民选择过程中的作用。事实上，这一筛选机制既不始于民族国家的移民程序，也并不在此终结。从一个工程师准备移民开始，到他在移居地生活了数十年之后，这一机制可能都在发挥作用。其间政治、经济与社会的多重因素都参与进来，不断地确认他是否能够成为合格的劳动力。技术移民的流动不仅是经济意义上筛选的结果，还必须重视其他社会、文化因素在跨国划界过程中的影响。在专业劳动力市场之外，移入地社会通过各种机制限制了他们参与当地就业机会的能力。不仅政府政策，民间也会通过舆论传播、族群关系等社会机制来强化他们在市场中的"非自由"，建立出一整套的刻板印象，进一步地限制外来者参与本地劳动力市场的机会。这里不同劳动力市场之间的边界不再是有形的地理限制，而更多地表现为人为的政治身份、市场准入、教育（技术）认证或族群政治。正是因为这些边界的作用，移民进入当地的劳动力市场，就面临一个从"非自由劳动力"到"自由工人"的持续跨界过程。这同时也是一个从"外来者"到"本地人"的转变过程。但这种转变不是单向的，也有可能持续地被推向"外来者"，甚至驱离出去。

同时，工程师们也在不断争取就业和流动的自由。过于强调跨越多重边界的劳动力资格确认，可能又会带来另一个问题，人们的行为被视为结构的产物，而忽视了技术移民在这一过程中的能动性，人们总是在不断地试图提升自身的结构地位。在移民进入的过程中，公民身份的争取、社会组织的参与、生活习惯的模仿，同时也是协商社会和文化边界的过程。移民作为对象/主体的形成，是一系列"被制造与自我制造"相结合的互动结果。作为对象的移民在不断地发挥主动性以求提升自己的市场地位。特别是跨国就业过程中的技术移民，他们面临的问题既不是完全结构制约，也不是充分的个体自主性，而是个体被限制在一个结构性的领域施展自己的理性。

中国工程师在新加坡的劳动、身份和流动构成一个特殊的世界，其基础是由专业劳动力市场制造出来，但并不止于此。这样的基础设施如运河一般，当然不是天然的，而是新加坡政府、跨国企业为了推动半导体行业的发展而制造出来的，并通过持续的政策调整、劳动体制变革加以维持。政府与企业合作打造了源源不断供应高技术水平、高流动性工程师的劳动力供应机制，当地社会成员也参与到维持这一机制运转的进程当中。身在这条运河上的工程师们则利用专业劳动力市场实现跨国就业和流动，争取更大的劳动自由，努力攀爬当地社会的身份阶梯，不断展现自身的能动性。结构性限制与劳动者能动性的交锋，塑造了半导体工程师们在新加坡的劳动、身份和流动，同样也影响到了他们工作生活的各个领域。政府、企业、当地人与中国工程师们的互动，在政治、经济、社会等不同领域展开，塑造了维持这种劳动力供应机制的社会边界。本书尝试提出"结构性自由"的概念来理解中国工程师在新加坡的跨国生活状态。这种状态是由多元主体制造出来的，表现为多重面向。

中国工程师群体的"结构性自由"

传统意义上的跨国流动关注政治边界的跨越和协商，但这只是技术移民世界的一面。在半导体工程师跨国就业的环境中，阶级、政治、民族参与到界定同一个劳动者群体的运作过程中来，形成一个经济、政治与文化多重边界所构成的多面体。中国工程师在新加坡的跨国就业不仅是一个从多方面不断划界的过程，也是一个持续协商与抵抗的过程，是由企业、政府、社会与个人参与其中的互动产物。马克思提出"自由工人"与"非自由劳动力"的区别，但这种区分不是单独由政府或资本家一手完成的，也不是一条简单的清晰的边界。当今世界中的劳动者分类，特别是技术移民的跨国就业是由企业、政府、社会和移民共同参与其中的协商过程，表现为一整套互动机制，是不断变化的。从企业角度讲是一个追求高技术、高流动性劳动力持续供应的过程；从政府的角度讲是一个移民筛选管理的过程；从新加坡人的角度讲是一个不断定义"己"与"异己"的过程；而从中国工程师的角度讲是一个不断争取就业自由的爬梯过程。这几个主体在互动中产生的结构性限制以及工程师们应对的实践，造就了这个群体"结构性自由"的状态。

　　劳动方面，跨国企业追求的是高技术劳动力供应的灵活性与可持续性。首先需要维持一个庞大的后备劳动力队伍，以确保半导体生产活动所需要的高技术劳动力供应不至于中断。中国半导体产业的快速发展，高等教育的大规模扩招，与房屋价格高涨等社会问题作用在一起，推动了那些向上流动而不得的青年工程师形成了一个跨国科技移民群体。经由跨国中介和人际网络，这个群体与新加坡的半导体就业市场连接起来，形成了区域的专业劳动力市场。企业希望高技术劳动力要招之即来，可以通过提供国内3—5倍的薪水来吸引这些年轻的工程师，然后利用短期合同来安排较为灵活的雇用模式。这些企业通过劳动合同控制工程师们的跨国就业身份，使他们忍受不完整的就业身份，服从24小时运转的劳动体制，以小时为单位控制他们的工作乃至生活。同时，在企业内部施行与就业身份相联系的分层的员工管理制度。确保流动性最高的群体始终处于基层，可以忍受值班和加班，保证企业生产的灵活性。对于已经掌握了重要经验和技能的工程师则给予管理职位，帮助他们申请新加坡永久居民乃至公民身份，并通过各种福利固定下来，从而使公司不会因为基层工程师的流动而影响运转。最后企业还希望他们挥之即去，对于技术周期、经济周期所带来的生产波动可以通过加班、花红、工作时间的调整来降低成本。以及在经济危机期间可以通过合约调整直接取消部分员工的跨国就业身份，将他们驱离新加坡。裁减员工也有不同的形式，持各种准证的基层工程师风险更高，有公民身份的管理层就业地位相对稳固，从而实现了流动性与稳定性的平衡。跨国企业对于高技术劳动力供应灵活性与可持续性的追求，是半导体行业跨国专业劳动力市场存在的基础，也是工程师们所遭遇到的结构性限制的核心。

新加坡半导体公司对于有技术、能吃苦的青年工程师的持续需求，在企业内部的工程师队伍中形成了两层员工体制，底层的是收入较低，保障较少，需要值班和加班且升职空间不大的基层工程师。他们的流动性最强，中国工程师进入新加坡的第一阶段都是处于这一群体。资深的工程师取得了稳定的职位，收入水平较高，具有技术和经验优势而不用从事具体的生产工作。他们的就业较为稳定，部分中国工程师进入了这个行列，多数则仍在向着这个目标努力的路上。这种双层性与企业内各种"大"与"小"的制度结合起来，比如"大错误"与"小失误"、"大制度"与"小规则"、"大等"与"小等"，反映出企业制造"灵活性"的种种努力。这些机制成为维持工程人员分层的保障，确保有一批青年工程师人员能够招之即来、挥之即去。

为了因应分层化的员工结构，以及由此而来的就业风险，基层工程师们形成了特殊的工作风格。他们也积极地实践这套"大"与"小"的辩证法，利用和再造劳动体制的结构性。同事之间相互帮助，沟通信息，以确保就业地位，努力满足企业劳动体制中的各项指标，争取升职机会，以进入企业内较为安全的管理阶层。工程师们利用分层的认识论来看待工作当中的一切遭遇，确保自己处于合适的位置。同时积极地模糊结构化的限制，以追求更有保障的职业发展。到了一定阶段之后，他们便积极考虑退路，比如做生意、开食阁、做中介来应对职业发展的限制。

身份方面，移民管理是每一个现代国家都在面对的问题。技术移民管理本质上就是如何筛选对本国经济发展有价值的劳动力，而同时控制移民带来的风险。新加坡政府所建立的身份体系背后是其"任人唯贤"的执政逻辑，也就是根据移民的专业、技能、资源来衡量其价值，进而安置一定的身份地位。政府会通过政策调整，吸引那些对新加坡经济社会发展有价值的移民，并鼓励其不断提升在新加坡劳动力管理体制中的身份地位，而在政治经济清单中不断贬值的移民则会被逐步驱离。20世纪90年代，新加坡政府在选定半导体行业为高科技产业之后，在企业投资之前通过奖学金制度吸引周边国家的青年人进入当地大学学习相关专业。同时从当时已有基础的中国、马来西亚等地吸收成熟的专业劳动力，并在永久居民审批、公民申请等程序上主动向这些外国专业人才开放。在半导体行业稳定发展阶段，新加坡政府一方面支持企业源源不断地招募技术移民，跨国就业的工程师们拿到这些企业的合约基本上就可以取得政府移民程序的认可。半导体行业也可以不受政府对其他行业所制定的本国雇员与外国雇员比例的限制。另一方面，政府会选择那些在新工作时间久、职位高收入高、生活稳定的工程师加入新加坡国籍，同时拒绝那些工作时间短、收入较低、生活尚未稳定的工程师。前者对应企业希望稳定的资深技术人员和管理人员，后者对应于企业追求灵活管理的基层工程师。当半导体行业从新加坡政府追捧的高科技行业转入政府统计中的一般制造业，新加坡的劳动力管理取向也随之调整。政府仍然会持续批准半导体工程师的流入，维持产业稳定，但逐步将之从"外国人才"降低为技术劳工。工程师们在新加坡劳动管理体制中的身份从"就业准证"降低为"技术准证"即是标志，其申请永久居民和公民的成功率也大大降低。从政府的角度讲，最佳状态就是要不断追随产业发展的新亮点，吸引能创造经济增长和就业的移民，然后随着产业发展和经济规划不断调整政策，驱离那些不再有价值的移民。

政府的劳动力管理制度与逻辑决定了中国工程师在新加坡被置于整套设计好的政治身份体系之中。新加坡政府通过设计多种准证身份，并使之与在当地的工作、生活，甚至家庭再生产联系在一起，建立了一整套福利体系。不同收入、资历、技能的移民被认定在阶梯上不同的位置，然后向着最高的"公民"地位攀爬。公民身份的价值表现在就业机会方面，享有一定的优先权，并且有资格进入政府、政联企业等相对优渥的机构；在职业发展方面也能提高升职、加薪、培训等方面的机会，并且大大降低裁员的风险；居住生活也得以保障，有资格以较低的价格购买住房，并享有各种补贴；下一代的教育是中国人申请新加坡公民最为看重的，在学额、收费、教育等方面都有体现。以公民身份为顶端，次一级的是永久居民身份，然后依照就业证件又可以分为就业准证、技术准证、工作准证，相应地，就业地位、社会保障、福利水平依次递减。身份涉及收入、居留、购房、医疗、公积金、教育等各个方面，形成一整套的身份体系。这个身份体系不是几个断点，而是一个阶梯，技术准证和公民身份定义了中国工程师们在新加坡社会的两个端点。新加坡政府通过这套身份制度制造社会阶梯，将移民劳动力的商品化限制在具体的时空条件中。

为了获得有利的政治身份，中国工程师在新加坡的生活就是一个爬梯的过程。不同身份的工程师在工作、生活各方面表现出一定的阶层性。而这套体系也是随着社会环境的转变而不断调整的，中国工程师被从"外国人才"逐渐地推往技术工人的方向，这个群体在整个身份体系中的位置不断降低。面对政治身份的限制，工程师们需要尽快申请永久居民，然后尽可能地争取公民身份，扩大其就业自由。同时他们对于公民身份所带来的限制也有所注意，所以很多人采取"一家两国"的模式申请公民，并通过购买第二套住房等形式来为可能的风险做准备。

社会方面，新加坡社会成员也参与到划界社会机制的生产当中。如何区分"己"与"异己"是任何社会都存在的社会机制，在移民社会中尤为明显。无论是新加坡政府定义的"外国人才"还是技术工人，都是外国人，是本地劳动力市场上的外来竞争者。特别是中国工程师之类的技术移民，被认为是中高收入岗位的竞争者。中国工程师在偶尔与食阁中的新加坡老人聊天中，经常被问及为什么到新加坡，其目的就是希望对方确认当地人心中已经存在的答案——中国人都是来这里打工赚钱的。所以其实新加坡社会对于移民的认知大抵如此，外来人口被认为只是在新加坡打工，不会也不应该成为公民。已经成为新加坡永久居民或公民的技术移民，又更进一步，成为社会资源和福利资源的竞争者。当地人认为他们推高了组屋价格、挤占了公共资源、带来了非新加坡式的社会和文化样式。工程师们所希望的完整新加坡社会成员身份，体现为教育机构的服务机会、后备军人训练、全家团聚的家庭生活等内容，在当地人眼中是自身劳动力商品化的沉重负担。半导体工程师在新加坡一度处于中等以上收入水平，2012年以前也算得上中等收入阶层。社会分类的阶级逻辑失效之后，新加坡社会成员采取了一套种族的、文化的话语来区分中国人与当地人，制造出新加坡官方族群分类体系中没有的"新移民"或"中国人"。新加坡的族群和谐指的是经由政府在居住、教育、就业等方面的努力，该社会原有的族群各有其位置，可以相安无事。但是对于所谓"新移民"，整个社会其实还是没有一个位置。在社会层面，中国人与当地人的族群差异和文化区分远远比是否新加坡公民的政治区分重要。即使已经取得新加坡国籍，还有在哪个学校读书，是否当过兵等话语来识别新移民与当地人。

新加坡建国之后持续推进民族国家建设，中国也走上了自己的道路，割断了当地社会与中国的传统联系。当1990年两国建立外交关系，新加坡社会重新认识中国的时候，直接采用了西方世界的种族谱系。中国人被认为是落后、低技术、不文明的他者，而不再是当地华人同文同种的故乡人。阶层化的他者主要的依据就是这种族群谱系，在晶圆厂内的工作场合中将华人内部的不同族群与语言沟通、工作风格、职位分布等方面的差异联系起来。中国人更善于使用华文而非英文；新加坡人强于沟通表达而弱于技术能力；中国人多为工程师而新加坡人以管理者居多。这些工作中的族群关系不断地重构和延续，确立了双方看对方的视角，以及对自身的定位。

族群关系方面的结构性还体现在更广泛的社会生活领

域。因为生长在新加坡之外，很多移民缺乏在这个社会生存的社会资本和网络。比如，投诉文化是新加坡社会的一个重要现象，也是人们维护自身利益的有效途径。一个新加坡工程师可以利用向人力部投诉来推动自己同上司的谈判，而中国工程师则不掌握这套知识。文化上，中国人在新加坡还面临一种被"种族化"的压力，也就是把中国人个体的某些行为习惯界定为群体的自然本质，以此来区分本地的"华人"与外来的"中国人"。这个过程中"中国人"往往被贴上一些污名化的标签，如不守法、不讲卫生、大声讲话等。此类标签对于当地人往往具有巨大的吸引力，因为它们简单且清晰，有助于人们用固定的符号去简化理解移民所带来的种种冲击。在饮食政治方面也有所表现，不同的食物被建立起一套谱系，对应在新加坡的适应状态。午餐作为一种仪式性活动，通过聚餐对象、食物选择等行为在公共空间不断展演族群之间的差异性。消费活动也是族群关系再生产的一个重要面向，购房态度、休闲观念，以及使用中国货等行为再次确认了中国人在新加坡族群光谱中的结构地位。

　　在这样的社会机制中，着眼于就业竞争，中国工程师之类的技术移民被认为是"不合格的劳动力"；而着眼于福利资源竞争，即使取得新加坡公民身份，他们仍然被认为是不合格的"新加坡人"。这些"他者"形象的塑造，正是新加坡社会成员推动当地社会机制的结果。中国工程师作为技术移民，其能动性表现在不断争取就业自由，提升自身在新加坡身份体系中的位置。

正是由于上述种种限制，这些工程师移民最初都被限制在一定的空间之内，吃、住、工作都在固定的地区，与外部的新加坡社会保持着距离。他们不是去学习、适应新加坡的生活，而是在"应付"。在最初进入新加坡的时间里，经由前辈和朋友的介绍，他们逐步掌握了去哪里吃中餐、去哪里买衣服、去哪里玩之类的知识，此外便不需要与新加坡社会的其他领域打交道，也就没有动力去适应新加坡，只是在满足基本需求的基础上"应付"。因为这个群体已经形成某种共识，即什么是可以改变而什么是不可以改变的，什么是必须改变而什么又是不需要改变的。这套知识由一代代中国工程师在新加坡跨国就业的工作生活中提炼出来，经由职业网络传播开去，成为他们同当地社会进行互动的知识基础。

对于融入新加坡社会，可能是最难实现的。很多人在新加坡十几年之后，社会网络仍然集中于半导体的职业圈子。他们采取的办法包括学习新式英语、参加社区活动、加入宗教组织等，但仍是一条漫长的道路。这些工程师和他们的家人虽然工作生活在新加坡，但是他们从来不属于这个热带岛国。不论他们在种族特征、生活方式上如何与本地华人近似，却不得不永远保持外国人的标签。这种区分不仅来自新加坡当地人，作为外来者的工程师们也主动地同对方划清界限。这个群体中流传一些常见的偏见，比如新加坡人技术水平不高、工作效率不高、歧视中国人等，是他们巩固自身主体性的实践。中国工程师在不断主动、被动地确认"中国人"的自我认同和外在标签。

前文讨论了跨国就业过程中中国工程师劳动力的商品化如何与跨国生产、移民政策和族群关系等联系在一起。他们劳动力的商品化被约束在一系列的结构性条件之下。经济上，他们在企业内部身处一种分层的劳动体制；政治上，他们身处新加坡政府为筛选外国劳动力所制作的身份阶梯；社会上，他们在一个"华人社会"做"中国人"。在这些外部约束下，他们努力展开劳动、身份、族群各方面的实践，在抵抗劳动体制、攀爬身份阶梯、自我制造族群知识等方面积极争取对自身劳动力商品化过程的掌控。中国工程师们所遭遇到的这些结构性限制与相应的能动性实践共同塑造了这个群体"结构性自由"的状态。

"结构性自由"的理论意义

回到导论中马克思提出的经典分类问题，本书研究的这些工程师到底是"自由工人"还是"非自由劳动力"？如果按照一般对移民劳工的理解，他们是"非自由劳动力"，移民身份决定了他们不能自由地出售自己的劳动力商品。但是他们又可以在中国和新加坡之间来去自由，比许多群体的跨国就业更为便捷，其流动很大程度上是自主选择的结果。如果按照经典劳动研究的理解，他们无疑是"自由工人"，可以直接把自己的劳动力商品出售给资本，与雇主之间没有直接的人身依附关系。但是他们流动到新加坡的前提是同雇主签订的劳动合约，在当地居留的时间取决于合约的周期，身份取决于雇主支付的工资水平，申请永久居民和公民也需要雇主提供支持材料。显然，这个群体无法简单归类为"自由工人"或"非自由劳动力"。

如果将"自由工人"和"非自由劳动力"视为劳动力商品化的两端，在这个连续体上，在新加坡的中国工程师表面应该处于更接近"自由工人"的一端。他们所拥有的教育背景、技术经验、专业知识使其可以在半导体行业内同资本讨价还价的过程中具有更大的主动权，自身的劳动力可以较高的价格出售。虽然中国工程师们初到新加坡第一份合同的工资从 2000 年明显高于新加坡月工资收入中位数，逐渐滑落到 2013 年略低于这一数值，但总体上其收入水平还是高于新加坡当地月工资收入的中位数，最低也是与中位数基本持平。而且他们的劳动条件、劳动福利也明显优于新加坡所定义的"客工"，一个鲜明的对比就是同一生产空间中的操作工。但是在另一方面，工程师们的工作时间被具体到每一个小时，他们的假期、奖金、升迁都有以小时为单位的管理制度约束。无尘室的操作工可以在工作时间以外完全休息，而设备工程师则必须围绕机器的运行时间 24 小时待命，甚至半夜被电话召回无尘室。不仅工作时间，休息、娱乐、生活时间，甚至人生规划都是围绕着机器运行和行业周期而展开。因此，他们在劳动收入、劳动条件上是体面的，但是劳动时间上则是完全被动的。

又以"非自由劳动力"向"自由工人"的转化来看，一般认识是随着资本主义扩张，原来的"非自由劳动力"可以转化为"自由工人"。而在阶级斗争过程中，"自由工人"也可能沦落为"非自由劳动力"。中国工程师们在新加坡的跨国就业过程不是一个单向的转化，而是多次转化，包含了外部结构的变化与工程师们能动性的持续实践。他们在国内半导体企业的就业更像典型的"自由工人"，可以自主选择雇主，可以自由地缔结或结束劳动合约，在北京、上海、武汉、无锡等地的相关企业自由流动。他们去新加坡工作也是在增加收入、学习技术、体验异国风情、学习英语等自主的计算之后做出的选择。但是当点对点地进入新加坡的劳动场所，他们更像"非自由劳动力"。他们与企业缔结劳动合约的行为同新加坡政府批准的准证身份联系在一起，其在当地社会的身份由基于劳动合约的政府准证所界定，脱离劳动合约就必须离开新加坡。他们在新加坡的劳动过程被合约限制在具体的企业，甚至具体的岗位，结束一个合约就必须结束在新加坡的停留。即使在新加坡换工作也必须在移民程序上重新进行申请、审批，比如短暂地回国，出境去一趟马来西亚，或者至少在移民程序上"离开"一次新加坡，才能再次拥有在新加坡的合法身份。在当地工作过程中，为了争取更多参与当地劳动力市场的机会，工程师们会主动申请永久居民乃至公民身份。这是他们从被点对点移植进入新加坡企业

的"非自由劳动力"向具有更大自由、更多劳动力市场参
与机会的"自由工人"努力的实践。但即使已经取得新加
坡永久居民或公民身份，他们的就业行为仍然受到当地社
会、文化、语言的制约，限于半导体相关行业或工程师的
社会网络。在他们跨国就业的整个过程中，这个群体从出
售自身劳动力商品基本不受限制的"自由工人"，转变为
受到合约和准证严格限制的"非自由劳动力"，然后不断
争取自身劳动力商品化自主权的"自由工人"地位，其转
化是多次的。

　　结构性因素对于劳动者形式自由的限制，一般认为主
要存在于进入或者脱离一个劳动关系的节点。调查中工程
师们的情况显示，结构性限制与劳动者能动性的交锋可能
存在于劳动关系的全过程，甚至存在于一个劳动者的各个
人生阶段。在工程师们跨国就业的生命历程中，当他们初
出校门寻找第一份工作，受到的筛选和限制主要来自毕业
院校、所学专业。这是他们自身劳动力正式商品化的第一
步，尚有选择半导体行业或其他行业、这个半导体企业或
另一个半导体企业的自由。当他们的人生进入下一个阶
段，开始考虑升迁、恋爱、购房等人生选项时，继续在一
个企业工作，还是跳槽去其他企业，或是到新加坡去工
作，是他们劳动力再商品化的又一个节点。半导体工程师
已经成为他们的标签，已经积累的工作经验、技能训练和
专业网络既是他们再次出售自身劳动力的资本，又是他们
选择雇主和工作地点的限制。去新加坡跨国就业的选择，

是工程师们根据人生计划、职业规划和工资收入等因素做出的选择，中新之间半导体专业劳动力市场的存在是他们跨国流动的基础设施，但也限制了他们选择就业机会的范围。在新加坡的第一个阶段，他们受制于新加坡政府批准的就业身份，只能将自身的劳动力商品出售给固定的企业，也受该企业的劳动体制所束缚。但仍然在掩护工作失误、沟通合作、升职裁员等方面展开合作，发挥自己的能动性。为了争取在新加坡劳动力市场上获得更多的就业自由，工程师们开始申请永久居民，并逐步在新加坡结婚、购房，进入人生的新阶段。在小孩入学前后，他们开始申请公民身份，并采取"一家两国"的模式，一方面争取在当地劳动力市场上获得更大的就业自由，另一方面保障家庭跨国流动的自由。有了公民身份，他们终于在新加坡的劳动力管理体制中具有了合格劳动力的资格。但受制于社会环境和自身的社会、文化资本，即使脱离了半导体专业劳动力市场，他们的就业自由仍然依赖工程师群体的社会网络。那些未能成功取得永久居民身份或公民身份的工程师们，或者继续保持严格受限的就业状态，或者回流到国内的半导体专业劳动力市场。因此，在这些工程师们跨国就业的不同时期，以及他们人生的不同阶段，都可以看到其劳动力商品化过程中遭遇到的不同形式的限制，他们不断进行着争取劳动自由的努力。

所以不能简单去界定一个劳动者是"自由工人"还是"非自由劳动力"，或者更偏向于一个连续体的哪一段，而是应该深入劳动力商品化，以及再商品化的过程中，观察劳动者出售自身劳动力的哪一个环节，或哪一个领域受到了限制。劳动者在自身劳动力商品化的过程中，可能是既有"自由"的因素，又有"非自由"的因素。资本既在某些领域施加了"非自由"的限制，又在某些领域留有"自由"的空间。而劳动者作为主体，既在某些领域施展了"自由"的能动性，又在某些领域不得不接受自身掌控之外的限制，在他们跨国就业的不同时期、人生的不同阶段持续进行着理性的权衡。各种因素联系在一起，共同决定了半导体工程师劳动力商品化的过程，也共同塑造了半导体行业跨国就业的社会面貌。

　　恩格斯在介绍英国工人阶级状况时，曾提出了"阶梯"的比喻。他指出，"大城市里工人阶级的状况就表现为一个逐渐下降的阶梯：最好的情况是生活暂时还过得去，靠紧张的工作而挣得的工资也比较多，住的房子也不错，饮食一般还不算坏——说这一切是好的，过得去的，自然是从工人的眼光来看；最坏的情况是极端的贫困，直到无家可归和饿死的地步；但是一般说来，是更多地接近于最坏的情况，而不是接近于最好的情况。同时，并不是某一类工人就固定在这个阶梯的某一级上，不能说这一类工人生活得好，那一类生活得坏，更不能说过去是这样，现在是这样，将来也还是这样。不，就算有些地方是这样，就算某些工作部门大体上优越于其他工作部门，但是每一个部门里工人的状况仍然是极不稳定的，每一个工人都有可能通过这一整个阶梯，从相对的舒适转到极端的贫困，甚而至于饿死"。[①]

借助恩格斯的洞见，自由与非自由劳动是连续体，形象地说也是一个阶梯。一个劳动者在这个阶梯中的位置，与他所受到的结构性控制负相关，同他所享有的形式自由正相关。非自由劳动者是资本主义劳动体制的底层，自由劳动者是工人向往的隐藏在云层中高不可及的顶端。资本制造的这个阶梯，在劳动者中分化出了贵族、平民和贱民。底层的想向上，上层的恐惧坠落。资本家会利用非自由劳动力来稳定劳动者队伍，壮大劳动后备军，并对自由工人形成制约和威胁；也会利用自由工人高报酬高自主的假象来引导非自由劳动力压低生产生活水平，投入教育、培训以提升生产技能来壮大劳动后备军；自由工人和非自由劳动力的区分，分化了工人阶级的团结，实现了去无产阶级化，帮助资产阶级控制了阶级斗争。工人内部，非自由劳动者会忍受更低的收入、更差的工作条件、更低的生活水平，以追求自身乃至下一代在就业市场上取得自由工人式的"自主"；自由工人会因为被非自由劳动者替代的恐惧，忍受生产生活条件的恶化，降低自身议价的自主性。体现在技术移民身上，资产家会不断推动移民政策的调整，以接收更多更适应产业发展的外国移民。借由这些移民，资本家不但保证了廉价劳动力的供应，同时压制了

---

① 《马克思恩格斯全集》第 2 卷，人民出版社，1957，第 357—358 页。

本国劳动者的反抗。而移民为了向上获取移入国劳动者虚假的"自由"，就不得不忍受更差的生产生活条件，并过度投入下一代的再生产。移入国的劳动者也不得不接受收入水平相对下降，就业竞争加剧的趋势，逐步放弃同资本家讨价还价中的"自由"，甚至被驱逐出原来的行业。

结构性限制是一整套支配体系。劳动者出售自身劳动的形式自由直接受制于劳动力市场，而劳动力市场与各种市场活动一样，深深嵌入其所处的时代和社会。现代社会（至早是卡尔·波兰尼所谓的"大转型"开始）中任何劳动者都是不自由的，其出售自身劳动的"自由"都深深嵌入各国的政治法律体系、现代市场经济、历史与文化、社会传统与时代潮流之中，受到政治经济社会文化多方面的影响。而相较于早期奴隶制下赤裸裸的人身控制，当代社会对于劳动者出售自身劳动力自由的限制，已经演化得更文明、更隐形、更间接，而且往往隐藏在推动产业发展、促进就业等名目之下。这些外在的制约因素不仅仅体现在劳动者是否有建立和放弃劳动合同的自由，更体现在劳动者的身体、流动、身份、收入、劳动是否受到更为广泛的社会关系的限制，是一整套社会和文化机制。因此，讨论当代劳动者在迁移过程中出售自己劳动力所面临的各种控制和制约，就不能不分析政治、经济、社会、文化各个方面对于他们所施加的、所形成的控制和限制。对于技术移民出售自身劳动的"自由"或"非自由"之理解，同样脱离不了这样的整体性框架。

"结构性自由"既然是结构性的，就不是一次性的。结构性限制对于劳动者形式自由的制约不仅体现在进入某一劳动力关系的限制，也有可能出现在他们无法从某一类劳动关系中脱离出来，还有可能存在于这个劳动关系的全过程。劳动者在进出某一劳动力关系中所受到的持续的行动约束，不仅是劳动力商品化的问题，还包括劳动力再商品化的问题。也就是说，不是一次限制，而是持续的制约。这反映在技术移民身上，就是他们进入移入国企业必须经过相关领域教育、技能、经验的筛选，即使在移入国更换同一行业其他雇主，也需要重新经过政府技术移民的申请程序。还体现在他们在移入国取得永久居民甚至公民身份之后，进入其他行业所遭遇到的社会、文化障碍。结构性限制伴随着技术移民跨国就业的全过程，甚至延伸到他们再生产的领域，塑造了他们就业、流动和家庭生活的策略。对资本而言，需要在劳动过程中精确限定劳动的"自由"程度，以不断维持灵活性与稳定性之间的平衡；对政府而言，需要不断地建立"自由"与"非自由"之间的等级，从而确保有价值的劳动力供应稳定，维持经济发展的目标；对社会而言，也必然会通过族群的、文化的话语不断地限制后来者的竞争；对劳动者而言，则是不断地学习和利用这种分类技术，从而争取更有利的就业地位。围绕这套分类技术和知识，资本、政治、社会和劳动者展开互动，持续塑造出新的社会关系和文化现象。

结构性限制是集体性的，形式自由的追求是个体性的。需要注意的是，"自由"与"非自由"还有阶级和个体两个层面。资本主义生产方式下，工人阶级受到资本的控制，都是"非自由"的；需要通过阶级斗争来争取本阶级的"自由"和解放；资本对于"自由工人"与"非自由劳动力"的具体区分也是系统性、社会性的，其对象是群体而非个体。而这个宏观结构中劳动者个体和雇主的关系，劳动者个体发挥能动性主体性的实践，则是个体性的。资本主义生产过程中，"自由工人"与"非自由劳动力"的区分是宏观结构之一，劳动者争取劳动自由的实践是个体的行动。对于个体劳动者是否自由，或者多大程度上自由，必须置于他们阶级关系的处境当中来认识。也就是个体的"自由"是由政治经济结构中的"不自由"所限定的。"非自由劳动力"与"自由工人"从人的角度而言，不过是人们参与不同的生产活动，特别是劳动体制，并塑造了他们自身的面貌。所以从劳动者出发，重点不是某一种劳动体制转变为另外一种，而应该关注不同劳动者如何参与其中，并最终塑造了新的自身与新的体制。如本书所论及的半导体工程师群体中，个体对于就业自由的想象和期望，经过结构性条件的制约，转变为他们日常实践的条件和选择。即使意识到身处不平等不自由的结构之中，人们还是在日常实践中不断地追寻自主性，哪怕仅仅是出售自身劳动力过程中讨价还价的自主。这就需要将宏观结构和微观行动两方面联系起来，既要认识他们所身处的本质性的政治经济结构，又要重视这个结构下劳动者个体的能动性。结构性的"非自由"与个体争取"自由"的行动集中体现在半导体工程师们工作和生活的多个场域，这种纠缠正是本书关注的重点。

因而，在现代社会中，"自由工人"与"非自由劳动力"的区分很难说是固定的。这对概念在提出之时所致力于区分的"资本主义"与"非资本主义"的问题已经不复重要。其当代的价值在于，有助于我们深入认识"就业"本身的复杂性，也就是劳动力商品化的复杂性。

"结构性自由"的社会影响

在资本流动、技术进步、阶级斗争所造就的不断重组的劳动力市场上，任何劳动者的形式自由都受制于宏观政治、经济、社会结构所塑造的市场结构，因而都是结构性的自由。对于跨国家、跨社会、跨市场的劳动者，如一国之内的流动人口或国际间的移民，这种结构性自由更为明显。专业劳动力市场既像运河，帮助了劳动者的流动，运河又有自己的堤坝，限制了劳动者的进入、移出与流动。资本主义追求利益最大化的动力推动国与国之间、地区与地区之间、同一市场内部不断地新建各种人工运河，给予部分劳动者新的自由，压缩其他劳动者旧的自由。

历史地看，资本主义劳动关系的发展也是资本不断地剥夺劳动者的旧自由，并赋予他们新自由的过程。半导体工程师这样的"结构性自由"劳动者是行业发展历史的产物，也是资本区分"自由工人"与"非自由劳动力"的机制在一时期一行业的特殊产物。其本质是资本不断推动劳动力自由和非自由区分的发展，制造适合经济发展不同部门需求的劳动力队伍，控制劳动阶级以不断满足变化的生产活动需求。区分自由与非自由劳动力正是不断制造适合不同生产活动劳动者大军的政治经济机制。

在不同生产部门之间，区分"自由工人"与"非自由劳动力"，制造"结构性自由"的劳动者是资本主义提炼劳动力资源的炼金术。通过这样的政治经济机制以及由此而生的社会机制，给予一些劳动者更大的自由，吸引他们从事利润较高的生产活动；限制一些劳动者的自由程度，以降低低利润部门的生产成本；甚至驱逐他们去成为失业或半失业的后备大军。比如半导体产业发展之初，资本会通过制造高地位、高收入、高自由的科技新贵形象，吸引具备相关技术条件的劳动者加入，保障相关产业的劳动力供应。当半导体行业不再是利润最高的生产部门，它需要的就是大量愿意值班加班、懂技术的普通工程师。随着半导体生产的自动化程度不断提升，工程师的需求就会进一步减少，技术要求更低的操作工就会成为生产线上的主力。

即使在同一生产活动中，资本也会根据不同经验、技能劳动者对于维持生产过程的重要性，对他们劳动力的商品化施加不同程度的控制。通过设计差别化的劳动管理体制，在劳动合约的类型、周期，以及职位分布、工资水平、劳动条件、裁员风险等方面施以不同程度的限制，也就是给予劳动者不同程度的形式自由。比如同在晶圆厂的无尘室内，管理层和资深工程师的劳动合约往往是长期的，收入较高，不用值班加班，不用进入无尘室生产空间，且拥有更大的升迁空间；基层工程师的劳动合约多以3年为周期，需要随时处理生产过程中的问题，工资水平中等；生产线上的操作工以女性为主，工作内容就是同机器打交道，经济危机期间的失业风险最大，工资标准最低。这也是为什么同一个企业在雇用劳动者时往往会同时采取直接雇用与间接雇用、正式雇用与非正式雇用等多种不同的形式。目的是让生产过程中扮演不同角色的劳动者处于不同的位置，从而便于资本平衡员工队伍的灵活性和稳定性。

这一区分机制也体现在同一劳动者劳动力商品化的不同阶段。观察新加坡企业中国工程师的收入水平和社会地位变化的历史，就可以发现他们在当地社会阶梯上的位置不断下降。收入从早期高于当地月工资收入中位数，到逐渐下降到低于当地月工资收入中位数；身份从"外国人才"到持"就业准证"的专业人士，再到持"技术准证"的中级技术工人。中国工程师阶梯位置的下降是同新加坡各生产部门利润水平的变化联系在一起的，是当地劳动力市场重组的一部分。再以国内汽车行业为例，在1985年某德国车企进入中国的时候，当时的汽车企业是高科技行业，甚至推动了中国著名大学建立了车辆工程相关的专业。当汽车行业进入稳定发展阶段，进入汽车行业工作，

显然不如进入金融行业、地产行业、互联网行业那样让人
羡慕。直到新能源汽车成为经济发展的热点，相关行业才
再次成为引人注目的职业。一个行业劳动者形象的标签，
反映的是自由和非自由边界的历史分类，是资本划分"自
由工人"与"非自由劳动力"的产物。劳动者形象标签的
历史变化，对应的是该行业在各生产部门中利润率的
变化。

　　一般注意到资本通过工资差异控制劳动力队伍，还应
该看到另一种机制，即通过设置劳动者身份阶梯来控制劳
动力商品化过程。这套身份阶梯不仅包括工资差异，还涉
及社会地位、劳动条件、发展前景、稳定性，等等。工资
差异影响的更多是已经身处某一细分劳动力市场的劳动
者，身份阶梯则可以控制不同市场的劳动者，甚至还未进
入劳动力市场的人们。其中特别重要的是这套机制对于尚
未进入劳动力商品化进程的青年人的影响。所谓最受欢迎
企业、最热门专业、最有市场前景的专业，提供了形式自
由的想象依据，把优秀人才吸引到了对资本最有利可图的
行业。劳动者在自身劳动力商品过程中，其理性计算当然
受工资差异影响，但计算范围显然不止于此。人们往往还
会考虑收入稳定性、行业发展前景、职位升迁空间、职业
社会地位、工作与生活的平衡等因素。所谓"自由工人"
指劳动者可以在劳动力市场上自主选择企业，实际上劳动
者做出判断所依据的条件，如收入、地位、前途、稳定
性、自由度、成就感等标准，都是资本区分"自由工人"

与"非自由劳动力"、分割劳动力市场、分化劳动者队伍
的产物。经过这样的机制，劳动者被安置在不同的专业劳
动力市场，满足不同的生产活动需求。为了争取更多的形
式自由，劳动者也不得不主动积累生产经验、提高技术水
平，进而更进一步依附于具体的生产活动。

政府组织一直是劳动力管理的重要主体之一。为了适
应企业对于灵活性、专业性劳动力队伍的需求，政府组织
也参与了劳动力的筛选和组织。生产技术进步、分工发
展、跨国企业劳动过程重组推动了跨越传统国家、市场、
社会边界的劳动力流动，对于结构化的劳动力队伍提出了
更高的要求。各国政府为了满足这种要求，对内改革劳动
力管理体制，破除束缚劳动力流动的政策和社会障碍；推
动教育日益专业化，甚至在大学之前就实行专业分流，以
培养适合各行业专业化需求的劳动力队伍；围绕人才培养
的法律、政策也日益细化，往往在推动某一产业发展的规
划中就明确了劳动力培养的措施，劳动力评价的标准也因
应各行各业特殊的结构性不断细化，并持续调整。对外为
了吸引某些"高科技""高技术"人才相互竞争，不断放
松民族国家的身份边界，开放出原来面向本国人的社会和
福利领域，并设计出各种特殊的签证类型、治理机制。凡
此种种，均是政府配合企业不断重新界定劳动者自由与非
自由边界的活动。

随着政府日益深入地卷入经济活动，政府对于经济活
动的规划必然影响到身处不同行业的劳动者。经济规划与

产业政策中对于朝阳产业与夕阳产业、高科技产业与落后产业，乃至环保产业与高污染高耗能产业的区分，形成了生产活动先进与落后的分类。比如在近些年国内高度重视生态环境保护的政策取向下，环保相关产业快速发展，为相关领域劳动者提供了更多的就业机会。劳动力需求增加，劳动者在选择劳动地点、劳动条件、工资收入等方面的自由度也随之扩大。而作为淘汰落后产能、化解产能过剩的对象，如钢铁、煤炭、水泥产业的劳动者，则不得不面对就业机会丧失的局面，劳动者选择的空间也随之受到压缩。政府为了推动所希望的先进生产活动，压缩不受欢迎的落后生产活动，也必然会相应地调整劳动力管理体制。通过法规、政策、机制的调整，推动优秀人才进入政府期望的生产领域，压缩所谓落后生产领域的劳动力供给。比如在中美科技战的背景下，中国政府在教育、科研、创业、知识产权、人才激励等方面均采取了一系列措施，以加强半导体产业人才培养和人才供给。而美国政府则直接限制了拥有美国国籍的相关行业人才同中国大陆企业合作。无论是政府通过产业政策间接作用，还是利用劳动力政策与体制直接调整供应，都对劳动者的形式自由施加了影响。

同时，政府为了推动不同地区平衡发展所推行的地区发展政策，以及优化生产力空间布局所推动的产业转移政策，也会推动不同生产活动在地区间转移，间接影响到不同地区不同行业劳动者的就业选择。我国实施的西部大开发战略、东北振兴战略、中部地区崛起战略、长三角区域一体化发展战略、粤港澳大湾区发展战略等地区发展战略，推动了劳动密集型产业、能源矿产开发和加工业、农产品加工业等向中西部转移，先进制造业、现代服务业、高技术产业等向东部地区聚集。生产活动在地区间的流动，带动了不同地区对于不同行业劳动力的差异化需求，塑造了新的人工运河。在产业转移过程中，中西部地区劳动密集型产业和能源、矿产、农产品加工业就业机会增加，从事相关生产活动的劳动者施展自主性的空间也随之增大。一位来自四川的劳动者，原来可能需要千里迢迢赴广东进入电子厂工作，忍受家人分离、生活成本增加、社会网络隔离等方面的限制。现在他可以在离家不远的城市找到类似的工作，一家人生活在一起，甚至购房定居。他在就业过程中的选择雇主的空间增大，更换雇主的成本下降，缔结劳动合约的自由度就自然增加。生产活动在地区间的转移，在移入地形成了新的地方性劳动力市场，移出地部分细分劳动力市场则逐渐缩减。新的人工运河形成了，旧的运河干涸了，身处不同地区或行业的劳动者自由与非自由的边界也随之产生了变化。

政府组织之间的竞争也会改造劳动力自由的边界。围绕能够带动经济增长、引领科技趋势或增加税收的产业与企业，政府组织之间会展开竞争。调整劳动力管理体制、保障人才支撑与劳动力供给，是政府组织吸引优势产业或企业的常见措施。国内重点城市大都有所谓积分落户的政策，打破了城乡二元的户籍制度与劳动力市场分割，为部分劳动者的就业自由提供了便利，也将不受欢迎的劳动者拒之门外。此类政策根据城市经济发展规划，将劳动者依据就业、教育背景、行业、纳税、年龄、专业技能等指标进行分类赋分，通过计算外来劳动者的"积分"，制度化地将劳动力商品的价值转化为获取城市市民身份的分值。比如2022年深圳积分入户政策中，对于符合20类100项紧缺工种，并具有中级以上职业技能等级的申请者就设有专门加分。近些年，各大城市"抢人大战"的新闻时常见诸媒体，范围包括北京、上海等一线城市，成都、西安等西部城市，乃至于部分县城。全国百余个城市竞相调整户籍政策、居住政策、创业政策、人才政策。虽然各地政策调整的内容、目标各不相同，但均面向产业结构调整或城市规模扩张，对政策对象的学历、技能做出了明确的要求。那些不符合这些要求的劳动者则仍然受限于原有的政策体系。

　　类似的竞争也出现在国与国之间。为了争夺被定义为"人才"的优秀劳动力，各国政府出台了各种形式灵活的移民政策，为它们各自所青睐的劳动者敞开了大门。一些原来不是移民社会的国家成立了移民管理机构，原来的移民国家制定了新的移民身份和管理体系。2004年中国采用国际通行措施，开始施行"永久居留证"制度。2013年，《出境入境管理法》明确规定，只有"对中国经济社会发展做出突出贡献或者符合其他在中国境内永久居留条件的外国人"才可能取得永久居留资格。2015 年，"中国绿卡"申请人的范围扩大到在国家实验室、国家重点实验室、国家工程实验室、国家工程研究中心、国家认定企业技术中心、国家工程技术研究中心、外商投资研发中心等7 类企事业单位工作的外国人，并要求申请人具有副教授等副高级职称以上资格。持有这种证件的外国人在中国居留期限不受限制，并拥有了在投资、购房、子女入学等方面同中国公民同样的权利。到 2018 年，中国更是成立了国家移民管理局，并设立了专门的外国人管理司负责外国人来华签证、留学、停留居留、永久居留、工作管理。

　　而在那些传统上的移民国家，吸引外国人才的政策更为复杂，且随着经济发展形势不断变化。如新加坡在本书介绍过的就业准证（EP）、技术准证（SP）、工作准证（WP）之外，还有一种高级就业准证（Personalized Employment Pass，PEP）。这是新加坡政府专门为外国高收入专业人士设计的准证身份，要求这种准证的持有人年收入必须在 14 万新币以上（海外申请者月薪须在 18000 新币以上）。他们可以灵活更换雇主而无须重新申请准证，只需通知新加坡人力部即可，还可以带家人直接申请永久居民。2022 年新加坡政府又新设海外专才准证（Overseas Networks & Expertise Pass，ONE Pass），让那些月收入 3 万新币以上或曾在中型以上企业任要职的高阶人才在即使尚未获得雇佣合同的情况下，在新加坡居留 5 年。不论是一国之内基层政府组织之间的竞争，还是国与国之间的竞争，政府组织都会或直接或间接地控制劳动者的流动和就业。这些活动一方面为部分行业部分阶层的劳动力流动新建了人工运河，赋予他们更多的选择机会；另一方面也将此外的其他劳动者隔离开来，限制了他们的就业自由。

在雇佣形式、劳动体制、劳动力管理机制等显性的限制性因素之外，还存在族群政治、文化建构等隐性的控制劳动力商品化的因素。"自由工人"与"非自由劳动力"的区分，以及由此而生的"结构性自由"劳动关系的持续再生产，是资本主义发展进程的内容之一。在这个过程中，人类社会固有的分类体系，如阶级、民族、种族、性别也会不断再生产。社会身份的类别是变化的，身处其中的人们，也会利用变化的标准来重新认识周围的社会和人群。劳动关系不断再生产的结构性过程，与利用这种机制的人们的自主实践结合起来，民族、种族、性别等身份分类将会不断地被再造，已有的民族关系、种族关系、性别关系也会持续地发生改变。新生的社会结构、民族关系、文化话语，又会推动劳动力市场的重组，身处其中的劳动者施展自身能动性的空间也随之受到影响。

恩格斯在研究英国工人阶级时，已经注意到爱尔兰人的所谓民族特征，是在爱尔兰人与英国社会的互动中塑造与被塑造出来的。爱尔兰工人在同英格兰工人的竞争中，被认为具有所谓缺乏训练、无耐心、酗酒、卫生习惯差等特点。这些偏见成为将爱尔兰工人限制在某些劳动部门的依据，也成为爱尔兰工人凝聚自身群体、建设亚文化，乃至抵抗英格兰社会歧视的工具。①

　　沃尔夫在研究资本主义扩张过程中出现的新劳工时，也注意到了劳动力市场竞争同族群分化的联系。他认为"种族"和"族群"不是"原初性的"社会关系，是资本主义生产方式下劳动力市场分化的历史产物。为了改造新加入劳动力在文化上的异质性，资本主义生产方式将劳动者组织成不同等级的群体与类别，同时在他们中间不断地生产和改造具有象征意义的"文化"区分。种族和族群就是这样被用来将工人划分成不同等级的工具，其目的在于将不同类别的工人在劳动力市场上归于不同的等级。"印第安人"被建构为可以强制劳动的被征服人群，而"黑人"这一称呼也忽视了其内部来源地、体质和文化上的差异，被建构为通过暴力获取并强制劳动的"伐木工和车水工"。"印第安人"和"黑人"这样称呼背后的劳动者被限制在劳动力大军的下层，甚至于限制了其后代进入劳动力市场中高层的机会。②"种族""族群"的区分强化了工人阶级内部的对立，将所谓"劣等"群体划分到下层，减轻了所谓"优势"群体的竞争压力。民族、种族、性别歧视的一个政治经济本质就是制造更多劳动力商品化受限的劳动者。当资本内部的竞争或工人阶级内部的竞争发生变化，便会不断地改造这些象征性的文化区分。同时，改造

①　《马克思恩格斯全集》第 2 卷，人民出版社，1957，第 374—378 页。
②　埃里克·沃尔夫：《欧洲与没有历史的人民》，赵丙祥等译，上海人民出版社，2006，第 444—447 页。

了的社会和文化也会反过来影响工人阶级内部的竞争。工人阶级不断分化的社会和文化过程，塑造了不同族群、不同文化劳动者自由的边界与空间。

工人阶级内部区分自由与非自由边界的逻辑在于，围绕劳动力市场上的外来者/后来者形成一套是否"合格劳动力"或是否"合格成员"的社会确认机制。在劳动力市场上的竞争过程中，劳动者内部会动员、再造已有的区分"己"与"异己"的知识资源，新造关于外来者/后来者的标签。为了对抗外来/后来进入劳动力市场的竞争压力，传统的族群、文化、道德知识会被重新制作，将外来者/后来者界定为具有某些缺点的不合格的劳动力，如文化水平低、时间观念差、卫生习惯差、自由散漫、不适应现代生产活动等。

减小劳动力市场竞争压力的社会需求，为传统的各种"他者"生产机制提供了动力。为了对后来的劳动者施加非自由劳动关系的约束，必然会借用历史、文化、社会上已有的观念来不断制造"他者"。这些"他者"在技能、经验、品格乃至文化上有某种缺陷，因而是不合格的劳动力。所以他们只能从事某些领域的工作，或者美其名曰最适合某些领域的工作。即使同质性较高的群体内部，也可能围绕地域生产出新的话语，对外来/后来进入劳动力市场的竞争者进行限制。前些年社会上传播的偏见，比如某地人多小偷，某地人爱占小便宜，某地口音多从事诈骗，都可以从应对劳动力市场竞争的角度来理解。地域、族群、文化、道德话语成为限制外来者/后来者参与劳动力市场的工具。限制劳动力商品化/再商品化的社会机制一旦形成，必然产生所谓"分割的劳动力市场"或"次级劳动力市场"。

劳动者自由与非自由边界的生产也是社会身份再生产的过程。在这个进程中，民族、种族、性别等将会不断被加以利用。特别是一国之内的民族、族群关系，传统上已经形成了稳定的治理格局，各族类在国家治理体系中往往已经有了稳定的位置。但是大规模人口流动和市场扩张，必然推动劳动力市场的重组，把原来处于不同社会体系或劳动力市场的异民族/地区/文化劳动者纳入同一个劳动力市场。原来以群体互动为主的族类开始发生个体的、直接的交往，原来相安无事共存于国家族类体系的人们开始有了直接竞争，必然会对稳定的族类关系和族类知识产生冲击。

正如本书所论及中国工程师在新加坡的遭遇，如果说现代国家对于外来移民设置多领域的结构性限制可以理解，那么在一国之内，对于同为公民的内部流动人口，对于内部各阶层、各民族、各群体的劳动者在劳动力商品化过程中所受到的结构性限制，就需要引起政府和社会的重视。"非自由劳动力"的存在，已有研究指出与民族、种族、性别歧视有联系。而"结构性自由"的劳动者，如本书讨论的半导体工程师也是经济、政治、社会机制的产物。在劳动力市场重组过程中，需要注意职业、阶层、行业分化同族群分类的联系，避免一般社会结构与族类结构形成固定联系。一旦这种区分由个别发展为普遍现象，一旦就业市场上的结构性关系与民族挂上关系，就有可能对一国之内的民族认同、民族关系产生重要的影响。极端的情况下，就有可能成为民族歧视、地域歧视的社会基础。同时，受限制的劳动者也会借助其民族、文化资源重新创造出新的认同和新的关系。这两方面的问题如果不加以正确的处理，就有可能在全局层面造成民族关系方面的问题。政府应该不断破除劳动者在参与劳动力市场过程中的限制，避免同民族、地区身份挂钩。越是各民族交往交流日益密切，各民族各地区人口纳入统一的劳动力市场，就越需要重视这方面的问题。

劳动者自由与非自由区分的结构化过程就像不断地建立人工运河，赋予河道里的劳动者相对多的形式自由，而通过堤坝对那些河流之外的劳动者进行相对的压缩和隔离。运河之内的劳动者是相对自由的，堤坝之外的劳动者是相对不自由的。运河的堤坝，或者说"自由工人"与"非自由劳动力"的边界，在各种资本、企业、社会主体的互动过程中，在历史发展过程中不断地发生变化。也就是不断有人获得更多的自由，同时又有劳动者丧失旧的自由。劳动者需要跨过堤坝进入运河才能获得新的相对的自由，脱离了这个渠道则意味着失去旧的自由，或相对不自由。

一条这样的运河以具体的劳动力市场为中心，由企业、政府和社会共同建设了一整套劳动力商品化的基础设施。但是现实中的劳动力市场往往并不是统一的、同质的，劳动者由这样的基础设施联系起来，同时区隔开来，围绕具体的生产活动形成许多的细分劳动力市场。即使身处同一条运河，或同一个劳动部门之内，劳动者的形式自由也是有差异的。这种情况在恩格斯那里，被比喻为阶梯。劳动者只有登上一级阶梯才能取得新的相对的自由，下降一级阶梯就意味着自由的相对减少。在这样的结构和等级面前，劳动者不得不依照企业、政府、社会所要求的条件持续改造自身的劳动力商品，投入攀登阶梯和翻越堤坝的竞赛中。

在今天这个时代，不仅半导体工程师，很多专业劳动者都面临这种"结构性自由"的局面。那些具有劳动时间和地点自由、劳动条件好、收入水平高等特点的"体面工作"，看似劳动者对自身的劳动力商品化拥有更大的自主权，但往往也要忍受更多教育投资、持续技能训练、更大专业依附的缺点。越是那种高度专业化的职业，其劳动者越需要投入更多的教育支出、更长的专业技术训练、更多的家庭成员付出。也就是牺牲更多作为人的自由去换取劳动力商品化的自由。一个劳动者为了争取更多的就业自由，特别是那些所谓高报酬、高自主的就业机会，就不得不牺牲自己的其他人生选项去从事长时间的学习、训练和积累。这些看似主动的选择，将他们牢牢固定在具体的生产过程中，限制在具体的细分劳动力市场。

劳动者，特别是专业劳动者为了追求高报酬、舒适劳动条件所进行的种种努力，看似增加劳动者和资本讨价还价的自由，好像在出售自身劳动力商品过程中拥有了更多的自主性，但实际上那些人们为了就业自由所追求的东西，可能将自己置于更具体的约束之中，反过来限制了劳动者的自由。劳动者出售自身劳动力商品的自由是高度结构化的，其自由日益受限于具体的领域和行业，甚至细分的专业劳动力市场，他们已经不能离开这个结构。脱离了这个结构，劳动者之前的付出和准备都将一文不值。在劳动者沿着政治经济权力制作出来的阶梯，向更高报酬、更好劳动条件、更大自主性的上层攀登的过程中，那些帮助他们向上的条件，也成为他们所背负的重担。底层的劳动者向上攀登，就必须准备好这个阶梯所要求的专业技术条件，越是向上攀登，专业技术条件的要求越高。但是越多的专业技术训练就将劳动者越来越细化为具体生产活动的劳动力，他的能动性所受的限制就更为具体。劳动者本身所准备的那些赖以生存、引以为荣的专业技术就成为他们的锁链。专业技术是新的"皮鞭和脚镣"，劳动者日益异化为技术、专业的奴隶。

在制造结构性自由的专业化劳动者队伍的历史进程中，政府治理的复杂性大大增加，政策实践日趋细化，对治理水平提出了更高的要求；社会的、民族的、道德的结构与话语不断被调整，社会割裂的风险增加，对社会公平提出了更高的要求；劳动者日益被束缚在具体的生产领域，劳动力商品化的形式自由日益受限，对人的全面发展造成了更大的挑战。或许，这里没有赢家。

附　录

附录 1　某工程师收到的来新工作 offer

你的 offer 到了，详见附件，请查收并尽快回复确认是否接受（包括赴新时间及薪资待遇等）；

offer 上的报到日期是 5 月 31 日，那么按照以往的惯例，你的离境时间就是 5 月 27 日（星期四）（周五办理相关手续，周末熟悉生活环境等，次周一上班报到），出发地点可以选择上海或北京（二选一），赴新时间是否接受也请回复确认，谢谢！（当然请自行把握护照及辞职时间，尽量按其要求赴新最好）

关于赴新前需要做的所有手续如下，请仔细阅读以免遗漏，谢谢！

（一）接受 offer 后，请将预付款 RMB5000 元汇到我公司账号，如下所示。附件有我公司收费协议，付款后请将汇款单及时扫描给我，等你的签证批准后再将剩余一万元交齐，届时我会将收费协议填好并加盖公章扫描给你。

1. 工商银行

   收款人：

   账　　号：

2. 交通银行

   收款人：

   账　　号：

注意：请以此邮件账号为准，非本邮件地址及方式的账号信息均不可信。

同时接受 offer 后我们会尽快为你申请签证，那前提是**请尽快提供以下五项签证申请材料：**

1. EP（签证）申请表（EPOnline 申请表，见附件，直接填写 word 文档并回传即可）

2. 本科及本科以上毕业证及学位证书扫描件；

3. 身份证扫描件（正反面）；

4. 护照扫描件；（彩色的）（请尽快申请，以旅游的名义办理手续比较简捷，请及时告知领取时间）

5. 2 寸（白底）证件照扫描件。

（签证获批日期取决于申请材料递交日期，顺利的话一周左右即可获批，快的话 2 天就批！）

另：请将户籍地址证明发给我。（户口本首页、以及你自己那页；如已迁入集体户口，请将老家户口本——父母户口本首页——有详细家庭住址的那页发给我即可，就是要一个你出国工作以后，国内可以联系上你家人的地址证明）

（二）体检（接受 offer 的前提下，再去做体检哦）

附件有 MOM 体检表格，请自己打出来，去体检时带着，让医生签字并加盖公章。你会被问及去什么国家——新加坡，他们会让你做相关体检项目。

（注意一定要包括：X 光片和 X 光报告书、艾滋病检测报告）

请提前给体检中心打电话预约或咨询相关注意事项，如：需要空腹，带身份证等。

体检中心具体地址及联系方式见附件。

体检后请告之领取结果的时间并及时将结果扫描给我，包括：MOM 体检表、X 光报告书、艾滋病检测报告以及健康证。（从带照片页开始到最后一页）

（三）学历的英文翻译公证（接受 offer 的前提下再去做，需要在户口所在地或学校所在地办理）

请抓紧时间去做本科及硕士的毕业证和学位证的英文翻译公证，公证处信息见附件，之后请把英文翻译页发给我即可。（英文翻译是用来抵新后换取正式签证用的，而公证是第二年申请"绿卡"用的）

（四）关于住宿：＿＿＿＿＿会给你安排宿舍（一个月免费，2—3人间标准），请放心；

（五）赴新机票费用须自行垫付，抵新后＿＿＿＿＿公司会给你报销机票费用，所以届时请提前索要并保留好行程单及发票；因为要和新加坡确认并指定航班，所以具体赴新航班请等我通知。

实际报销额是依照＿＿＿＿＿最后给你们报销时的价格为准，所以需要有心理准备有可能须自付差额部分。（虽然这个可能性不大）

（六）出境准备材料待后续通知给你。

（七）请及时填好附件中的个人情况登记表（直接填Excel文档回传即可），以备将来有何紧急情况可以联系上你的家人。

（八）离境前（确认汇款到账后）我会将签证发给你，请放心。

（九）如有其他临时性通知我会及时与你确认。

请仔细阅读以上须知，如有问题请及时与我联系。

谢谢！

祝一切顺利！

附录2 就业准证（Employment Pass，简称 EP）申请表

Information required for EPOnline Application

1. Name（Hanyupinyin）: _____

2. Date of Birth（dd/mm/yyyy）: _____

3. Sex: Male / Female _____

4. Marital Status: Single / Married / Separated / Divorced / Widowed _____

5. Country of Birth: _____

6. Province of Birth: _____

7. Race: _____

8. Nationality: _____

9. Religion: _____

10. Home Address in China: _____

11. Passport No. : _____

12. Passport Issue Date: _____

13. Passport Expiry Date: _____

14. If married, is spouse a Singapore Citizen or SingaporePermanent Resident, Employment/S Pass holder or Work Permit holder? _____

_____ Yes _____ No

a. _____ Name of Spouse（Hanyupinyin）_____

_____ : _____

b. _____ Spouse's FIN No. / Identification No. _____

_____ : _____

c. _____ Spouse's Date of Birth（dd/mm/yyyy）_____

_____ : _____

15.　　　　　　　　　**EDUCATION**

Name of University	State	Country	Type of Degree & Specialisation	Period of Study	
				From	To

16.　　　　　　　　　**WORK EXPERIENCE**

Period		Name of Company	Country	Occupation	Last Drawn Monthly Salary
From	To				

17. Declaration by Applicant

　　（a）Have you ever been refused entry into or deported

from any country?

Yes/No

(b) Have you ever been convicted in a court of law in any country?

Yes/No

(c) Have you ever been prohibited from entering Singapore?

Yes/No

(d) Have you ever entered Singapore using a different passport issued by a different country?

Yes/No

(e) Have you ever entered Singaporeusing a different name?

Yes/No

(f) Have you ever been a Singapore Citizen or Singapore Permanent Resident?

Yes/No

(g) Have you ever stayed in Singapore?　If yes, please provide the most recent details below:

* * Length of stay: _____Years _____Months

* * Purpose of stay: _____

(h) Have you ever been issued a work visa by another

country (s)? If yes, please provide the most recent details:

＊＊ Country of issue: _____

＊＊ Length of visa: _____ Years _____ Months

If any of the above answers from (a) to (f) is 'Yes',
please provide details:

I confirm that the information as set out in Parts 1 to 17
were provided by me and that the said information is true and
correct.

I understand that I may be subject to prosecution if I have
provided any information, which is false in any material parti-
cular or

Is misleading by reason of the omission of any material par-
ticular.

Signature of Applicant

Date

附件3　国内中介公司收费协议

收 费 协 议

　　_____（甲方）与_____
（乙方）就有关乙方自愿参加赴新加坡_____公司工作
事宜签订本协议，条款如下：

　　一、甲方责任

　　1. 甲方为乙方提供详细的招聘信息；

　　2. 甲方需向乙方详细介绍新加坡的工作、生活等方面
的情况；

　　3. 甲方协助乙方准备面试材料；

　　4. 甲方协助乙方办理护照；

　　5. 甲方负责为乙方申请工作签证；

　　6. 甲方指导乙方办理出国体检。

　　二、乙方责任

　　1. 如期、真实地提供相关文件及资料；

　　2. 办理过程中，如需增加申请材料，乙方应按照甲方
的建议，尽快办理；

　　3. 根据本协议付款方式之规定，按时向甲方交纳办理
费用。

三、服务费收费标准和付款方式：

1. 收费标准：人民币壹万伍仟元整（15000 元）。

2. 付款方式：

• 乙方通过雇主考试并接受 Offer 后交纳预付款人民币 5000 元。

• 乙方签证被批准交纳余款人民币10000 元。

四、退款事宜：

1. 如由于乙方原因不能赴外工作，则甲方不退还乙方已交纳的服务费。

2. 如非乙方原因不能赴新加坡工作，甲方退还乙方交纳的一切费用。

五、本协议未尽事宜，双方协商解决。

六、本协议一式二份，甲乙双方各执一份。甲乙双方签字盖章后生效。

甲方：   乙方：

日期：   年   月   日   日期：

附录4 新加坡某中年失业工程经理投媒体书

中年失业工程经理答问[1]

这是通过电邮和一名失业工程师进行的问答：

失业多久了？

到 2010 年 10 月为止，我已经失业了 20 个月。

过去的专业是什么，有何种资格？最后的薪金额是多少？

我是一名半导体电子工程经理，在一家跨国公司工作。我拥有荣誉二等甲级工程学位，由一家英国的著名大学颁发。我的年薪是大约 10 万元。我的上司以及上司的上司都是外国人。我的上司有 4 年的工作经验，而我在这一个行业已经有超过 13 年的资历。在我和我的同僚心目中，这名上司绝对不是一名"人才"。

你在寻找工作时遭遇了些什么问题？年龄是否是经常碰到的问题，又或者还有其他原因？

年龄对我而言是其中一个障碍——虽然我累积了 10 个年头的工作经验，而根据政府的法定退休年龄来计算，我还有 20 多年的工作时间。对我们这些已经跨过 40 岁的人

---

[1] Support Site for The Unemployed：《中年失业工程经理答问》，2010 年 10 月 25 日，http：//www. transitioning. org/2010/10/25/engineer-who-used-to-earn-100000-a-year-jobless-for-20-months/。

群而言，已经没有了工作机会，即使我愿意把薪金减少20—30个百分点。

另外一个障碍是聘请经理——进行面试的他们，其中有多数是"外来人才"。从我个人的体验，他们的意图只是在收集讯息（我的待遇和知识），他们会更乐意把空缺让给他们的同类（种族）或者另一个"外来人才"。即便聘请经理是本地人，那也不担保他会聘用本地人，因为没有激励去推动如此的做法，也没有一个配额要去遵守。

更糟糕的情况是，本地人有许多的义务如后备军人回营训练，以及为了家庭需要有必要准时离开工厂以便照顾年幼子女。外来人才都没有这些生活问题，因为他们不必服役，而家人也不在此地。他们可以长时间留在工厂，甚至待到深夜。你可以说我们没有尽到全力，可是外来人才往往只是待上三至五年，然后到别的国家寻找更高的工资。但是，我们是不可能仿效此种做法的。

我试过降低期待去寻求一份工程师工作。好多回，雇主只是说他们会回复我。有了几次这种经历后，我于是进一步追问，而得到的回应是，以我的学历和经验我应该寻求更高级别的工作，这种低级别的工作机会应该让学资较低的人去申请。然而，谁会给我一个工作机会！

在失业的情况下，你的家庭如何过日子？

此刻我们是靠我妻子的工作收入维持生计。在刚开始的时候，我相当沮丧因为我是经历一番苦干与好些牺牲才达到当前的生活程度的。现在，我别无选择只能坦然接受目前的困境并设法度日，我强烈地相信我必须坚持下去，要不然是不会有人愿意帮助我。因此，我必须设法去赚钱以供给我的家庭需要。

现在有财务上的困难吗？

有的，我们有财务上的困难。我们必须按我们的能力去应对我们的生活开支。我们只能根据我们的每月收入去生活，并且尽力去节省开支。其中一个方法是购买更便宜的替代生活用品，购买打折与促销商品。

你认为政府应该如何去帮助那一大群的失业 PMETs？

1. 政府必须限制外来人口的数额，公司能够聘用的某国外来人口有一定的配额规定，如 25 个百分点。我们接受跨国公司前来投资是为了给我们工作，而不是为了提供工作给外来人口，或者成为别人的在职训练工场。这或许是我的短视，不过，如果我们都没有能力照顾自己的需要，想想看，我们又何必为别国人口的工作与就业操心？

2. 我们有必要修订裁员法律条规，管制裁员补偿与福利。提高补偿额以遏制裁员行动和保留被裁员工的医疗福利直到新工作开始为止。目前的相关法规太过宽松，没有给予这群专业经理人士足够的保护。

3. 公司可以采取的一个可行方法是每当遇到经济衰退情况时可以减少工作时间而不是进行裁员，因为经济停滞日益普遍。此外，现在的经济周期变得更短亦更频繁，经济回弹也变得更快速。比如，我以前的雇主在裁员后的不到 6 个月时间就重新聘用员工。

4. 严格限制组屋屋主只能够是新加坡公民。永久居民应该购置私人住宅。如果不这样做的话，新加坡的基本住房费用就会因为来自永久居民的住房需求而提高。组屋原本是为公民的需要而建设，但现在由于永久居民的购置而价格高涨。面对如此高昂的房价，我们的低收入要如何去应付？我们有 30 年的房债要分期付款去偿还，而现在要找到一份工作是如此的困难，即使我们有学历与经验！

最后，我希望政府认真地去帮助这群拥有高学历和有经验的失业专业经理人士。谢谢！

附录5　2014年新加坡政府生效政策

2014年生效的新措施

下面是《联合早报》整理的新加坡政府2014年开始实施的各项新政策，涵盖教育、雇佣、驾车、照料等方面，这里仅摘录其中本书研究对象关心的政策。[①]

1月

社保援助计划取消年龄限制

社保援助计划（Community Health Assist Scheme, CHAS）取消申请者年龄限制，让更多国人受惠。

CHAS主要为看家庭医生的慢性病患提供津贴，目前有30万人参加这项计划。津贴原本只限10种病症，但从本月起，另五种病症（关节炎、前列腺增生、焦虑症、帕金森氏症、慢性肾炎或肾病）也可获得津贴。每名病患每年可获480元。

2月

"建国一代配套"详情出炉

政府将重点照顾为建国付出辛劳的60岁以上年长国

---

① 洪奕婷：《2014年生效的新措施，你最关注哪些？》，《联合早报》2014年1月2日。

人，通过设立"建国一代配套"（Pioneer Generation Package），帮助他们支付上调后的终身健保双全（Medishield Life）保费。配套详情估计 2 月宣布。

拥车证制度调整

从今年 2 月首次投标活动起，A 组和 B 组拥车证将重新分组，除了采用引擎容量，也以车子的马力来划分拥车证组别。A 组汽车除了引擎容积量须在 1600cc 内，马力也不得超过 130bhp。

4 月

修订后的雇佣法令生效

修订后的雇佣法令将让 30 万名月入低于 4500 元的初级白领员工，在职场获得更好的保障，享有法定有薪病假和公共假期等基本福利；15 万名月入介于 2000 元至 2500 元的非劳力工人，则将有加班费和年假等法定保障。

法令也规定，雇主为员工提供住宿等设备，最多只能扣除员工的四分之一月薪、员工工作满两年就可享有裁员津贴等。

7 月

工作准证和 S 准证外劳税上调

各行业工作准证（Work Permit）和 S 准证外劳税今年 7 月上调。

8 月

以新加坡人为先的公平考量框架实行

新公平考量框架（Fair Consideration Framework）生效后，雇主在提出新的就业准证申请前，必须先在今年中设立的工作信息库中刊登至少 14 天的招聘广告，以吸引新加坡籍求职者。雇主在未能找到合适新加坡人选后，才可聘请外籍人士。

年初

组屋外籍租户比率将设限

可出租给外国人的组屋单位比率将设限，以防止太多外国人聚居在同一座组屋或同个组屋区内。具体的外籍租户顶限预料在今年初公布。

年中

小一报名预留学额给没有直系关系的申请者

每所小学从今年起，须为小一报名预留 40 个学额（2B 和 2C 阶段各 20 个学额），给那些与学校没有直系关系的申请者，以确保小学收生制度保持开放。预留的学额占全国新生总学额的 10% 至 15%。

下半年

教育储蓄计划扩大

教育储蓄计划扩大，让就读回教学校、私立学校、在家自学（home schooled）和长住外国的公民，都能获得与主流学校同龄生相等的教育储蓄资助。

计划扩大后，将惠及额外两万多名年龄介于 7 岁至 16 岁的公民。12 岁或以下的儿童每年将各获得 200 元，13 岁或以上的青少年则每人可得 240 元。

就业准证的最低薪金门槛上调

外籍员工申请就业准证（Employment Pass）的最低薪金门槛，从原有的月入 3000 元上调至 3300 元。

图书在版编目（CIP）数据

漂在淡马锡：一个技术移民群体的流动与身份 / 张
少春著. -- 北京：社会科学文献出版社，2023.2
（2024.5 重印）
ISBN 978 - 7 - 5228 - 1447 - 6

Ⅰ.①漂… Ⅱ.①张… Ⅲ.①移民问题 - 研究 Ⅳ.
①D523.8

中国国家版本馆 CIP 数据核字（2023）第 029669 号

漂在淡马锡：一个技术移民群体的流动与身份

著　　者 / 张少春

出 版 人 / 冀祥德
组稿编辑 / 宋月华
责任编辑 / 周志静
责任印制 / 王京美

出　　版 / 社会科学文献出版社·人文分社（010）59367215
　　　　　　地址：北京市北三环中路甲 29 号院华龙大厦　邮编：100029
　　　　　　网址：www.ssap.com.cn
发　　行 / 社会科学文献出版社（010）59367028
印　　装 / 天津千鹤文化传播有限公司

规　　格 / 开　本：787mm × 1092mm　1/16
　　　　　　印　张：27.25　字　数：271 千字
版　　次 / 2023 年 2 月第 1 版　2024 年 5 月第 3 次印刷
书　　号 / ISBN 978 - 7 - 5228 - 1447 - 6
定　　价 / 98.00 元

读者服务电话：4008918866

🔺 版权所有 翻印必究